अफ़ग़ानिस्तान से ख़त-ओ-किताबत

1977 का अफ़ग़ानिस्तान–ईरान

अफ़ग़ानिस्तान से ख़त-ओ-किताबत

1977 का अफ़ग़ानिस्तान–ईरान

राकेश तिवारी

सार्थक
राजकमल प्रकाशन का उपक्रम

ISBN : 978-93-90971-38-1

मूल्य : ₹250

पहला संस्करण : 2021

राजकमल प्रकाशन का उपक्रम
सार्थक

प्रकाशक
राजकमल प्रकाशन प्रा. लि.
1-बी, नेताजी सुभाष मार्ग, दरियागंज
नई दिल्ली-110 002

शाखाएँ
अशोक राजपथ, साइंस कॉलेज के सामने, पटना-800 006
पहली मंज़िल, दरबारी बिल्डिंग, महात्मा गांधी मार्ग, प्रयागराज-211 001
36 ए, शेक्सपियर सरणी, कोलकाता-700 017

वेबसाइट : www.rajkamalprakashan.com
ई-मेल : info@rajkamalprakashan.com

मुद्रक
यश प्रिंटोग्राफिक्स
ग्रेटर नोएडा-201 310 (उत्तर प्रदेश)

AFGHANISTAN SE KHAT-O-KITABAT
Travelogue by Rakesh Tewari

उन्हीं को समर्पित
जिन्हें लिखे गए ख़तों से
इस किताब को
यह शक्ल हासिल हुई।

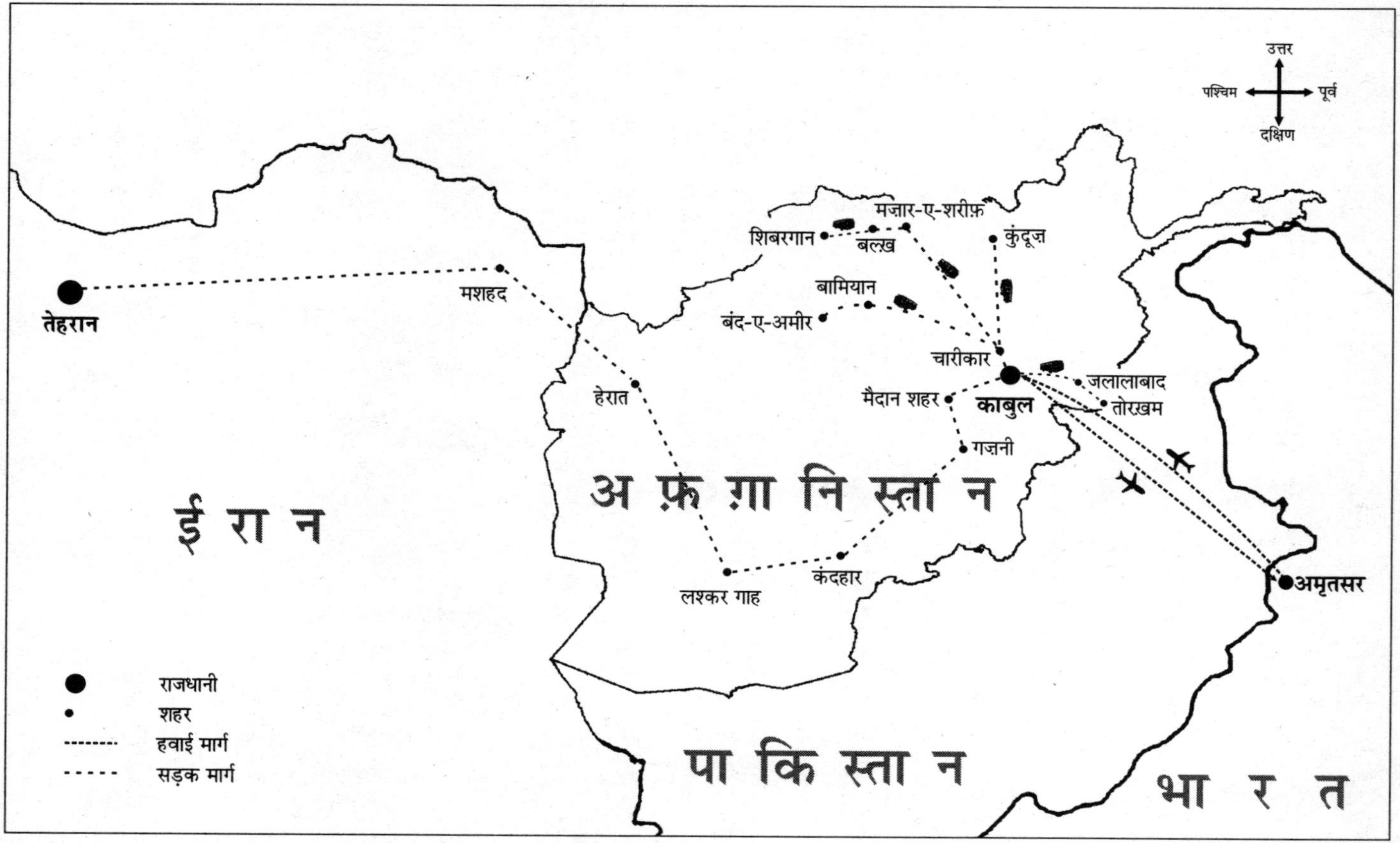
उत्तर
पश्चिम
पूर्व
दक्षिण
तेहरान
मशहद
ई रा न
हेरात
लश्कर गाह
कंदहार
अ फ़ ग़ा नि स्ता न
शिबरगान
बल्ख़
मज़ार-ए-शरीफ़
कुंदूज़
बामियान
बंद-ए-अमीर
चारीकार
मैदान शहर
काबुल
ग़ज़नी
जलालाबाद
तोरख़म
अमृतसर
पा कि स्ता न
भा र त
राजधानी
शहर
हवाई मार्ग
सड़क मार्ग

क्रम

पूर्वकथन

मानेगा नहीं!

थाह नहीं मिलती ज़िन्दगी की पहेलियों की, जाने कब-क्या-कैसी होनी हो जाए।

एकबारगी तबीयत कुलबुलाने लगी अफ़ग़ानिस्तान के सफ़र की दास्तान सबसे साझा करने की। इसी नीयत से आलमारी में धरे पहले लिख चुके विवरण की पुरानी जिल्द की धूल झाड़कर पलटने लगा तो हैरान रह गया अफ़ग़ानिस्तान से पहला ख़त लिखने की शुरुआती तारीख़ 9 अप्रैल, 1977 देखकर। यानी अब से ठीक इकतालीस बरस पहले इसी दरमियान इसे लिखना शुरू किया था। जाने कैसे इतने अरसे बाद अपने मिज़ाज की क़ुदरती घड़ी का एलार्म उसी वक़्त की नोक पर आकर टुनटुनाए जा रहा है।

यह सोचकर कि लगता है 'क्लासीफ़ाइड दस्तावेज़ों' को सामने लाने की मुक़र्रर साइत अब आ ही गई है, आहिस्ता-आहिस्ता पहले लिखे हुए को सुधारकर क़िस्तों में लिखना शुरू किया, उन्हें याद करते हुए जिनकी बदौलत इस सफ़र का जुगाड़ बना। इस दुनिया से बहुत दूर, जहाँ कहीं भी होंगे, हँसते हुए यही कह रहे होंगे—'किसी न किसी बहाने से लिखे बिना मानेगा नहीं ये!'

वे थे मेरे जिगरी दोस्त और अपने आपमें निराले इनसान। काँच खा लेते, तेज़ाब पी जाते, फ़ुटबाल के तीन-चार ब्लैडरों में एक साथ तब तक नथुनों से हवा भरते जब तक कि तीन के तीनों भड़ाम न हो जाएँ, सीने पर से जीप गुज़रवा लेते और सोलह पौंड वाला लोहे का गोला झेल जाते। और भी जाने क्या-क्या, जिनकी वजह से हमजोलियों ने कॉलेज के दिनों में ही मस्तमौला 'श्याम' से बदलकर उनका

नाम 'आइरन मैन' रख दिया। अपने करतब दिखलाने के चक्कर में अफ़ग़ानिस्तान-ईरान जाने के उनके मनसूबे सुनकर मेरे ज़ेहन में बुज़कशी का खेल, उत्तरापथ/रेशम मार्ग से गुज़रते कारवाँ, काबुल-कंदहार, हिन्दूकुश और आमू दरिया, जैग्रोस-एलबुर्ज़ जितना जानते रहे सब चक्कर मारने लगे। बोल पड़ा :

"अरे वाह! अकेले कैसे जाओगे? मैं भी चलूँगा।"

"हुकुम करो। बिलकुल ले चलेंगे।"

"मोटरसाइकिल से चलो तो और भी अच्छा रहेगा। रास्ते में रावलपिंडी के पास तुम्हारा पुश्तैनी ठिकाना और उससे आगे ख़ैबर दर्रा भी देखते चलेंगे।"

थोड़ा ना-नू करते 'पुश्तैनी ठिकाने' वाले चारे में फँसकर उसके लिए भी राज़ी हो गए। तब मुझे आगे की लग पड़ी : "मगर मेरा पासपोर्ट?"

"फ़िकिर काहे की! मैं अभी ज़िन्दा हूँ।"

उस ज़माने के अपने सूबे उत्तर प्रदेश के लाट साहब से उनके घरेलू ताल्लुक़ात के चलते उनके मुहर लगे रुक्के की बदौलत पासपोर्ट घर बैठे हाथ आ गया।

फिर क्या था, उछाह भरे उछल चले वीसा लेने दिल्ली की ओर।

साँप-सीढ़ी

तेईस बरस पार कर चली वय, दिनोदिन गढ़ाती बचपन वाली लगन में डुब्ब, सुधियों वाली परतें पलटते सुध में आए जब ऑटो वाले ने ठिकाने का पता पूछा। चौंककर अपने आप में आया। कुछ देर इधर-उधर देखकर लोकेशन समझने की कोशिश करता रहा। फिर मन्दिर और उसके बगल से कॉलोनी में जा रही सड़क देखकर आगे का जाना-पहचाना रास्ता पकड़ लिया।
दरवाज़ा उसी ने खोला। सामने बिना बताए मुझे आया देख उसके चेहरे पर अचरज और ख़ुशी के भाव लरज आए। पूरा पल्ला खोलते हुए मुड़कर अन्दर की ओर आवाज़ लगाई—"देखो कौन आया है।"

उसकी माँ, देखते ही, आँखों में ममता भरी चमक छलछलाते हुए

बोलीं—"व्हाट ए प्लेजेंट सरप्राइज़! तुम, कब आए? कैसे आना हुआ?"

वहीं लॉबी में डाइनिंग टेबल की कुर्सियाँ खींचकर जमावड़ा जम गया। खिड़की से बाहर का नज़ारा देखते हुए इत्मीनान से बताया—मोटरसाइकिल से दुनिया देखने का अपना मनसूबा। श्याम और उसी दिन आकर इलाक़े के सांसद दीक्षित जी के यहाँ डेरा डालने और वीसा की दौड़म-भागी। फिर, मौक़ा लगते ही चुपचाप श्याम को बताकर खिसक आने की बात। सारा हवाला सुनकर बोलीं—"ओह! अनदर एक्सपीडिशन। वेरी गुड।"

बुलाए, बिना बुलाए, चाहे जब, जो भी आ जाए, उसके ज़िन्दादिल डैडी हर किसी की आवभगत दिल खोलकर करते, और उस दिन भी उन्होंने कसर नहीं छोड़ी—"मूँछें भी तो जबर रखाय लिए हो! कोई फ़िकर नहीं, काबुल के लिए अपने यहाँ से रोज़ एक फ़्लाइट जाती है, ज़रूरत होगी तो मदद मिल जाएगी। अब आ गए हो तो हो जाए 'कचरमकूट' (भोजन पानी)।" फिर लुंगी लपेटकर, हमेशा की तरह जुट गए, थोड़ी-थोड़ी देर में सोमरस गटकते, स्वादिष्ट भोजन बनाने के जुगाड़ में। उनके बारे में यूँ ही नहीं कहा जाता रहा—'हॉस्पिटैलिटी हिज़ फोर्टे।'

और फिर जब हमीं दोनों रह गए, उसने नेह-रस में तर बोलों में मनुहार किया—"हमें भी ले चलो अपने साथ, बड़े मज़े आएँगे। जहाँ मन करेगा टेंट लगा कर, स्लीपिंग बैग फैला लेंगे।"

जब तक कुछ जवाब जुटाता, उसी समय उधर से गुज़र रही उसकी माँ ने दुलराकर सचेत किया—"इसे मत ले जाना साथ में, तंग हो जाओगे। बार-बार भूल जाते हो महेश बाबू* की कही यह बात।"

और, उसके बाद, अगल-बगल देश-दुनिया, गहराती साँझ, किसी बात का कोई होश नहीं रहा। बातें और बातें, बेतरतीब बातें, कैसे यह ट्रिप बना, घर की, हॉस्टल की, कैरियर की, पढ़ाई की—बातों-बातों में कब खाना लगा, कब घर के सब लोग खाकर सो गए, कुछ आभास नहीं। आँखों-आँखों में रात कटी, पौ फूट चली।

श्याम जी ने जाने क्या पढ़ा दिया था सबको कि अगले दिन डेरे पर

---

* मेरे पिताजी

लौटने पर, रात में ना लौटने के बारे में, किसी ने कोई सवाल नहीं किया। जल्दी-जल्दी तैयार होकर पहुँच गए 'साउथ ब्लॉक' स्थित विदेश मंत्रालय के ऑफ़िस। वहाँ लाट साहब का रुक्का तो जो काम आना था वह तो आया ही, श्याम जी के न्यारे ख़ुशदिल अन्दाज़ ने मिलते ही मंत्रालय के अधिकारियों एस.एन. पुरी और तलवार साहब के दिल जीत लिए। उन्हें बताया ईरान से भी आगे बढ़कर कई-कई देश घूमने का इरादा। उनके कहने पर 01 फ़रवरी, 1977 को आनन-फानन पाकिस्तान, अफ़ग़ानिस्तान, ईरान और कुवैत के दूतावासों से वीसा इश्यू करने के सरकारी अनुरोध-पत्र हमारे तरकश में सज गए।

अफ़ग़ानिस्तान और ईरान के दूतावासों ने हमें हाथोहाथ लिया, झटपट ग्रैटिस वीसा ठोंककर पासपोर्ट हमारे हवाले कर दिए। लेकिन 'पाकिस्तानी दूतावास' में ना तो हमारे तीर चले और ना तुक्के। कई दिन दौड़ाने के बाद कुछ पसीजे भी तो सादा-सीधा टूरिस्ट वीसा देने तक ही राज़ी हुए, ख़ैबर दर्रे के रास्ते मोटरसाइकिल से जाने के लिए ज़रूरी ट्रांज़िट वीसा कितनी ही फ़रियाद और हुज्जत के बाद भी नहीं ही दिया। जब पाकिस्तान के रास्ते नहीं जा सकते तो आगे के अफ़ग़ानिस्तान वग़ैरह हमारी मोटरसाइकिल उड़कर तो जाती नहीं। हमारे मनसूबों की लहलहाती फ़सल पर पाला पड़ गया।

मुँह लटकाए डेरे पर आए, श्याम सहित कोई किसी से नहीं बोला, चुपचाप बोरिया-बिस्तर समेटकर अगली वाली गाड़ी से लखनऊ चले आए। लूडो के खेल की तरह जल्दी-जल्दी सीढ़ी चढ़कर ऊपर तक तो आसानी से चढ़ गए लेकिन तब तक सर्पराज ने गटककर पहुँचा दिया सबसे नीचे के पायदान पर, जहाँ से चले थे फिर वहीं।

हुकुम लाट साहब का

पाकिस्तान से ट्रांज़िट वीसा न मिल पाने पर हम अपनी योजना ठंडे बस्ते में डालकर भूल गए। श्याम जी भी अपने में मस्त हो गए, यहाँ तक कि लाट साहब को भी बताना भूल गए। जब-तब राजभवन जा धमकने वाले श्याम जी से बतकही में उन्हें बड़ा मज़ा आता। लेकिन जब कई दिनों तक वे उनसे मिलने नहीं गए तो वे बेचैन होकर सोचने लगे—ऐसा क्या हुआ कि इधर आए नहीं और कोई ख़बर भी नहीं। जाने से पहले मिलना तो बनता ही था। और फिर उन्होंने

हमारी खोज-ख़बर लेने और मिल जाएँ तो बुला लाने के लिए अपने हरकारे उनके बलरामपुर हॉस्टल भेज दिए।

हम दोनों साथ-साथ राजभवन में उनसे मिलने गए। लाट साहब ने हमें देखते ही प्रसन्नमुख सवाल किया—"अरे, तुम लोग अभी अपने मोटरसाइकिल टूर पर नहीं निकला? हम सोचा पहलवान अब तक निकल गया होगा। तुम तो अभी यहीं घूम रहा है। क्या बात हो गया?"

श्याम जी ने बताया : "वैसे तो आपके रुक्के की बदौलत सब ठीक-ठाक रहा लेकिन पाकिस्तान ने ट्रांज़िट वीसा नहीं दिया। और पाकिस्तान के रास्ते से गए बिना आगे जाएँ तो कैसे?"

यह सुनकर लाट साहब पर कोई असर नहीं पड़ा। पहले की तरह राजदंड से खेलते हुए बोले—"इसमें क्या है? नहीं मोटरसाइकिल से जा सकता तो हवाई जहाज़ से जाओ।"

श्याम जी ने अपने लहजे में बेबाक जड़ दिया—"जहाज़ के किराए की रकम कहाँ है हमारे पास। इतने अमीर होते तो लल्लन टॉप होते।"

लेकिन लाट साहब भी लाट साहब ठहरे। फ़ोन उठाकर अपने सेक्रेटरी मजुमदार साहब को बुलाया। देखते ही देखते हमारी यूनिवर्सिटी के वाइस चान्सलरों को आने-जाने का किराया मुहैया करवाने का फ़रमान भिजवाया और उनकी एक-एक कॉपी हमें देकर उनसे मिलने की हिदायत दी।

इसकी तो हमने सपने में भी न सोची थी। नए उत्साह से भरकर चलने के लिए तत्पर होते तब तक लाट साहब ने पुकार लगाई—"अरे भाई पहलवान को कुछ मिठाई तो खिलाओ, बहुत पसन्द है इसको।" फिर श्याम जी और लाट साहब बातों में मशगूल हो गए और मैं सोचने लगा इसको कहते हैं ऊपर वाले की रहमत—'पल में बदरी पल में धूप'।

बनारस पहुँचकर अगले ही दिन, पहली बार, सीढ़ियाँ चढ़कर बी.एच.यू.के वी.सी. ऑफ़िस के सामने पहुँचा। देख-ताककर उनके सचिव की मार्फ़त लाट साहब का फ़रमान भीतर भिजवाकर बाहर टहलने लगा। कुछ ही देर लगी होगी, भीतर से बुलावा लेकर सचिव साहब ख़ुद ही बाहर आ गए।

तीन साल में पहली बार वी.सी. महोदय से मिलने का मौक़ा मिला,

वह भी इतने ठसके के साथ। उन्होंने बड़े प्यार से सामने बिठाकर हालचाल जाना। चाय की चुस्कियों के साथ मेरी साइकिल से की गई लखनऊ-काठमांडू-लखनऊ और नाव से दिल्ली से कलकत्ता तक की पिछली यात्राओं के साथ इस अभियान की जानकारी लेते रहे। तब तक रजिस्ट्रार साहब ख़ुद ही आकर काबुल से अमृतसर तक के हवाई जहाज़ के लौटानी किराए भर की रक़म एक लिफ़ाफ़े में सलीक़े से थमा गए।

लखनऊ लौटकर मूँछों पर हाथ फेरते हुए बड़े ताव से श्याम जी को अपने किराए का इंतज़ाम हो जाने की ख़बर सुनाई लेकिन ऐसा सुनकर अमूमन उछल पड़ने वाले अपने स्वभाव के उलट वे थोड़ा ग़मगीन नज़र आए। पता चला उनकी यूनिवर्सिटी के वी.सी. ने उन्हें यह कहकर छूछा लौटा दिया कि मार्च के महीने में बजट में पैसा ही नहीं बचा है।

ऐसे में, अब तक राजभवन के दुलार से परच चुके मेरे मन ने लहकारा मारा और, मैंने छूटते ही ललकारा—"चलो लाट साहब को बताया जाए।" यह सुनकर वे तिनकने लगे—"अब बार-बार उनसे क्या कहें। बजट में पैसा ही नहीं है तो वो क्या और कहाँ से करेंगे।" लेकिन 'चट ग़ुस्सा पट मोहन भोग' जैसे उनके मिज़ाज को मनाने के लिए थोड़ी देर का मान-मनुहार कारगर रहा। पहले की तरह चहकते हुए तैयार हो गए राजभवन चलने के लिए।

लाट साहब ने मुस्कुराते हुए सारा मसला सुना और चुटकियाँ बजाते हल हासिल। सीधे लखनऊ यूनिवर्सिटी के वी.सी. से बात की—"क्या बात है भई! लड़का लोगों को जाना माँगता। एडवेंचरस लड़का लोग है, कुछ तो करना होगा। इस साल के बजट में नहीं है तो अगले साल के बजट से एडवांस में देगा।" इसके आगे कसर ही कहाँ रह गई। "जैसा हुकुम लाट साहब का"—श्याम जी को भी मतलब भर रक़म मिलने में वक़्त नहीं लगा।

नकदी टेंटियाए निकल लिए हम बनारस से और श्याम जी लखनऊ से, और मेरे माता-पिता और बड़े भाई अपने ठिकाने से हमें विदाई देने के लिए—अमृतसर के लिए, बारास्ते दिल्ली।

दिल्ली होकर इसलिए कि बकिया के रहे-सहे इंतज़ामात पूरे कर लिए जाएँ। और, इसलिए भी कि इतने लम्बे अरसे के लिए निकलने से

पहले, ख़ास-ख़ास और ख़ासमख़ास लोगों से मेल-मुलाक़ात और बतरस का सुख सँजोया जा सके।

पिघल चाँदनी तरल बही

एक तो अनजाने और दूर देश घूमने का उछाह, दूजे उससे एक बार फिर मिलने की आस में ट्रेन का रास्ता अन्तहीन लगने लगा। बाहर चटक हो चली धूप, गेहूँ की पकी हुई सुनहली फ़सल या कट चुके ठूँठ वाले सूखे खेत, पटरी के बगल या दूर अलग-थलग अंगार बने पलाश, झाड़, ताल-तलैयों की तलछट पर झिलमिलाता जल, सूख चली नदियों की धार, गमछा लपेटे आते-जाते इक्का-दुक्का लोग। खटाखट गुज़रते छोटे-बड़े स्टेशन प्लेटफार्म, बाग़-कुएँ, रेलवे-फाटक। झकाझक भागी जा रही ट्रेन, आधी खुली और आधी बन्द उनींदी आँखें। थोड़ी ही देर में अपने आप में ऐसा खोया कि मानो शून्य में पहुँच गया, मानो समय ठहर गया। डिब्बे की सवारियों-गतिविधियों के ऊपर एक सपना रूप लेने लगा—उसके घर पहुँचने पर, उसने ही दरवाज़ा खोला, लुनाई भरा मोहक मुख। देखते ही एकबारगी उठती फुरहरी। एकान्त मिलते ही उसने कुछ कहना चाहा। तब तक सबके टिकट चेक कर रहे टी-टी ने मेरी बर्थ के पास आकर टहोका मारा—"टिकट दिखाइएगा भाई साहब।" ऊँघते हुए ही टिकट दिखाया और फिर पहले की तरह अर्ध-तंद्रा में पड़ रहा।

किसी के ज़ोर-ज़ोर बोलने से घटना-क्रम बीच में टूटा, फिर किसी फ़िल्म की तरह आगे बढ़ा। उसने फुसफुसाकर कहा—

"कल मैक्समूलर भवन पर मिलिए।"

इसके बाद तो नींद ही उड़ गई, देर तक उधेड़बुन में लगा रहा—कैसा सपना देखा, सब दिमाग़ का फ़ितूर, जैसा सोचो वैसे सपने।

दिल्ली पहुँचकर सबसे मुलाक़ात हुई। जहाँ जाते श्याम जी के करतबों की चर्चा होती। उन्नीस सौ चौहत्तर में हम लखनऊ से साइकिल से चलकर काठमांडू में हरीश चन्दर मामा जी के घर ठहरे थे, तब वे वहाँ भारतीय दूतावास में सांस्कृतिक अटैची के पद पर कार्यरत थे। नए अभियान की सुनकर मगन हो गए। तुरन्त ही काबुल और तेहरान में भारत के दूतावासों में तैनात अपने मित्रों के नाम सिफ़ारिशी ख़त

लिखकर दिए। हमारे एक और परिवारी सत्येंद्र नाथ त्रिपाठी जी ने भी अपने जानने वालों के लिए लिखा। बाक़ी सबने अपने-अपने अनुभव से सलाह दी, हौसला अफज़ाई की।

अच्छी-ख़ासी भागमभाग के बावज़ूद सबको झाँसा देकर खिंचा चला गया उसके घर। कई दिनों से ठीक से सो नहीं सकने के बाद भी, पपोटों में नींद भरे, बातों में लिपट गया और बातों-बातों में बेसुध सो रहा। आधी रात में चौंककर उठा, झिंझोड़कर जगाए जाने पर।

चुप रहने का इशारा करते हुए उसने दबे बोलों में बोला—"बगल वाले कमरे में आइए।" आहिस्ता से सरककर उधर जाने पर उसने सरगोशी से कहा—"कब से तो जगाते रहे, उठते ही न थे। कल मैक्समूलर भवन पर मिलिए" यह सुनकर एकबारगी अन्दर-बाहर झुरझुरी उठ गई। रोमांचित, सोचता रहा क्या वह सपना सच होकर रहेगा।

और फिर, आगे-आगे हूबहू सपने जैसा ही साकार होता गया, जैसा ट्रेन में सपने में देखा था उसी तरह, उसी क्रम में। इस घटनाक्रम ने जीवन के एक अजाने रहस्य पर से परदा उठा दिया। बहुत बार पढ़-सुनकर ऐसे वाकयों को पूरी तरह ख़याली मानकर सिरे से नकारता रहा था, लेकिन अपने इस तजुर्बे के बाद मानना ही पड़ा कि जीवन में सब कुछ तयशुदा है, लेकिन हम कभी-कभी ही उन्हें घटित होने से पहले देख पाते हैं। सुबह वापस जाने के लिए दरवाज़े पर, देहरी पार करते हुए उसने तक़ाज़ा किया—"मेरे लिए ईरान से क्या लाएँगे...?"

इसके बाद जो होना था वही हुआ हमारी क़रीबी जगज़ाहिर हो गई और फिर जैसा अक्सर होता है ज़माना दुश्मन बन गया। तिरछे, तिक्खे तीर चले, अपनों की ओर से ही। बन्दिशों पर बन्दिशें, बिलबिलाकर रह जाने के अलावा न कुछ कहा जाए न किया। गहरी उदासी ने बुरी तरह घेर लिया। उसी बीच उसका फ़ोन आया, उधर से बड़ी उमंग से बुलाया गया—"जाने से पहले मिलकर जाइएगा...।" लेकिन ऐसे में सबके बीच कोई जवाब नहीं दे पाया। भीतर-भीतर अजीब-सी कसमसाहट, हाथ थरथराए, रिसीवर पटककर बाहर निकल गया।

धुँधले आसमान पर झाड़ियों से झाँकता बड़ा-सा पूनो वाला चाँद उभर आया। छोटे-छोटे क़दम धरते उसे ही एकटक देखते—'सूनी-सूनी निपट अकेली, भीगे नयनों रैन कटी। पूरा पीला चाँद ताकते, पिघल चाँदनी तरल बही।'

कोह-ए-बाबा की छाँव में

काबुल जाने का सब जुगाड़ बन जाने के बाद भी जिउ मनसाइन नहीं हुआ। कहाँ तो एक ही दीवानगी काफ़ी है जी-जी के मरने और मर-मरकर जीने के लिए, और यहाँ तो लग गईं दो-दो। एक लगी घुमक्कड़ी से और दूसरी लगी दिल से। नतीजतन दिल रह गया दिल्ली में और देह ढुलक चली काबुल की ओर।
जहाज़ के टिकट अमृतसर से काबुल के थे, वहाँ जाने के लिए पहले दिल्ली से आगे जगाधरी (श्याम जी के घर) के लिए निकले। पूरे रास्ते सब के सब मौन साधे रहे, माहौल बोझिल बना रहा। खिड़की से बाहर सड़क के बगल में दीखते रहे भरपूर खिले पीले फूलों से लदे अमलतास। ज़ेहन में मँडराती रही कहीं सुनी कहन—'ऐ रब! केहू के एक्कै साथे दू गो दीवानगी ना देइहा।'

जगाधरी के आसपास बस रहे पाकिस्तान से आए लोगों के बने-अधबने मकानों और रेलवे लाइन के बीच ख़ासी ख़ाली ज़मीन दिखती। बिरादरी के लोगों के साथ-साथ रहने की चाहत में, एयर फ़ोर्स की नौकरी से रिटायर होने के बाद, श्याम के बड़े भाई ने भी वहीं अपना 'अशोक हट' नामक आशियाना बसाया, फिर रेलवे की नौकरी पूरी होने पर ब्रिटिश फ़ौज में रह चुके उनके पिता भी वहीं आ बसे। हम सबको आया देख पूरे परिवार में स्वागत-सत्कार की हलचल मच गई। हँसती-मुस्कुराती माताजी और भाभीजी चाय-चू, भोजन-पानी और राज़ी-ख़ुशी की बातों में लग गईं। अशोक भाई साहब, मेरे बड़े भाई, श्याम और उनके पिताजी की बतकही अलग।

जगाधरी से ट्रेन से चले तो अलग हटकर चुपचाप खिड़की के बाहर देखता रहा। दिल्ली का हवाल सुन-समझकर आमतौर पर चुहलबाज श्याम भी, मामले की नज़ाकत भाँप कर, चटख़ारा लेने से बाज़ आए। बीच-बीच में स्टेशनों पर गाड़ी ठहरने पर पास आते और दो-चार बोल बोलकर सबके साथ जा बैठते। अमृतसर में जलियाँवाला बाग़, स्वर्ण मन्दिर में माथा नवाते दिन चढ़ते गरमी बढ़ने लगी।

अगले दिन यानी 7 अप्रैल, 1977 को शहर से कोई दस किलोमीटर का सुनसान रास्ता पार कर छोटे से राजा सांसी हवाई अड्डे तक आसानी से पहुँच गए। हमारे साथ जा रही सवारियों में से ज़्यादातर नौकरी की तलाश में परदेश जा रहे पगड़ी वाले सिख, पंजाबी, कुछ

अफ़ग़ान और कुछ सैलानी शामिल दिखे। छोटे से 'डिपार्चर रूम' में इतने लोगों के लिए मतलब भर जगह नहीं, ऊपर से चिपचिपी गरमी और बातचीत का शोरगुल। बोर्डिंग के लिए सिक्योरिटी पार करते देखा जिसकी जेब में जितने रुपए निकलते सिपाहियों की मुट्ठी में समा जाते। बेचारे आम आदमी पछताते, पता होता तो 'इंडियन करेंसी' लाते ही नहीं। कस्टम अफ़सर ने हमारे बैग में रखे सामान की पड़ताल करके श्याम के कैमरे और एक और पता नहीं किस आइटम की क़ीमत 600 रुपए से ऊपर आँकते हुए उन्हें बाहर ले जाने का सर्टिफिकेट इश्यू किया।

बांग्लादेश और श्रीलंका की उड़ान भर चुके श्याम के तो नहीं, पहलौठी हवाई यात्रा ने मेरे मन में कौतूहल भर दिया। इंडियन एअर लाइंस के जहाज़ की सीढ़ियाँ चढ़ते रोमांचित होता गया। इत्तिफ़ाक से खिड़की वाली सीट मिलने पर लगा जाने कहाँ की नियामत मिल गई। उड़ान के बाद ऊँचाई बढ़ने के साथ खिड़की के झरोखे से दिखने लगे खिलौने जैसे गाँव, ग्राफनुमा खेत। एअर होस्टेस के एनाउंसमेंट से पता चलता रहा कि लाहौर गुज़रा, चिनाब का पसरा पाट पार हुआ। तब तक नाश्ता सर्व होने के साथ सवारियाँ दारू की बोतलें ख़रीदने को टूट पड़ीं, पूछने पर पता चला काबुल में चौगुने दाम पर बेचने के लिए ले जा रहे हैं। ये लोग हिन्दुस्तान से भी ऐसी चीज़ें ख़रीदकर लाते हैं जिनके बदले काबुल में अच्छे दाम मिल सकें।

सूखी सुलेमान पहाड़ियाँ पार हुईं और इक्का-दुक्का बादलों के बीच से तैरता हुआ-सा हमारा हवाई जहाज़ आगे-आगे उड़ता गया। पहाड़ों पर कहीं घनी और कहीं छितरी झालर जैसी बर्फ़ की ख़ूबसूरती में खोए रह गए। कुछ और वक़्त बीतते एअर होस्टेस के एनाउंसमेंट से ध्यान टूटा। वह अंग्रेज़ी, हिन्दी और उसके बाद पंजाबी, फिर पश्तो में बोली—

"सभी यात्री अपनी-अपनी बेल्ट कस लें। शीघ्र ही जहाज़ अफ़ग़ानिस्तान की राजधानी काबुल के हवाई अड्डे पर उतरने वाला है। बाहर का तापमान 20 डिग्री सेंटीग्रेड है।"

जहाज़ नीचे उतरते हुए, एक ओर झुककर उड़ने लगा। नीचे पहाड़ियों से घिरी घाटी में मकान, खेत और एक सूखी जलधारा नज़र आने लगी। खुली धूप में बेतरह चमक रही पहाड़ों पर पड़ी

बर्फ़ ही बर्फ़। साफ़ सफ़ेद हवाई-पट्टी के किनारे तरतीब से खड़े कई जहाज़ दिखे। पट्टी को छूकर हमारा जहाज़ धीमा होता गया और फिर खिसकता हुआ, हाथ उठाए खड़े एक वर्दीधारी के इशारे के हिसाब से ठहर गया। सवारियों में जल्दी उतरने की हड़बड़ी मच गई। निकास वाले दरवाज़े पर दोनों हाथ जोड़कर बनावटी मुस्कान बिखेरती एअर होस्टेस उतरने वालों को विदा करती हुई। उतरते वक़्त श्याम की जेब पर लगे नेम-प्लेट पर नज़र गड़ाते हुए उनमें से एक ने आँखें फाड़कर तनिक-सी गर्दन झटककर पूछा—"ओह! यू आर आइरन मैन? पहले नहीं पता चला, नहीं तो रास्ता अच्छा कटता।" श्याम भी उनकी ओर वैसी ही मुस्कान उछालकर धीरे-धीरे सीढ़ी दर सीढ़ी उतर गए।

सामान पहुँचाने वाली ट्रालियों की भागमभाग, हाथों में राइफल कसे चुस्त-दुरुस्त अफ़ग़ान सिपाही, टोपी उछालता जहाज़ का मसखरा कप्तान और हवाई अड्डे की छत पर ख़ुशी से हाथ, रूमाल या टोपियाँ हिलाते अपने-अपने मेहमानों की अगवानी करते दोस्त, उनकी जोशो-ख़रोश भरी आवाज़ें। नएपन का नया और पूरी तरह अनकहा एहसास।

वीसा, इम्मीग्रेशन, कस्टम से छुटकारा पाकर काबुल हवाई अड्डे से बाहर आए। थोड़े से लोग, ज़्यादातर अफ़ग़ानी लिबास में ख़ामोश आवाजाही। परदेश के सफ़र से लौटे दाढ़ी वाले शलवार-क़मीज़ पहने दस्तारबन्द कद्दावर और मझोले क़द के लेकिन रोबदार अफ़ग़ान मुसाफ़िरों के नाते-रिश्तेदार लपककर उनसे गले मिलते, एक-दूसरे के दोनों गालों और हाथ के बोसे लेते फिर हाथ में हाथ थामकर आपसी ख़ैरमक़दम के बाद अपने-अपने ठिकानों की ओर रवाना होते गए।

एक-दो बैग वाले कुछ मुसाफ़िर सामने खड़ी बसों की ओर और हमारे जैसे ज़्यादा सामान वाले टैक्सियों की ओर बढ़ लिए। सड़क के किनारे बिकते शहतूत, फल और सूखे मेवे। बर्फ़ ढकी पहाड़ियाँ और समुद्र तल से तकरीबन 2000 मीटर की ऊँचाई। दरमियानी ठंड, अमृतसर के गरम थपेड़ों के ठीक पलट आबोहवा। साफ़-सुथरी चौड़ी सड़क को बीच-बीच से दो फाँक करते और दोनों किनारों पर सतर दरख़्तों पर जाड़ों में जमी अभी-अभी पिघली बर्फ़ के बाद, फूटती ताज़ा कोंपलें। वहीं से एक टैक्सी-ड्राइवर को सफ़ारत-ए-हिन्द का पता बताया, उसे हमारी हिन्दी समझने में कोई दिक़्क़त नहीं हुई,

डिक्की में सामान रखकर बढ़ लिए। सामने दिख रहे ऊँचे पहाड़ देखते हुए सोचने लगा—'इतनी जद्दोजहद के बाद भी आख़िर आ ही गए कोह-ए-बाबा की छाँव में।'

नेह का रंग एक सा

क़तई नई-नई सरज़मीं, पहली बार देख रहे काबुल। सड़क के रास्तों पर हैरत से झाँकते, मोड़ पर मोड़ घूमते सफ़ारत-ए-हिन्द (भारतीय दूतावास) के दरवाज़े पर जा पहुँचे। भारत सरकार के विदेश मंत्रालय से हमारे बारे में उन्हें भेजा गया सरकारी लेटर पहले ही वहाँ पहुँच चुका था। और वहाँ के एक ऊँचे ओहदेदार श्री अम्बा प्रसाद जी के नाम अपने मामा जी से लिखवाया एक निजी रुक्का भी हमारे पास था ही। बड़ी ही आत्मीयता से मिले, बात-बात में हमारे रहने-रुकने के ठिकाने का जुगाड़ बैठाया। फिर दोपहर में उनके घर के भोजन में दाल-चावल, रोटी-सब्ज़ी, लगा ही नहीं कि अफ़ग़ानिस्तान में हैं। अम्बा प्रसाद जी के बँगले के अहाते में लगे फूल रहे अखरोट और हरिया रहे बादाम व अंगूर के झाड़। उनके दो जुड़वाँ बच्चे एकदम हमशक्ल। पूरा परिवार बड़ा ही स्नेही और ख़ातिरनवाज़।

अम्बा प्रसाद जी की बदौलत काबुल दरया के बगल असमाई मन्दिर में डेरा पड़ा। मन्दिर की देखरेख करने वाली मुकामी हिन्दुओं की कमिटी के सदर, हिन्द में तालीम पाए, एक डाक्टर निकले, बड़े ही मिलनसार, व्यवहारकुशल और तमीज़दार। उन्हीं के ज़रिए हमें वहाँ पनाह मिली। एक हिन्दू मुसाफ़िर, ऊपर से सफ़ारती सिफ़ारिश, मेहमान के लिए इतना फ़र्ज़ तो बनता ही है।

मन्दिर के ठीक पीछे खुली जगह, गलियारा, एक छोटी दुकान, एक और बड़ा दरवाज़ा और बगल में दो कमरे जिनमें से एक में जमा हमारा ठिकाना। कमरे की दो दीवारें लकड़ी के पटरों की और दो माटी की, पटरे उठाकर खिड़की बना ली जाती, लकड़ी की धरन पर टिकी मिट्टी की छत से रह-रह कर झड़ता मिट्टी का चूरा। एक कोने में लटकता जुगजुगाता बिजली का बड़ा-सा बल्ब। फ़र्श पर प्लास्टिक जैसी चिपकी परत पर मन्दिर की तरफ़ से बिछा गद्दा-रज़ाई। हमारे आराम का पूरा इंतज़ाम। श्याम हमारा सामान सरिया कर बाहर निकल गए और अपन, फ़र्श पर पसर कर, सफ़ारत से आते

समय रास्ते में, अफ़ग़ान टूरिस्ट ऑफ़िस से जुटाई तफ़रीह लायक़ जगहों और अपने ठिकाने की जानकारी पढ़ने लगे।

चटपट दोस्ती गाँठने में माहिर श्याम अभी-अभी बनाए एक पश्तून दोस्त के साथ गरम चाय की केतली थामे लौटे तो मेरा ध्यान टूटा। इशारों-इशारों और टूटे-फूटे लफ़्ज़ों में वे उसका हाल-ठिकाना पूछते रहे और वो उसी तरह उन्हें बताता रहा—'पश्तून-हिन्दी, दूस्त, बिशियार ख़ूब!' चाय ख़तम कर वे फिर बाहर निकल गए।

अकेला होने पर ख़ाली-ख़ाली-सा लगने लगा, पीछे छूट गए अपने मुल्क, लोगों और ख़ासतौर पर टटका जुड़े रिश्ते की यादें सताने लगीं। मन करता जल्दी से वापस वहीं भाग जाऊँ। उलट-पलटकर उसका फ़ोटो देखते हुए उसका तक़ाज़ा कुनमुनाने लगा—"वहाँ जाकर चिट्ठी ज़रूर लिखना, घूमने-घामने में कहीं हमें ही न भूल जाना।" सोचा यही किया जाए, इसी बहाने लिख-लिखकर ही सही उससे बातें करने का सिलसिला बना रहेगा, और फिर लिखने बैठ गया :

पहला ख़त

असमाई मन्दिर,
अफ़ग़ानिस्तान
09 अप्रैल, 1977

प्रिय...,

ढेरों प्यार!

तुमने कहा था भूल ना जाना, और यहाँ तुम्हारे अलावा कहीं ध्यान ही नहीं टिक पा रहा। सब कुछ देखते-पढ़ते बार-बार बस 'जैसे उड़ि जहाज़ को पंछी फिरि जहाज़ पै आवै...।' सोचा तुम्हें ख़त लिखने के बहाने ही कुछ मन लगा लूँ।

आगे लिखने से पहले ही एक बात के लिए एलर्ट किए देता हूँ। इंग्लिश मीडियम में हुई एजुकेशन की वजह से अभी तो तुझे अवधी और भोजपुरी मिली हिन्दी में लिखे मेरे लेटर पढ़कर समझने में ही परेशानी होती है। मगर अब उससे भी बड़ी प्रॉब्लम तुम्हारे सामने आने वाली है। असल में अफ़ग़ानिस्तान और ईरान से आए बहुत से लोग लखनऊ में रहते हैं जिनकी बोली में यहाँ बोली जाने वाली पश्तो और फ़ारसी के बहुत से वर्ड्स शामिल रहते हैं। लखनऊ में लम्बे टाइम तक रहने की वजह से मतलब भर की उर्दू लिखने-समझने में मुझे भी कोई दिक़्क़त नहीं होती। इसलिए यहाँ से लिखे अपने लेटर्स जान-बूझकर, जहाँ तक हो सकेगा, लखनवी उर्दू में लिखता रहूँगा, ताकि उन्हें पढ़कर यहाँ की बोली और ज़मीन का कुछ फील तुझे भी मिल सके। वैसे बोलचाल की हिन्दी या हिन्दुस्तानी में उर्दू के बहुत से शब्द तुम्हें रोज़ ही सुनने को मिलते और आसानी से समझ में भी आ जाते होंगे। फिर भी जहाँ समझ में न आएँ उनके मीनिंग अपने मम्मी-पापा से पूछ लेना।

यहाँ 'कोह-ए-असमाई' के ठीक नीचे एक मन्दिर की धर्मशाला में ठहरा हूँ। मन्दिर में दाख़िले के लिए फ़ौलादी कीलों वाला एक बड़ा-सा लकड़ी का दरवाज़ा है।

अन्दर, बीच में खुले आँगन के सामने, बाएँ और दरवाज़े के पीछे स्थापित हिन्दू देवी-देवताओं की प्रतिमाएँ। वहाँ आने वाले दर्शनार्थियों को शहतूत, अखरोट, बादाम, नखुद (चने) की परसादी बाँटते दाएँ बगल के बरामदेनुमा कमरे में रह रहे पुजारी से पाया मेवा चबला रहा हूँ।

'असमाई' या 'आशा माई' नाम की प्रकृति-देवी की पूजा अफ़ग़ानिस्तान के हिन्दुओं में हिन्दू-शाही वक़्त से चली आ रही है। भोर में मस्जिद की अज़ान के साथ यहाँ के हिन्दू आज भी ढोल-हारमोनियम-करताल की ताल पर मन्दिर में भजन के बोल जगा देते हैं। बगल में ही तामीर है 'शाह-दो-शमशीरा मस्जिद'। पता नहीं इसकी कहानी में कितना मन लगेगा तुम्हारा लेकिन सबसे पहले वही लिखे देता हूँ।

'शाह दो शमशीरा' मतलब दो तलवारों वाला राजा। इस मस्जिद के नाम के साथ जुड़े क़िस्से के साथ बनारस में दुर्गाकुंड के रास्ते के किनारे पूजे जा रहे मुड़कट्टा बाबा की याद आ गई। मुड़कट्टा बाबा के गले में कनैल, गुड़हल की माला, बदन पर लपटा लाल चन्दन, चरणों में चढ़े फल-फूल, सुलगती गमकती अगरबत्तियाँ। लोग कहते हैं—ये बाबा मुस्लिम आक्रांताओं के ख़िलाफ़ इस बहादुरी से लड़े कि सर कट जाने के बाद भी धड़ बराबर जूझता रहा। बाबा में बसा रहा बाबा भोलेनाथ और बजरंगबली का बल और शाह के दम में बसा रहा अली दा दम। उधर शाह काबुल के हिन्दू मन्दिर के लिए लड़ने वालों के ख़िलाफ़ दोनों हाथों से भरपूर शमशीर भाँजता रहा, बाला हिसार के पास पहले ही किसी की तलवार से कटकर धड़ से सिर अलग हो जाने के बाद भी। उसे वहीं दफ़नाया गया और उसके ऊपर तामीर मस्जिद काबुल की ख़ास ज़ियारतगाह बन गई। बाबा और शाह दोनों अपनी-अपनी जगह महान माने गए, अपनी-अपनी इंतिहाई बहादुरी और शहादत के लिए। बनारस और काबुल, एक-दूसरे से इतनी दूरी पर होते हुए भी इस मामले में कितने क़रीब हैं ना!, दोनों जगह एक-सी दिलेरी के लिए एक-सा एहतराम, ठीक उसी तरह जैसा कि नेह का रंग एक-सा होता है सारी दुनिया में!

मुनरिया केकरे हाथे लागी

सुबह दिशा-मैदान के लिए ठिकाना तलाशने निकलने पर मन्दिर के पिछले बड़े दरवाज़े के पीछे एक कोने में साबका पड़ा थोड़ी-सी आड़ में खुदे एक कुआँनुमा 'डग-आउट' से। उसके आर-पार धरे दो समानान्तर पटरों पर किसी तरह बैठकर निजात पाने का जुगाड़। तनिक सी भी ग़फ़लत हुई नहीं कि डग-आउट की गहराई में गिरकर मैले के ढेर में गिरने और लिपटने में कोर-कसर न रहे, फिर चीख़-चिल्लाहट के बाद भी उस दोज़ख से निकालने वाला कोई क़िस्मत से ही आए।

निपटकर चलते वक़्त ऊपर से थोड़ी-सी मिट्टी डालने का हिसाब। पहले तो घबराया, फिर सब ठीक-ठाक रहा तो अपना ध्यान राजघाट (बनारस) की खुदाई में मिले क़रीबन दो हज़ार बरस पुराने गहरे राख, कूड़ा, टूटे-फूटे बर्तन, अल्लम-गल्लम भरे कुओं की बनावट की ओर गया जिनमें से कुछ को अन्दर से मिट्टी के पके हुए बड़े-बड़े गोल छल्ले लगे होने की वजह से रिंग-वेल कहा गया है। सोचने लगा कहीं ऐसा तो नहीं कि पुराने ज़माने के नायाब वाशरूम ऐसे ही रहे हों और अफ़ग़ानिस्तान में अब भी इस्तेमाल हो रही यह तजवीज उन्हीं के रवायती नमूने हों, इसलिए अगर वाजिब तहक़ीक़ात के बाद इसकी तसदीक़ हो जाए तो कम-अज़-कम इनमें से कुछ को बचाकर रखने के लिए आसार-ए-क़दीमा के जिम्मे या बतौर नुमाइशी विरासत अजायबघर के घेरे में डाल देना बहुत बेहतर होगा।

लगे हाथ थोड़ी चहलक़दमी करते आगे बढ़ने पर ऊपर बना एक स्कूल दिखा। मैदान को सड़क की तरफ़ से घेरती चहारदीवारी के इस्पाती फाटक के पास दिखी पत्थरों पर टिकी एक स्कूल-कर्मी का रात गुज़ारने का ठिकाना बनी एक टूटी टैक्सी, दो नलके, और अभी-अभी पिघली बर्फ़ की परत हटने के बाद हरिया रहे कुछ ठूँठ जैसे सूखे दरख़्त। दाएँ पहाड़ी ढलान पर मकान और पहाड़ की चोटी पर जापानियों की मदद से टीवी स्टेशन बनाने की बाबत डाइनामाइट से उड़ाई जा रही चट्टानों का मलबा। स्कूली इमारत के सामने बच्चों के खेलने का इंतज़ाम।

स्कूल चलाने की ज़िम्मेदारी मन्दिर कमिटी ही निभाती है। तालीम में शामिल हैं हिन्दी, अंग्रेज़ी, पश्तो के साथ रामायण-गीता के कुछ सबक। पढ़ने-पढ़ाने वाले दोनों हिन्दू। एक स्कूल-मास्टर मिले, अमृतसर के बाशिन्दे कद्दावर शर्मा जी, बहुत ही तेज़-तर्रार, उनके एक साथी भी मिले संधू जी, दोनों पैसा कमाने के फेर में अपने देश से निकलकर काबुल तो आ गए मगर आगे ईरान का वीसा न मिलने की वजह से यहीं अटक गए। गाँठ की रक़म भी चुकने लगी तो मास्टरी पकड़ ली। यहाँ के वीसा की मियाद भी निकल गई है लेकिन 'फिकिर-नॉट' जुर्माना भरकर निकल लेंगे।

डेरे की ओर चलते हुए ज़ेहन में यहाँ बार-बार सुनाई पड़ रहे कोह-ए-बाबा, कोह-ए-असमाई, कोह-ए-सफ़ेद, जैसे यहाँ के पहाड़ों के नाम में शामिल लफ़्ज़ 'कोह' को लेकर अपने देश का 'कोहबर' याद आने लगा। पता नहीं तुम जैसे बड़े-बड़े शहरों में रहने वालों ने 'कोहबर' नाम सुना भी है या नहीं, हमारे यहाँ तो हर कोई इससे वाक़िफ़ मिलेगा। वह स्थान या घर जहाँ विवाह के समय कुल देवता स्थापित किए जाते हैं। ब्याह के समय घर के उस कमरे की पूर्वी दीवार

पर, गोबर से लीपकर पिसी हल्दी और पिसे चावल के घोल से जो चित्रकारी की जाती है उसे कहते हैं कोहबर। ब्याह की रस्मों के तहत वर-वधू को यहाँ बैठाकर कोहबर-चित्रों के पूजन के समय चलती रहती है सखियों, सहेलियों, सालियों, सलहजों की छेड़-छाड़ और चुहल, गीतों के साथ :

परथमहिं आहे सिब सासुर गेला, परथम रहल सकुचाए,
चलु सिब कोहबर हे।

(पहले-पहल ससुराल आए शिव सकुचाए रहे, चलो शिव जी कोहबर हे!)

एक गीत की लहरी थमते आँखें नचाती सैन मारती टोली दूसरी कड़ी उठाने लगती है—

कोहबर में अइलें राम इहो चारों भइया।
से हमनी के मोहलें परानवाँ हो लाल।
एक टक लागे सखी पलकों ना लागे
से भूले नाहीं तोतरी बचनवाँ हो लाल।

हँसि-हँसि पूछेली सारी से सरहज से
फेरू कब अइबऽ ससुरिया हो लाल।
तोहरो सुरतिया देखी जियरा लोभइलें

कोहबर में चलने वाले हास-परिहास और कौतुकपूर्ण खेल के कारण इसे 'कौतुक घर' और कमरा होने के कारण इसका उद्‌भव 'कोष्ठ' शब्द से माना जाता है किन्तु हमें लगता है इसका नाता उस काल से है जब हमारे पुरखे पहाड़ों में रहते और शैलाश्रयों में चित्र बनाते रहे। शायद तभी विवाह की रीतियों के अनुसार शैलाश्रय (रॉक शेल्टर) में देवी-देवताओं के चित्र बनाने और वहाँ वर-वधू को ले जाकर पूजा-पाठ और अनुष्ठान कराने की परम्परा चल निकली होगी। कालान्तर में जब गाँव बस गए होंगे तब भी विवाह के समय वर-वधू को उन्हीं पहाड़ों के शैलाश्रयों में ले जाकर पुरानी रीतियाँ निभाई जाती रही होंगी। उसके बाद किसी समय पहाड़ के लिए प्रयोग होने वाले फ़ारसी भाषा के 'कोह' शब्द का प्रचलन होने पर ऐसे शैलाश्रयों को कोहबर नाम से पुकारा गया होगा। आज भी कुछ चित्रित-शैलाश्रयों के लिए प्रयोग होने वाले, 'कोहबर', 'कोहबरवा', 'सीता जी की कोहबर' जैसे नाम इस ओर इशारा करते हैं। फिर, हमने इस अनुष्ठान के लिए पहाड़ पर जाने की परम्परा छोड़कर अपने घरों के एक कमरे में ही, इस रीति का पालन करते हुए, उस परम्परा को बनाए रखा होगा। इसलिए, इस

शब्द के उद्‌भव के बारे में अन्तिम निर्णय भले ही भाषाविद करें, अन्दाज़े के तौर पर 'कोह' और 'वर' शब्दों के संयोग से 'कोहबर' शब्द के पैदा होने का तुक्का मारने का जी करता है।

अब तक तुम्हारे मन में आने लगा होगा कि काबुल की कहानी बताते-बताते जाने कहाँ बहकाने लगे। फिर भी, इससे जुड़ी एक बात और जान लेना तुम्हारे लिए अच्छा होगा। और वह यह कि इसी कोहबर में खेला जाता है हल्दी घोरे पानी भरे परात में मुनरी डालकर नवविवाहित पति-पत्नी के बीच उसे हेरने का खेला। दोनों में से जिसके हाथ लग जाए वह मुनरी, कहते हैं ओही का दबदबा चलता है, जिनगी भर। फिर न कहना कि समय रहते चेताया नहीं। अब ई बात दीगर हौ कि—मुनरिया केकरे हाथे लागी!

मुग़ल बनि आए...

'बस इनकी यही आदत अच्छी नहीं लगती। एम्बेसी वालों ने भी आते ही जाने क्या-क्या थमा दिया है इन्हें। अब यहाँ भी बस पढ़ना, जाने क्या-क्या सोचना, फिर उसे चिट्‌ठी लिखना। इसी कमरे में घुसे रहना और उसी के बारे में सोचना, यही सब करना था तो यहाँ आए ही क्यों।' श्याम जी भुनभुनाते हुए चले गए। घूम-घामकर आए थे गपियाने। मुझे लिखता देख कुछ देर इधर-उधर का जायज़ा लिया लेकिन कितनी देर मुँह बाँधे रहते भला।

काबुल के बारे में इससे पहले कभी क़ायदे से सोचा या पढ़ा नहीं था। लोग-बाग कभी-कभी किसी पढ़े-लिखे की बेवकूफ़ी पर हँसकर बोलते—'काबुल में भी गधे होते हैं'—तब भी नहीं। अब यहाँ आने पर इसके ज़्यादा पहलुओं पर ध्यान जाना लाज़िम हो गया। पढ़-पढ़कर जो कुछ जुटाया ख़त का मज़मून बनकर तुम्हारे लिए हाज़िर है। ज़मीन पर बिछाने वाली 'दरी' का नाम ज़रूर सुना होगा, विंध्य के पठारों में झरने बनाते हुए बहने वाली धाराओं के लिए 'भल्दरिया दरी', 'देव दरी', 'पहती दरी' जैसे नामों से हम ख़ूब वाक़िफ़ रहे, लेकिन फ़ारसी ज़बान से निकली इस नाम की कोई भाषा-बोली अफ़ग़ानिस्तान में आम लोग बड़ी तादाद में बोलते होंगे, यह यहीं आकर जाना। इतना जानकर माथे में 'दर' और उससे जुड़े तमाम लफ़्ज़ घूमने लगे। 'दर' के मायने होते हैं—जगह या द्वार और उसी से बने हैं दरवाज़े, रास्ता बनाते हुए बहने वाला दरिया, पहाड़ों के बीच का रास्ता—दर्रा, दरार, दर-दर वग़ैरह और फिर यह भी कि कितना कुछ यूँ ही जान लेते हैं हम ऐसे ही दर-दर भटकते हुए।

वैसे अफ़ग़ानिस्तान के एक बड़े हिस्से में बराबर का दरजा रखती है 'पश्तो' भी

जिसे बोलते हैं पश्तून लोग, पूर्वी अफ़ग़ानिस्तान से पश्चिमी पाकिस्तान तक आर-पार। 'दरी' और 'पश्तो' दोनों को सरकारी ज़बान की हैसियत हासिल है। इनके अलावा यहाँ के अलग-अलग इलाक़ों में अलहदा ज़बानें भी बोली जाती हैं, जैसे दक्खिन में बलोचिस्तान वाले बोलते हैं 'बलोच', उत्तर-पूरब के छोटे हिस्से वाले 'नूरिस्तानी' और बड़े फैलाव में 'ताजिक', बीचोबीच 'हज़ारा', मग़रिब (पश्चिम) में 'ऐमाक' और धुर उत्तर-पश्चिमी पट्टी में 'तुर्कमेन'। यह सब जानकर एक बार फिर एहसास हुआ कि अपने इलाक़े में रहते हुए बिना गहरी तफ़्तीश के ही बनाई गई हमारी धारणाएँ कितना गच्चा खिला सकती हैं। इतनी बोलियों के चलते अलग-अलग इलाक़ों के लोग अपनी बोली के मुताबिक़ 'काबुल' को 'काबेल', कबोल, कबूल, कॉबुल भी पुकारते हैं।

हमारे अवध में पास-पड़ोस में जब कोई ज़्यादा बढ़-चढ़कर मॉडर्न बनने लगता है तो जब-तब लोगों को एक कहावत कहते सुनता रहा हूँ—"काबुल गए मुग़ल बनि आए, बोलैं मुग़ली बानी, आब-आब कहि भइया मरि गे सिरहाने रखा पानी।" मतलबु यहु आय कि—भइया गए काबुल और वहाँ से 'मुग़ल भाषा सीखकर आ गए। जब वे बीमार होकर खटिया पर पड़ गए और उन्हें बहुत ज़ोर की प्यास लगी तो काबुल में पढ़ी मुग़ल भाषा में बोलने की आदत के मुताबिक़ 'आब-आब' चिल्लाने लगे, सुनै वाले समुझै ना पाए कि पानी (आब) माँग रहे हैं, औ ऐसे ही चिल्लाते-चिल्लाते भइया क्यार जिउ निकसि गवा, जबकि सिरहाने (सिर के पास) ही पानी रखा रहा। ये कहावत सुनते-सुनते हम समझते रहे कि काबुल में मुग़लई बानी (उज़्बेकी) बोली जाती रही होगी लेकिन जब यहाँ की बोलियों का सिजरा मिला तब पता चला 'यहौ मामले मा कितने भकुआ आन हम सबै'—यहाँ ना तो मुग़लों का कोई मान है और ना उनकी असली ज़बान ही चलती है।

उज़्बेकी बोलने वाले बसते हैं हिन्दूकुश के उस पार आमू दरया के आसपास वाले उज़्बेकिस्तान से लगे हिस्से में। एक बार हिन्द में आकर वहीं के होकर रह जाने वाले मुग़लिया शहंशाह बाबर और उसके ख़ानदानी असल में उज़्बेकिस्तान से भागकर पूर्वी ईरान और काबुल के रास्ते आते समय अपने साथ 'फ़ारसी', 'दरी', 'पश्तो' और 'उज़्बेकी' की खिचड़ी ज़बान भी लाए थे, इसलिए अगर 'मुग़ली बानी' का मतलब उससे लगा लिया जाए तो हमारे अन्दाज़े का खटका बिलकुल सटीक बैठ सकता है।

हिन्दुस्तान में पहाड़ होते हैं?

जब लिखना छोड़, मुड़कर, श्याम की ओर देखा, वे पहले की तरह ही चुपचाप

बैठे कसमसाते मिले। और जब, उनसे बाहर का एक चक्कर लगा आने को कहा तो उनके चेहरे की रौनक़ लौट आई, चहकते हुए तुरन्त तैयार हो गए। यूँ ही धीरे-धीरे चलते मन्दिर के बाहर की गलियों में टहलते हुए देखते रहे—केतली से चाय पीते पग्गड़ साजे अफ़ग़ान, ताज़ा-ताज़ा तंदूर से निकली रोटियाँ, लोहे की सीखों में बींधकर पकाए जा रहे गोश्त के टुकड़े जिनकी अनचाही गमक नाक में धँसी चली आती। थोड़ी देर में लौटकर मैं फिर से लिखने में लग गया और श्याम स्कूल की ओर निकल गए।

काबुल कब बसा और यहाँ सबसे पहले कौन से लोग बसे इनका ठीक-ठाक पता नहीं लगता। फिर भी, अपने 'ऋग्वेद' और पश्चिम एशिया के 'अवेस्ता' जैसी पुरानी तहरीरों में 'काबुल' या 'कुभा' नाम के दरिया और शहर का ज़िक्र मिलता है। आज से यही कोई 2700 बरस बीते काबुल घाटी पश्चिमोत्तर ईरानी हुकूमत के अधीन, फिर 2550 बरस से आगे क़रीब 200 बरस ईरान के ही हख़ामनी शाही घराने के राज का हिस्सा रहा। उसके बाद मकदूनिया वाले सिकन्दर-ए-आली के नक़्शे-क़दम पर सेलुसिड और फिर मौर्य आदि राजवंशों के परचम फहराए। पुराणों में 'काबुल दरिया' का नाम 'कुहू' मिलता है जबकि 2300 बरस पहले एरियन इसे 'कोफेस', उसके बाद के 300 सालों में प्लिनी ने इसका नाम 'कोफेन', टॉलेमी ने 'कोआ' व और लोगों ने अपनी-अपनी बोली के उच्चारण के हिसाब से लिखा। 'हिन्दूकुश पहाड़' से निकलकर 'सुलेमान पहाड़' को काटकर बहता यह दरिया आगे 'हाटक' या 'अटक' के पहले 'सिंध नदी' में मिल जाता है।

हिन्दूकुश से ही निकलने वाला दूसरा क़ाबिले ज़िक्र दरिया है दरिया-ए-हेलमंद—काबुल से क़रीब 40 किमी. पश्चिम में हिन्दूकुश के कोह-ए-बाबा पहाड़ के उनई दर्रे के उत्तर से निकलकर दक्षिण-पश्चिम अफ़ग़ानिस्तान के वरदाक, ओरुज गान, हेलमंद और निमरूज़ सूबों से बहता हुआ ईरानी सीस्तान के दलदली इलाक़े में समा जाता है। अफ़ग़ानिस्तान की इस सबसे लम्बी नदी की कुल लम्बाई क़रीब 1250 किमी. है। इसमें मिलने वाली पाँच सहायिकाएँ हैं—कुदरुद, अग़ंदाब, तेरिन, अर्गस्तान, और तरनक। आख़िरी सिरे पर इसकी एक धारा यही कोई 55 की दूरी तक ईरान की सरहद बनाती है।

अभी इतना ही लिख पाए थे कि दरवाज़े पर नमूदार हुए श्याम और उनके पीछे-पीछे आते स्कूल-मास्टर शर्मा जी और उनके साथी संधू। आते ही श्याम ने ऐलान कर दिया—'लिखना-पढ़ना बाद में कर लेना। आज चलते हैं दर्रा-ए-पघमान की सैर पर, बहुत ख़ूबसूरत जगह है, तुम्हारे मन लायक। ये लोग भी साथ चल रहे हैं।' इसके बाद कुछ कहने-सुनने की गुंजाइश नहीं रही। मन्दिर के बगल से ही मिली 'मिल्ली बस' में भरी सवारियों में हम भी किसी तरह अंड़स

लिए, ऐसे कि उनके आगे बाहर कुछ दीखता ही नहीं। 'कोटे संगी' में उतरे तब कहीं राहत मिली। आसपास रेहड़ियों पर बिक रहा सूखा मेवा ख़रीदकर जेबों में भरा, और उसी दर पर आई डब्बे जैसी अगली बस में ठुँसकर बढ़ लिए दरिया-ए-पघमान की ओर।

साथ की सवारियों में से एक अंग्रेज़ी का जानकार अंग्रेज़ी में बात करता रहा। अफ़ग़ानिस्तान में छह-सात महीने से रहकर कामचलाऊ पश्तो-दरी बोलने का रियाज़ कर चुके मास्टर शर्मा और संधू बकिया के अफ़ग़ानों से मुख़ातिब होकर एक-आध जुमला टपकाकर बतियाने लगे। उनमें से एक ने जानना चाहा—

"शुमा मुस्लिम अस्त?"

"नहीं हिन्दी," शर्मा ने जवाब दिया। सवाल करने वाले के चेहरे का रंग बदलता दिखा। फिर आगे की बातें यूँ चलीं।

"हिन्दी...हिन्द...हिन्दुस्तानी!"

"हाँ, हिन्दुस्तानी!"

"हिन्दुस्तान—अफ़ग़ान दूस्त, बिशियार ख़ूब!"

इतना बोलने के बाद दोनों तरफ़ के बोल खलास हो गए। वे अपने में आपस में बात करने में लग गए और मास्टर शर्मा जी बताने लगे—अमृतसर के नामचीन 'सिंगरों में शुमार होता है उनका नाम। इंडिया में होने वाले उनके 'कॉन्सर्ट्स' में साठ-सत्तर हज़ार लोग तो जुट ही जाते हैं। अफ़ग़ानिस्तान का सबसे मशहूर सिंगर उनका यार बन गया है और उसके 'कॉन्सर्ट्स' में भी जब वे गाते हैं तो भीड़ सिर्फ़ और सिर्फ़ उन्हीं के गाने की फ़रमाइश ज़ोर-ज़ोर से शोर मचाकर उठाती है। इतना ही नहीं, मुकेश से भी उनकी ख़ासी दोस्ती...और तलत महमूद उनका अज़ीज़ रहा...।

इतनी लम्बी ढील से अपने सब्र का बाँध टूटने लगा लेकिन श्याम उन्हें बढ़ावा दे-देकर मज़े लेते रहे। तब तक मास्टर ने मज़मून बदलकर अगला पैंतरा लिया—उनके बाप पंजाब के मशहूर क्रान्तिकारी हैं और 'ऑल इंडिया फ्रीडम फाइटर्स असोसिएशन' के फॉर्मर जनरल सेक्रेटरी भी...।

सड़क धीरे-धीरे ऊँचाई की ओर चढ़ती रही और बाएँ बाज़ू की वादी फैलती गई। पीछे, नीचे काबुल दिखने लगा। कुछ-कुछ हरियाली और पथरीले पाट पर खलबलाता-छलछलाता दरिया का पानी। सामने की पहाड़ी पर चमचमाती बर्फ़ की और लम्हा-लम्हा बढ़ती हमारी बस।

उसी बीच मिली-जुली उर्दू बोल लेने वाले अभी-अभी बने शर्मा जी के दोस्त ने दरयाफ़्ती सवाल करने शुरू कर दिए :

"क्या हिन्दुस्तान में पहाड़ होते हैं?"

"क्या हिन्दुस्तान में अंगूर और अखरोट होते हैं?"

"क्या कश्मीर यहाँ से ज़्यादा ख़ूबसूरत है?"

बेशक किसी भी मुल्क के बाशिन्दे के लिए उसका मादरे वतन दुनिया के किसी भी कोने से ज़्यादा ख़ूबसूरत होता है और उसके सामने किसी और मुल्क की ख़ूबसूरती बयान करना बेअदबी होती। बोली से मार खा गए वरना तफ़सील से समझाते उसे—'सारे जहाँ से अच्छा दिखता वतन हमारा', यह जुमला भी सुनाते—'ख़ूबसूरती बसती है देखने वालों के नज़रिए और आँखों में, और इस बिना पर क़ुदरत का ज़र्रा-ज़र्रा, हर कोना, पहाड़-मैदान, जंगल और रेगिस्तान-मैदान सब बराबर के बेमिसाल होते हैं। लेकिन, ऐसी क़ुदरती ख़ूबसूरती भी होती है जो पहली नज़र में हर किसी की आँखों में उतरकर वहीं बस जाए, और जो देश-काल की सरहदें, सारी दिशाएँ, पढ़े-लिखे और अनपढ़ की सारी सीमाएँ पार कर एक-सा असरदार हो।'

आइडियल कम्पोजीशन

मंज़िल से पहले ही हम बस से उतरकर अगल-बगल आमने-सामने नज़र डाल लेने की नीयत से, पैदल ही चल पड़े। नया मुल्क, नई सरज़मीं, नए उत्साह से भरे, बदलते मौसम के साथ। अभी-अभी पिघलकर सरक चुकी बर्फ़ से उबरे ठूँठ जैसे दरख़्तों की बेतरतीब क़तारें। नई बहारों की दस्तक दे रहे खिलते फूल और कुछ शाख़ों पर फूटती नई नरम नन्ही कोंपलें। काले-नीले-भूरे सपाट पहाड़ों पर कहीं-कहीं बड़े-बड़े मोती के मोटे-मोटे मनकों या शीशे की झालरों जैसी लटकती बची-खुची बर्फ़ दिख जाती। बगल से हरहराता हुआ, पत्थरों में उलझता-उछलता, दूधिया झाग उठाता, दोनों किनारों की हरियाली को गूँथता, तेज़ धार बहता-उमगता दरिया का पानी। ढलान की हरियाली के बीच-बीच से बहकर आतीं चमचमाती पतली धाराएँ दरिया में समातीं।

बला का दिलकश नज़ारा। एक बाग़ में दिखती बुलंद इमारतें, गाँव में बने ऊँचे-नीचे मुकामी मकानात। लाल-लाल सेब जैसे गाल वाले मासूम बच्चे। मुकामी लिबास में जँचते अफ़ग़ान, बाज वक़्त दरिया से पानी भरती मोहतरमाएँ। माहौल में पसरा सन्नाटा। पहाड़ी ढलान पर लपटती, ऊँची होती डगर पर गधों का कारवाँ। हम भी

उसी रास्ते पर लग लिए। मास्टर शर्मा जी ने कारवाँ के साथ चल रहे अफ़ग़ान से जाने क्या तोड़-मोड़कर बोला। उसने जवाब दिया—"दरिया-ए-पघमान।"

पहाड़ पर पड़ी बर्फ़ अपनी ओर बुलाती-लुभाती हुई सी लगी। लगा थोड़ी ही देर में उसे छू लूँगा, उसी तरह जैसे दूर ऊपर भेड़ चराने वाला 'बाचा' बर्फ़ से खेलता दिखा। पहाड़ की चोटी पर अब भी दिख रही सख़्त बर्फ़। काले-भूरे घने बादल रह-रह कर घेरने लगे। बीच-बीच में खिलती धूप हो जाती तो बर्फ़ पर रुपहली-सुनहली चादर सज जाती। मन करता चलते जाओ, चलते जाओ, बेफिकिर, यहाँ के ख़ानाबदोशों की माफ़िक़।

तब तक बादल टपा-टप टपटपाने लगे। कहीं मुँह छुपाने की जगह नहीं। शर्मा मास्टर जी और संधू की पश्तो काम ना आई। अफ़ग़ानों ने ख़ारिजी (विदेशी) लोगों को अपने घर की दहलीज़ पार करने की इजाज़त नहीं दी, अँगुली उठाकर पघमान का रास्ता दिखा दिया। उधर बढ़ते हुए रास्ते की बगल के एक शेड के नीचे पनाह मिली जिसकी दीवार पर तफ़रीहन वहाँ आने वाले सैलानियों के कोयले से लिखे नाम दिखे। फाहे जैसी बर्फ़ पत्ताते हुए धरती पर बिछने लगी।

थमकर बैठते ही तुम्हारी याद घुमड़ने लगी, साथ होते तो बताते काबुल क्यों बुझा-बुझा लगता रहा और वहाँ की मनमोहन वादियों की गोद क्यों दीवाना बनाने लगी। सांसारिक-सामाजिक बंधन भी कैसे...कोई समझता क्यों नहीं हमारे मन के भाव...हमारे जज़्बातों को...। (01 फ़रवरी, 1986)

बर्फ़ थमने के बाद भी बूँदाबादी और चमचमाती बिजली की कड़कड़ाहट ज़ारी रही। हम बरसते पानी में ही चल पड़े। मास्टर शर्मा जी यूँ तो डर को कुछ नहीं समझते लेकिन घर-परिवार की फिकिर में बिजली की कड़क के साथ सहम जाते। संधू चुप, बाक़ी सब भी चुप, इतनी चुप्पी खिलंदड़ श्याम जी को तनिक भी रास नहीं आई सो उन्होंने मनहूसियत भगाने की ग़रज़ से शर्मा जी से गाने की फ़रमाइश कर डाली। हमने भी इसरार किया। फिर शर्मा जी ने पूरे तरन्नुम में, वो बोल उठाए जो सारे हिन्द, अफ़ग़ानिस्तान, रूस और मध्य एशियाई मुल्कों के अलावा दूर-दूर तक के लोग झूम-झूमकर गाते हैं :

चलते जाएँ हम सैलानी, जैसे इस दरिया का पानी।

इन बोलों के हवा में लहराते ही सारी चुप्पी वाला माहौल हवा हो गया। अगली कड़ी के साथ हम सब ने भी उनके सुर में सुर मिलाया—

खुली सड़क पर निकल पड़े हैं, अपना सीना ताने।

उत्साह से भरकर शर्मा जी और ऊँचे बोल में स्टाइलिश अन्दाज़ में गाने लगे—

मंज़िल कहाँ कहाँ जाना है, ऊपर वाला जाने।
...
मेरा जूता है जापानी, यह पतलून इंग्लिस्तानी,
सर पे लाल टोपी रूसी...

तब तक ऐसी ज़ोरदार आवाज़ के साथ बिजली कड़की, मानो पूरा पहाड़ ही टूट पड़ा हो। सकपकाए हुए शर्मा मास्टर जी के बोल उसी में डूब गए, चेहरे पर सफ़ेदी तैर गई। संधू हँस पड़े तो शर्मा जी समझाने लगे—"मेरे को अपनी नहीं तेरी फिकर है संधू, तेरे बाप से तेरी सलामती का वादा करके तुझे साथ जो लाया हूँ। फिर घरवालों की भी चिन्ता है, मुझे कुछ हो गया तो उनका क्या होगा।" फिर बताने लगे—"एक बार ग्वालियर के पास लगे एन.सी.सी. कैम्प में घुस आए तेंदुए को घेरकर स्टेनगन से शूट कर चुका हूँ।"

हैं ना शर्मा जी मज़ेदार चीज़। बातों-बातों में बरसात थम गई। पघमान क़रीब आने लगा। श्याम जी ने यादगार तसवीर उतारने के लिए झोले से कैमरा निकालते हुए हमें एक किनारे क़तार में खड़े होने को कहा। मैंने अपनी जैकेट झटककर दोबारा पहनी, मास्टर जी ने अपनी टाई सँभालकर, कोट की ऊपर वाली जेब में रूमाल सजाया और धूप वाली ऐनक चढ़ाकर, दोनों जेबों में हाथ डालकर पोज़ बनाया, श्याम जी ने बगल से गुज़र रहे दो दस्तारबन्द अफ़ग़ानों को इशारों से बुलाकर दोनों बगल खड़ा करके 'आइडियल कम्पोजीशन' तैयार कर लिया।

मौसम और वक़्त—बड़े बेगाने

फिर से बादल बरसने लगते इसके पहले ही हमने पघमान का एक फेरा लगा लेना बेहतर समझा। सामने नज़र आ रहे करीने से सँवारे गए बाग़ के साथ विलायती अन्दाज़ में बने ऊँचे गेट के आगे फीर (सनोबर; देवदार), पॉपुलर और अखरोट के दरख़्त। सामने ऊपर उठती वादी, उससे ऊपर ऊँचे पहाड़। बाएँ बाज़ू हरहराता हुआ नीचे उतरता दर्रा-ए-पघमान।

दरअसल हिन्दूकुश की छाँव में इस नायाब मुक़ाम पर पहले-पहल बसा एक छोटा-सा गाँव सदियों तक अपने ही पुरसुकून माहौल में जीता रहा। यहाँ की असल आबादी में शामिल रहे ज़्यादा पश्तून और उनसे कुछ कम तादाद में ताजिक मूल के बाशिन्दे। फिर, यूरोपियन ताबेदारी या तहज़ीब के असर से उनकी नक़ल का

जो दौर चला उससे यह मुल्क भी अछूता नहीं रह पाया। भले ही जंग के मैदान में अफ़ग़ानों ने अंग्रेज़ों से जमकर कटम-जुज्झ किए हों, 1919 में उन्हें हराने के बाद जब उस फ़तह की यादगार तामीर कराने की बात आई तो 1928 में बेगम सहित विलायत-पलट अमानउल्ला ख़ान ने यह काम अपने साथ लाए विलायती हुनरमन्दों के हवाले कर दिया, जिन्होंने पेरिस के 'आर्च ऑफ़ विक्टरी' की नक़ल करते हुए पघमान का यह दरवाज़ा तामीर कराया। इस तरह यहाँ के खाँटी देशी मंज़र पर यूरोपियन छाप चस्पाँ हो गई। इसके बाद बढ़ती आमदरफ़्त के साथ यह जगह देशी-विदेशी सैलानियों की सैरगाह में तब्दील होती गई।

तीन-तीन अफ़ग़ानी किराया चुकाकर हम अगली बस में 'कोटे संगी' के लिए सवार होकर जिस रास्ते से आए थे उसी पर लौट पड़े। खिड़की से बाहर दिखती साथ-साथ बेतहाशा उतरती दरिया की रवानी पर नज़र गड़ाए ख़ामोश अपने आप में डूबते ही तुम्हारी याद आने लगी।

अफ़ग़ानिस्तान में पघमान जैसी हरी-भरी वादियाँ और खलबलाते पानी वाले दरिया गिनती के और कम दरमियानी ही हैं। दूर बहता, ख़ूबसूरती बिखेरता दरिया-ए-पघमान नीचे उतरकर काबुल दरिया में समा जाता है।

शर्मा जी और संधू से तुसी-मुसी करते और हँसने-हँसाने में मस्त श्याम जी ने बातों-बातों में पता लगा लिया कि अमृतसर से काबुल आने वाली उड़ानों में पंजाब और हिन्द के दूसरे सूबों से आने वाली ठसम-ठस सवारियों का सबब। सबका एक ही मक़सद होता है—परदेश जाकर पैसा कमाना। अफ़ग़ानिस्तान का वीसा तो हवाई अड्डे पर उतरते ही फ़ौरी हासिल हो जाता है लेकिन आगे ईरान और पश्चिम एशियाई देशों की गाड़ी अटक जाती है। अपने यहाँ के कुछ एजेंट पैसे वसूल कर नौकरी के लालच में फँसाकर यहाँ तक तो ले आते हैं, मगर उसके बाद उन्हें उनके हाल पर छोड़कर रफूचक्कर हो जाते हैं। कोई-कोई तो आगे के जाली वीसा भी थमा देते हैं। इसके बाद इन्हें अपनी समझ, बलबूते और स्थानीय हिन्दुओं और सिखों, मन्दिर-गुरुद्वारों के सहारे ही आगे का रास्ता बनाना पड़ता है।

इस तरह यहाँ आकर, अटक कर, गली-कूचों में भटकने वालों की दुर्दशा देख हमें बड़ा अफ़सोस हुआ। पैजामा, क़मीज़ और हवाई चप्पल में भटकते ऐसे लोग आसानी से पहचाने जाते हैं। यहाँ के बाशिन्दे अफ़ग़ानी और हिन्दू दोनों, और अपनी सफ़ारत के लोग इन्हें शाबाशी की निगाहों से नहीं देखते। इनमें भी सबसे आसानी से पहचाने जाते हैं पग्गड़-दाढ़ी वाले सिख साहबान, इसलिए कुछ ज़्यादा ही होशियार बन्दे काबुल में उतरते ही अपनी पहचान से निजात पाना बेहतर समझते हैं। संधू

जी से पता चला कि वे भी उन्हीं में से एक हैं। हाँ, जब बोलें नहीं, दाढ़ी-मूँछों वाले मोना सिखों की काठी और दूसरे पठानों से मिलती-जुलती शक्ल-ओ-सूरत वालों के लोकल लोगों में आसानी से खपने में भी देर नहीं लगती। यहाँ तक कि बढ़ी हुई दाढ़ी और उर्दू बसी लखनवी ज़ुबाँ की वजह से अक्सर लोग मुझे भी पाकिस्तानी पठान समझने की ग़लती कर बैठते हैं।

नीचे 'कोटे संगी' का मौसम पघमान-घाटी से उलट गरम, खिली हुई धूप और उधर ऊपर के पहाड़ सफ़ेद लिहाफ जैसी ताज़ा गिरी बर्फ़ की परत से ढके दीखते। ये मौसम और वक़्त भी बड़े बेगाने। जब तक दिलकश वादियों में मन रमा, बर्फ़ीली बारिश का दौर चलता रहा, और जब वहाँ से दूर आ गया तो अपने सलोने-सुनहले रूप दिखलाकर पास बुला रहा है। ठीक उसी तरह जैसे यहाँ आने के फेर और बदलते हालात में तेरे पास इत्मीनान से बैठ न सका, और दूर आकर फिर से मिलने के मनसूबे बाँध रहा हूँ। देखते हैं फिर कब वैसी ही फ़ुर्सत मिलती है।

काबुल से कहीं बाहर निकलने की सोच रहा हूँ। श्याम जी यहीं रहेंगे, उन्हें ज़्यादा कूद-फाँद में मज़ा नहीं आता इसलिए अकेले ही जाऊँगा। बहुत रात निकल चुकी है। यह ख़त यहीं ख़त्म करता हूँ। इसके साथ पघमान का एक ग्रीटिंग कार्ड भी है। कल एम्बेसी के डाक वाले थैले से भेजने का जुगाड़ बैठाएँगे। उम्मीद है तुम तक जल्दी पहुँच जाएगा। मिलने पर अपना हाल लिख भेजना। इन्तिज़ार रहेगा।

आगे जहाँ कहीं भी जाऊँगा, अगला ख़त वहाँ से लिखूँगा।

हमेशा तेरा...

दूसरा ख़त

अन्सारी होटल, कमरा नंबर 9,
कुंदूज़ (काबुल से 337 किमी. उत्तर),
अफ़ग़ानिस्तान
11 अप्रैल, 1977

प्रिय...,

ढेर सा स्नेह!

जहाँ से यह ख़त तुम्हें लिख रहा हूँ, वहाँ से थोड़ा ही सफ़र तय करके 'आमू दरिया' के किनारे 'शीर ख़ान बन्दर' तक, और वहाँ से बड़ी-बड़ी कश्तियों में से किसी एक पर सवार होकर 'आमू दरिया' के उस पार ताजिकिस्तान देश और थोड़ा पश्चिम-उत्तर से इसी दरिया को पार करके 'सोवियत देश' की धरती पर उतरने भर की क़सर है। यहाँ चलने वाली कश्तियों की फेरियों के ज़रिए हज़ारों साल से उतरता रहा है 'भारतीय उप महाद्वीप' और 'मध्य एशिया' के मुल्कों का तिजारती माल।

इतना जान लेने के बाद भी अपना दिल उस पार तक का फेरा लगा आने के लिए भला कैसे ना बहकता। काबुल से चलने से पहले श्याम से हाल-ए-दिल का इज़हार करने पर हमेशा की तरह पूरे भरोसे से बोले—"क्यों न काबुल में भारत के राजदूत, महामहिम एस.के. सिंह से रिक्वेस्ट की जाए।" अब तक, अपने ज़िन्दादिल और हँसोड़ मिज़ाज की बदौलत उनका दिल भी जीत चुके श्याम जी की बात में मुझे भी दम दिखा। नेक काम में देर क्या की तर्ज़ पर निकलने को तैयार हो गए, मैंने कहा—"वहाँ तक जा ही रहे हो तो लगे हाथ देख लेना, एम्बेसी में मेरा कोई ख़त आया हो।" वे सुनकर मुस्कुराते हुए चले गए।

जैसी उम्मीद थी, उसी तरह उन्होंने सिंह साहब से मिलते ही बेधड़क मेरा मनसूबा झोंक दिया। सिंह साहब ने अपनी ताईं पूरी कोशिश करने का वायदा किया। शाम तक पता चला 'सोवियत यूनियन' की सफ़ारत ने उनकी सिफ़ारिश का पूरा

मान भी रखा, बस इतने से पसंघे के साथ कि 'आमू दरिया' को पैदल-पानी पार करने की ज़हमत उठाने के बजाय जहाज़ से उड़ उस पार काबुल से सीधे ताशकंद जा सकते हैं। मतलब इक़रार करते हुए निहायत तहज़ीब से इनकार कर दिया।

सुबह साढ़े पाँच बजे ही उठकर 'काबुल दरिया' के किनारे वाले बस अड्डे से बस पकड़ने पहुँच गए। यूँ तो श्याम मेरे साथ चलने को तैयार नहीं हुए, लेकिन जब मैं अकेला ही निकलने लगा तो काबुल में अकेले रह जाने के बारे में सोचकर उदास लफ़्ज़ों में बोलने लगे, "यार! तुम मुझे इतने अच्छे क्यों लगते हो कि बिछड़ना खल जाए!" और यह सुन-सुनकर मुझे दिल्ली से चलते समय तेरी इसी लहजे, इन्हीं लफ़्ज़ों में कही बात बार-बार याद आने लगी।

एक-एक कर आती सवारियाँ बस में भरती गईं, एक से बढ़कर एक ठसकेदार, बात-बात पर आपस में उलझती हुईं, उतनी से देर में मेरे सामने ही तीन-चार बार लड़ पड़े, फिर किसी तरह सब अपनी-अपनी चौकी (सीट) पर जम पाए। उतनी देर एक बुज़ुर्ग पठान जमालुद्दीन उन्हें ख़ामोश करते समझाते रहे। उर्दू ज़ुबान से उनकी वाक़फ़ियत की बदौलत बातों-बातों में मुझे अपने मेहमान मानकर वे मेरे बगल वाली चौकी पर आ बैठे। थोड़ी देर में पूरी बस अफ़ग़ान सवारियों से भर गई, एक मैं ही हिन्दी रहा उनके बीच।

तमाम वजहों से अफ़ग़ान अपनी सड़क तक नहीं बना पाते, ऐसे में मोटोर (बस) बना पाना उनके बस की बात कहाँ, सीधे यूरोप से आती हैं, सुन्दर-सुन्दर, लाल या नीली, चारों ओर खिड़कियों में कसे हुए बड़े-बड़े शीशे, लगता ही नहीं कि किसी सवारी गाड़ी में बैठे हैं। कुछ बसों की दर आमद हिन्द से भी होती है।

पीछे की ओर बदन फेंककर सवारियाँ अपनी-अपनी सीट पीछे दबाकर उस पर अधलेटी हो गईं। कंडक्टर ने सभी सवारियों (नफरी) की गिनती पूरी की और दम खींचकर आवाज़ लगाई :

'बो ऽ रो - ऽ - ऽ - ऽ ब ख़ै - ऽ - ऽ - ऽ - ऽ - ऽ - ऽ - ऽ र' (ख़ैरियत से गाड़ी बढ़ाओ)।

बस के दरवाज़े फिस्स-स-स-स -स-स-स की ऐसी आवाज़ के साथ बन्द हुए जैसे पहियों से हवा निकल रही हो। श्याम जी वज़नी क़दमों से वापस चलते दिखे। सवारियों ने एक साथ दोनों हाथ अपने-अपने सीने तक उठाकर एक सुर में दुआ माँगी—'दुआ - ऽ ऽ - ऽ ए ख़ै - ऽ - ऽ - ऽ र'।

इधर हमारी डीलक्स बस फिसलती हुई सी आगे चली और उधर ड्राइवर साहब ने टेप ऑन कर दिया, एक हिन्दी तराना लहराने लगा—'इक दिन बिक जाएगा माटी के मोल, जग में रह जाएँगे, प्यारे तेरे बोल...'। ताज्जुब...ताज्जुब हुआ गाने की धुन के साथ ज़्यादातर अफ़ग़ान सवारियों की जुम्बिश खाती गर्दनें देखकर।

चक्कू बन जाए तलवार

शहर पार हुआ, सामने हिन्दूकुश पहाड़ पर, सुबह की हल्की धूप में नहाई, बर्फ़ ऐसी दिखने लगी, मानो सोने का पानी चढ़ा हो। सड़क के दोनों बगल, चिनार के दरख़्तों की सतर क़तारें, फूलते हुए अखरोट और शहतूत के मझोले झाड़, अंगूर के कटे हुए बाग़ान, ढालों पर उगती नरम हरी घास। ज़माने से सुनते-पढ़ते आए कोह-ए-दामन (पहाड़ की गोद) के बीच से बढ़ते हुए, एक्साइटमेंट से लबालब। सोचने लगा, आने वाले दिनों में अखरोट फलेंगे और दूर-दूर तक के बाग़ान अंगूर के गुच्छों से सज जाएँगे।

जमालुद्दीन के यह बताने पर कि 'एक महीने बाद यहाँ जन्नत का नज़ारा उतर आएगा', मैं कुढ़ने लगा, तब ही क्यों नहीं आया। फिर सोचा, हम अधमलोक वालों के नसीब में यह सब कहाँ! एक बार एक ने बहुत कोशिश भी की तो त्रिशंकु बनकर लटक गया, न इस लोक में न स्वर्ग में। इतना पुण्य-प्रताप, ऊपर वाले ने अफ़ग़ान मर्दों और हसीन हूरों को ही बख़्सा है, जो हर बरस जन्नत की सैर कर लेते हैं।

खिड़की से बाहर के 'सीन्स' देखते-देखते फिर से तुम्हारा ख़याल आने लगा। श्याम ने एम्बेसी से लौटकर मेरे चेहरे का सवाल पढ़कर मज़ाक़िया लहज़े में बताया था—"अब मुँह न लटका लेना, यह सुनकर कि अभी तक वहाँ से आपका कोई प्रेम-पत्तर नहीं आया, मगर तसल्ली रखिए आता ही होगा, रफ़्ता-रफ़्ता।" बोला तो कुछ नहीं लेकिन सोचता रहा 'आ तो जाने चाहिए थे अब तक। ख़ैर, अभी नहीं आया तो कुंदूज़ से लौटने तक आ जाएगा। पता नहीं क्या चल रहा हो वहाँ। सब ठीक-ठाक तो है ना!'

बस की दो सीटों के बीच पैदल चलने के लिए छूटी जगह के उधर वाली चौकी पर बैठा फ़ौजी वरदी में फब रहा, अफ़ग़ान सेना का एक हमउम्र लेफ्टिनेंट बात करते-करते पश्तो और रूसी के अलावा अंग्रेज़ी के 'यस' या 'नो' भी टपका देता।

जमालुद्दीन से पता चला कि 'यहाँ के पढ़े-लिखे लोग ग़ैर-मुल्की ज़ुबानों में से अमूमन रूसी और फ्रेंच सीखने में दिलचस्पी रखते हैं। इनके ज़ेहन में बसी है अंग्रेज़ी और अंग्रेज़ के लिए ख़ासी नफ़रत, उनकी हुकूमत और उनसे हुई जंगों

की वजह से।' फ़ौजी अफ़सर लगातार मुझसे बातें करता सवाल दर सवाल करता रहा, धाराधार, पश्तो में। जमालुद्दीन दुभाषिए की ज़िम्मेदारी सँभाले बात की बात उर्दू में तर्जुमा करते चलते—'हिन्द में अंगूर, अखरोट, शहतूत होता है या नहीं? राजकपूर को देखा है कभी?' और ऐसे ही तमाम सवालात।

सड़क से हटकर, कुछ दूर पर ख़ानाबदोशों के तने हुए ख़ेमे, उनके आसपास ऊँट, बूढ़े, जवान, बच्चे, अल्हड़ लड़कियाँ, भेड़ों के रेवड़, भेड़ियों जैसे कुत्ते, और चूल्हों से उठता-घूमता धुआँ दिख जाता। एक सड़क कटकर 'बेग्राम हवाई अड्डे' की ओर चली गई, बेग्राम के पास ही है 'तोपदरा स्तूप', मगर ग़ैर फ़ौजी उधर नहीं जा सकते। काबुल से 60 किलोमीटर की दूरी पर, चारीकार के नज़दीक, पंजशीर और घोरबन्द नदियों के मेल पर बसे बेग्राम शहर से होकर जाने वाले रास्ते पुराने ज़माने से ही इसे पश्चिमी पहाड़ों में बसे बामियान और उत्तर में कुषाण-दर्रे के पार 'बाघलान घाटी', 'सुर्ख़ कोतल' और 'बल्ख़' से जोड़ते रहे। प्राचीन कपिश या 'कपिशी नगर' से पहचाना गया यह शहर दो हज़ार बरस पहले कुषाण बादशाहों की राजधानी और तिजारती मरकज़ बन गया। इस इलाक़े से बौद्ध-मूर्तियों, स्तूपों वग़ैरह के बहुत से अवशेष मिलते रहते हैं।

'कपिश राज्य' की राजधानी के निशानात इसी बेग्राम और उसके आसपास दबे माने जाते हैं। आज से कोई पचीस सौ वर्ष पहले 'पाणिनि' ने इस नगर का ज़िक्र 'कपिशी' नाम से किया है। 'कपिश राज्य' की पहचान प्राचीन संस्कृत साहित्य में वर्णित आज से छब्बीस सौ बरस पहले के भारत के 'सोलह महाजनपदों' में गिने जाने वाले उत्तर-पश्चिमी भारत में स्थित 'कम्बोज महाजनपद' से की जाती है। यहाँ के रहने वाले अश्वकायन और अश्वायन कहलाते थे। न केवल पाणिनि वरन् प्राचीन साहित्य के अनेक लेखकों ने यहाँ की मशहूर सुरा कपिशायन (कपिशायनी द्राक्षा) या कपिशायनी अंगूर और अंगूरी शराब की शोहरत बार-बार दर्ज की है।

क़रीब 1300 साल पहले कपिशा आए चीनी यात्री ह्वेनत्सांग ने यहाँ के बाशिन्दों के समूर से सज्जित ऊनी कपड़ों, अक्खड़ कठकरेजी और उग्र स्वभाव, रूखी बोली, यहाँ उपजने वाले अनाजों और फलों और 'शेन नस्ल' के घोड़ों के बारे में लिखा है। यहाँ का क्षत्रिय बौद्ध राजा प्रजा से बहुत प्यार करने वाला, निर्धनों को दान करने वाला और हर साल बुद्ध की अठारह फ़ीट ऊँची मूर्तियाँ बनवाने वाला था, यह भी दर्ज है उसके लेख में। 1939 के आसपास यहाँ हुई खुदाई में मिले शीशे के सुरापात्रों से इसके एक बड़े द्राक्षासव बाज़ार रहे होने की तस्दीक़ हुई है। यहाँ से मिली क़रीब दो हज़ार साल पुरानी हाथी दाँत पर उकेरित कलाकृतियाँ दुनिया भर में जानी जाती हैं। इनमें शामिल हैं बेहतरीनी से नक्श की गईं शेर, हाथी, अज़दहे जैसे घोड़ों पर सवार, परिंदे, फूल, लगभग

अनावृत नारियों, वादकों, नर्तकों जैसी आकृतियाँ और कुछ पर उकेरित खरोष्ठी, ब्राह्मी और दूसरी लिपियों के अभिलेख।

रास्ते में आया कराबाग़, बक़ौल जमालुद्दीन, मौसम आने पर मूँगफली के ढेर की तरह, ताज़ा फले अंगूर से पट जाता है। बर्तनों पर अफ़ग़ान कारीगरी के लिए मशहूर एक और क़स्बा आया, और उसके बाद आई, काबुल से 40 मील (64 किमी.) दूर समन्दर की सतह से 5250 फ़ीट (1600 मी.) की ऊँचाई पर बसी, परवान सूबे की राजधानी चारीकार। यहाँ से आगे आता है हिन्दूकुश के उस पार ले जाने वाला सालंग दर्रा, पुराने वक़्त में इस दर्रे के पश्चिम और आसपास उस पार जाने और उधर से आने वाले कई दर्रों में से मशहूर हैं—'दर्रा-ए-कुशन' या 'दर्रा-ए-काओशान', 'खवाक दर्रा', 'शिबर दर्रा'। मोटे तौर पर आज से दो हज़ार तीन सौ बरस बीते, खवाक और कुषाण दर्रों के रास्ते से ही मकदूनिया के सिकन्दर महान ने हिन्दूकुश पार करने की बात यहाँ के आम लोग भी जानते हैं।

हमारी बस आगे चली और जमालुद्दीन ने शहतूत और अखरोट की पोटली खोलकर मेरी ओर बढ़ाते हुए बताया चारीकार में बनने वाले लाजवाब चाकू-कैंची के बारे में। और यह सब सुनते-जानते मेरा मन उड़ गया ढाई हज़ार किलोमीटर से भी ज़्यादा लम्बे दायरे और सुधियों की परतों में। बेग्राम नाम ने याद दिलाई, एम.ए. में पढ़े बांग्लादेश के बोगरा ज़िले से मिले कुमारगुप्त के पन्द्रह सौ बावन बरस पुराने ताँबे के पत्तर पर लिखे लेख में दर्ज 'वयिग्राम' (बेग्राम) की। और चारीकार के चाकू-कैंची ने अपने रामपुरी चाकुओं और बचपन में देखे-सुने गली-गली फेरी लगाकर—'चाकू-छुरी तेज़ करा लो'; 'चाकू-छुरी पर धार धरा लो' की आवाज़ लगाने वालों के साथ, 'ज़ंजीर' सिनेमा और इसमें आशा भोसले की आवाज़ में लटके-झटके वाली अदाओं के साथ जया बच्चन के गाए उस गाने के बोलों की भी याद दिला दी :

चक्कू छुरियाँ ते-ऽ-ऽ-ऽ-ऽज करा लो
चक्कू छुरियाँ ते-ऽ-ऽ-ऽ-ऽज करा लो
चक्कू छुरियाँ ते-ऽ-ऽ-ऽ-ऽज करा लो
मैं तो रक्खूँ अइसी धार,
चक्कू बन जाए तलवार। *

क्या कमाल का 'मन' बनाया है बनाने वाले ने! एक ही पल में कहीं भी रहते हुए पैठ जाता है दुनिया की जुगराफ़िआ में कहीं भी, साथ के साथ काल की गहराई

* https ://www.youtube.com/watch?v=1NfrEe1gPgY

या आने वाले कल की कल्पनाओं तक में, देख-सुन-समझ सकता है एक साथ कई-कई जगहें और घटित-अघटित वाक़ये।

ज़ालिम भी बहुत हैं

चारीकार से बढ़ने पर मुख्य मार्ग से फूटकर एक सड़क निकल गई बामियान की ओर। आगे आया रोशनी का पहाड़—जबल सराज—जहाँ अमीर हबीबुल्ला के वक़्त में पहला अफ़ग़ान जल-विद्युत् केन्द्र बना। इसके बाद पहाड़ पर घूमती सड़क पर दरिया-ए-सालंग के किनारे-किनारे बढ़ने लगे। यहीं ऊपर के पहाड़ों की बारहमासी बर्फ़ के जमाव से फूटा यह दरिया दक्षिण की ओर उतरता हुआ क़रीबन साढ़े चार सौ किलोमीटर का सफ़र तय कर समा जाता है दरिया-ए-ग़ोरबन्द में।

छितरे हुए से गाँव, हरे-भरे खेत और हरियाले हिस्से एक-एक कर छूटते गए। वीरान पथरीला इलाक़ा आया। फैली हुई वादी सँकरी होती गई। 'सालंग दर्रे' की तरफ़ बढ़ते हुए, बर्फ़ वाली पहाड़ियों के सिरे नज़दीक आने लगे। दोनों बगल पत्थरों के गोल ढोंकों पर चढ़े हुए ढोंके। पहले छोटे-छोटे बर्फ़ के ढेर आए, फिर बड़े-बड़े। दो-तीन दरमियानी सुरंगें पार करने के बाद बर्फ़ से घिर गए। पहले सड़क के किनारे दो-दो फ़ीट ऊँची, फिर सड़क पर भी जमी मोटी परत। ओवरकोट लादे, फेल्ट कैप लगाए, लाँग-बूट चढ़ाए, सड़क पर की बर्फ़ हटाते मज़दूर दिखे।

सड़क के किनारे पर मज़दूरों और फ़ौजियों के लिए बने केबिनों की छत, खिड़कियों के किनारों और शेड पर, दीवारों के सहारे बरामदों में बर्फ़ ही बर्फ़। फिर तो बर्फ़ीला तूफ़ान ही आ गया, हवा के झोंकों के साथ उड़ती हुई सफ़ेद रुई के फाहों, बारीक़ यूरिया या शक्कर के दानों जैसा, आँखों के सामने लहराता हुआ सफ़ेदी का परदा-सा तन गया। हमारी बस एक बार बर्फ़ में धँसकर अटकी, फिर रेंग चली। मैंने ड्राइवर साहब से मिन्नत की—"ज़रा रोक दो, दम भर बर्फ़ गिरना देख लूँ।" जमालुद्दीन ने मेरे कहे का तर्जुमा कर उस तक पहुँचा दिया। लेकिन उसने ख़ामोशी से मजबूरी जता दी। फिर भी, मेरी आरज़ू ख़ाली नहीं गई, आगे सुरंग के झरोखों से आई बर्फ़ के ढेर ने रास्ता पूरी तरह से जाम कर दिया। इन्हें हटाकर रास्ता खोलने के लिए जूझते ट्रैक्टर दिखे। 'डरेबर साहब' को झख मारकर गाड़ी रोकनी पड़ी।

बस से उतरते ही बर्फ़ के झोंके दर झोंके टकराने लगे। हम चेहरे पर पड़ते और ज़ुल्फ़ों और भवों में उलझते बर्फ़ के नन्हे-नन्हे फाहों का लुत्फ़ लेते टहलने लगे।

सामने की घाटी में सफ़ेदी के सिवा कुछ नहीं दिखता। थोड़ी ही देर में बूट, जैकेट, कन्धों पर और बाँहों में बर्फ़ ही बर्फ़। कच्ची पड़ी बर्फ़ में क़दम जमा-जमा कर बड़े-बड़े पदचिह्न बनाता और बर्फ़ के बड़े-बड़े गोले बनाकर लुढ़काता रहा। वहाँ लगे मज़दूर आसपास जुटाकर रखी गई सूखी मिट्टी चक्कों से बने चिपचिपे गहरे खाँचों में भरते रहे। यह सब देखते ज़्यादा वक़्त नहीं बीता जब मेरे कपड़े जवाब दे गए और मैं ठंड से गिनगिनाने लगा, ज़्यादा देर खुले में रहना मुनासिब नहीं रह गया, तो वापस बस में जा बैठा।

तक़रीबन 11,000 फ़ीट की ऊँचाई पर 1954-1964 के बीच रूसियों की बनवाई 2.7 किलोमीटर लम्बी सुरंग का यह रास्ता, इससे भी कहीं ऊपर की ऊँचाई से गुज़रने वाले 'सालंग दर्रे' के पुराने रास्ते के मुक़ाबले काबुल से हिन्दूकुश के उत्तरी हिस्से से जोड़ने वाला सबसे सहज और व्यस्त सम्पर्क-मार्ग बन गया है।

रास्ता दो घंटे बाद खुला। सवारियाँ सुरंग में रेंग चलीं। अन्दर जगह-जगह खड़े फ़ौजी और जुगुर-जुगुर करते बल्ब की हल्की रोशनी के बीच सब ओर बर्फ़ ही बर्फ़, सुरंग में नीचे और सुरंग के ऊपर जमी हुई मोटी-मोटी बर्फ़ की परत, मतलब हम बर्फ़ीली सुरंग में से गुज़रते रहे। सुरंग की दरारों से लटकती टेढ़ी-मेढ़ी जमी हुई सख़्त हो चुकी बर्फ़ की शीशे जैसी चमचमाती पारदर्शी लड़ियाँ, तरह-तरह की नायाब कलाकृतियों की शक्ल में। दरवाज़ा, खिड़की बन्द होने के बावजूद बस के अन्दर भी रह-रह कर कँपकँपी उठ जाती। सुरंग से बाहर निकलते, तूफ़ान थमने पर, दूर-दूर तक ताज़ा गिरी बेशुमार बर्फ़ के ऊँचे ढेर पर खिली-खुली-धुली धूप बेहद कौंधने लगी, अचानक गरमी बढ़ने लगी। चश्मा साथ न लाने का बड़ा अफ़सोस हुआ।

नीचे उतरती सड़क के एक बगल बहती धारा बहते-बहते कबूतर के नरम-नरम सफ़ेद परों जैसे बर्फ़ के गालों में खोकर आगे फिर कहीं निकल पड़ती। चुपचाप सब जज़्ब करता रहा। हम दोनों साथ होते तो कितना मज़ा आता, यह नज़ारा देखते चलते, लेकिन क्या करें जब ऐसा समय-संयोग और साधन नहीं बन पाया। ध्यान टूटा जमालुद्दीन के सवालों से—"बाचा! कितना उमर है तुम्हारा? शादी हुआ या नहीं? कुंदूज़ में कहाँ रुकोगे?" बाक़ी के जवाबों के बाद जब उन्हें बताया—"कहीं भी ख़ेमा लगा लूँगा," तो सुनकर सपाट लेकिन मोहब्बत भरे लहजे में बोले—"लीक से हटकर क्यों चलते हो नौजवान! मर्द का काम डरना नईं, मगर सड़क किनारे ख़ेमा मत लगाना। अफ़ग़ानों में ज़ालिम भी बहुत हैं।"

कुंदूज़

जमालुद्दीन के शादी वाले सवाल से पिछला ख़त लिखते समय वहीं बैठे, काबुल में 'असमाई मन्दिर' की धर्मशाला में हमारे साथ ही ठहरे, अफ़ग़ान हिन्दू नौजवान की याद आ गई। वो उन हिन्दुओं में से है जिन्हें अब भी अफ़ग़ानिस्तान में रहते, तिजारत के सिलसिले में पाकिस्तान जाते और हिन्दी सिनेमा देखते रहने की वजह से ख़ासी उर्दू-हिन्दी बोलने में दिक़्क़त नहीं होती। पश्तून इलाक़े का बाशिन्दा होने के नाते पाकिस्तान जाने के लिए उन्हें पासपोर्ट-वीसा की ज़रूरत भी नहीं पड़ती। फ़ारसी की जानकारी की वजह से ये लोग ईरान तक भी निधड़क चले जाते हैं। वह उलट-पलटकर हमसे जानकारी करने लगा : "क्या हेमा मालिनी की कुड़माई हो गई? क्या पहले कभी यहाँ आए हो? चेहरा देखा-पहचाना लगता है? शादी हुई या नहीं?" जवाब मैंने नहीं श्याम ने दिया—"अपनी दोस्त को चिट्ठी लिख रहा है।" यह सुनकर वह उछल पड़ा—"हाँ! तो रोज़ चिट्ठी लिखते हो उसे? सपनों में आती है या नहीं?"

और, बस बढ़ती रही। 'दोशी' आया, जिसके 'दोवशी', 'दउशी' और 'दुशी' जैसे तलफ़्फ़ुज़ (उच्चारण, प्रोनन्सिएशन) भी सुनने को मिले, इनमें से सही क्या है यहीं वाले जानें। ट्रकों-बसों के रुकने का अड्डा आया। रुककर आसपास का जायज़ा लेते लोगों ने खाया और मैंने पिया पानी। फिर, बगल में बहते दरिया-ए-सुर्खाब के साथ चले। सुर्खाब नाम से इसे इसी नाम का परिंदा न समझ लेना, असल में इसका मतलब है—लाल पानी। कोहे-ए-बाबा से निकली यही नदी आगे दरिया-ए-कुंदूज़ कहलाती है। आगे आया, सुर्खाब के आर-पार बना पत्थर के पुल वाला पुल-ए-खुमरी, पार हो गया। बाग़लान आया और निकल गया। बर्फ़ पीछे छूट गई। खेत, गाँव, हल खींचते बैल, किसान, भेड़ों के रेवड़, सतरंगे पहाड़, दरिया किनारे कश्तियाँ, घोड़े ही घोड़े, सड़क किनारे शहतूत के पेड़ के नीचे एक कुएँ से चमड़े के डोल से पानी खींचता मुसाफ़िर, उसके बगल में ही दम लेता घोड़ा देखते ही देखते कुंदूज़ जा पहुँचे। बस से उतरकर जमालुद्दीन से विदाई ली और उसकी ताकीद के मुताबिक़ ठहरने के लिए कोई महफ़ूज़ ठिकाना तलाशने चल पड़े।

यह जानकर कि ख़ारिजी लोगों को यहाँ खुले में खेमा लगाने की इजाज़त नहीं, इसकी रही-सही गुंजाइश भी जाती रही। होटल में ही रात बिताई जा सकती है। चौराहे पर दिखे सूचना-केन्द्र पर सिपाही न हिन्दी जाने न उर्दू और न अंग्रेज़ी ही, लेकिन उसी से खोपड़ी भिड़ाते सिर्फ़ इस होटल का पता हासिल कर पाया। यूँ तो यहाँ कई अच्छे होटल हैं लेकिन ख़र्च के हिसाब से अपने परते

वाला यही निकला। कुछ दाम बचा लेने की ग़रज़ से मैनेजर से मालूम किया 'चहारदीवारी से घिरे होटल के अहाते में ख़ेमा लगा सकता हूँ क्या!' वो ठंडे लहजे में बोला 'नई। हमें और ज़्यादा हिफ़ाज़त करना होगा।' मजबूरन अन्दर ही रहना पड़ा।

क्या ज़माना आ गया है। क़ुदरत ने ये दुनिया, ये आफ़ताब, ये माहताब, धरती-आसमान बनाए सबके लिए, बिना किसी बन्दिश के, और उसी के बनाए इनसान ने इस पर सरहदें खींच लीं, पुलिस, वीसा-पासपोर्ट और जाने क्या-क्या बनाकर अपने आप की ही आज़ादी को ज़ंजीरों में जकड़ दिया।

पानी इतना गन्दा कि सीधे पी लेना सीधा मर्ज़ को दावत देना होता। यहाँ उससे निपटने का अच्छा इलाज है थोड़ी-थोड़ी देर में कहवा पीते रहना, लेकिन पीना पड़ता है एक बार में एक चनक (केतली) भर। मगर है बहुत सस्ता, एक अफ़ग़ानी की एक केतली और एक अफ़ग़ानी का बूरा (शक्कर)। सामान टिकाकर जल्दी-जल्दी एक केतली ढुलकाकर शहर देखने निकले।

शहर के बीचोबीच वाले बड़े चौराहे के उसी सूचना-केन्द्र तक टहल आए। चौराहे से बढ़कर कुछ ही दूर आगे चारों सड़कों का हाल ख़स्ताहाल मिला। बाज़ार में जगह-जगह दुकानों पर बिकने के लिए लटके मांस के लोथड़े, नाक में घुसी आती भुनते मांस की अनचाही गमक। कुछ दुकानों में कपड़े, ट्रांजिस्टर, बन्दूक-राइफल-पिस्तौल जैसे असलहे एक साथ बिकते दिखे। धरती-आसमान, ख़ुदमुख़्तारी, तहज़ीब, बोली, दिलेरी और फल-फूल जैसी ख़ूबियों के बावजूद नए ज़माने के तरक़्क़ी के हिसाब से अपना कहने को इनके पास कम ही है। जिस सड़क से काबुल से यहाँ तक आया वह भी रूसियों ने बनवाई है। अलबत्ता, बहुत से ग्राहकों में शुमार दिखे यहाँ के बाशिन्दे और कुछ विदेशी, यहाँ के बाज़ार में ढेरों बिकती इनकी अपनी कराकुल की खाल ख़रीदते।

लम्बा कुर्ता और चौड़े पांयचे की सलवार जैसे पहनावे के ऊपर, घुटने से नीचे तक लटकता लबादे जैसा चपन चढ़ाए मर्द। चपन की बाँहें, हाथ की अँगुलियों के पोर से बालिश्त भर लम्बी। अन्दर रुई भरी होने की वजह से गरम और यहाँ की बर्फ़ीली हवा में भी मुफ़ीद। सिर पर कामदार कुल्ला और पाग। बात-बात पर आपस में झगड़ते, फिर जल्दी ही अपनी-अपनी गिरी हुई कामदार टोपी (कुल्ला) वापस सिर पर जमाकर दस्तार कसने लगते। मोहतरमाओं के पहनावे का कोई अन्दाज़ा नहीं लगा, काले-नीले या किसी और रंग के बुर्के में सिर से पाँव तक ढकी। काली पोशाक में सजी सुर्ख़ गोरे चेहरों और उजली सुडौल बाँहों वाली स्कूली लड़कियों की ख़ूबसूरती और ज़्यादा निखरती दिखती।

हौसला नहीं रहा

जहाँ काबुल में गधों की भरमार वहीं कुंदूज़ में घोड़े बेशुमार। शानदार ऊँचे घोड़े हर जगह दीखते, गधा कहीं दिखता भी तो टट्टू जितना ऊँचा। कचहरी, बाज़ार, खेत, सड़क, सब ओर सब पर भारी घोड़े की सवारी। चेहरे पर झुर्रियाँ, सफ़ेद दाढ़ी, लेकिन धूप का काला चश्मा चढ़ाए, रोबीले अन्दाज़ और मस्तानी चाल में घोड़े की सवारी करते बूढ़े भी ग़ज़ब के रुआबदार लगते। लाल-लाल गोलगप्पे गालों वाले गोलू-मटोलू बच्चे आगे-पीछे झूलते-खिलखिलाते हुए सरपट घोड़ा दौड़ाते। फिर, जवाँ मर्दों की घुड़सवारी के तो कहने ही क्या! घोड़ों से खींचते ताँगे और दस्तार लहराते उन्हें हाँकते ताँगावालों के ठसके क्या ख़ूब देखते बनते। दाढ़ी हिलाते सवारियाँ बिठाते जैसे ही ताँगा बढ़ाते, घोड़े के पाँवों में बँधे घुँघरू घुन्न-झुन्न घुनघुनाते चलते, मानो किसी गँवई मेले में नाच चल रहा हो। अपने मुल्क में आकर 'घोड़ा बेचकर सोने' वालों के मशहूर 'काबुली घोड़ों' में यहाँ के घोड़े भी ज़रूर शामिल रहे होंगे।

हिन्दूकुश के इस पार और 'आमू दरिया' के उस पार, उज़्बेकिस्तान और कज़ाख़िस्तान से पूरे मध्य एशिया और मंगोलिया तक के, दुनिया भर में सरनाम नस्ली घोड़ों के दम पर ही यहाँ के हुक्मरानों ने पूर्वी यूरोप, मिस्र, पश्चिम एशिया, रूस और भारतीय उपमहाद्वीप तक को कई शताब्दियों तक हिलाए रखा। बहुत ठोस खोज की दरकार है, इस इलाक़े और हिन्द के बीच घोड़ों की तिजारत के रिश्ते की शुरुआत की तवारीख़ तय करने के सवाल को हल करने के लिए। इसी तरह की कोशिश चाहिए कुंदूज़ के पूरब में बदख़्शाँ के इलाक़े से मिलने वाले नीले लाजवर्द पत्थरों के तीन हज़ार से दो हज़ार बरस के बीच 'भारतीय उप महाद्वीप' तक पहुँचने के पूरे ताने-बाने की गुत्थी सुलझाने की।

कज़ाख़िस्तान का ख़याल या ज़िक्र आने पर और साथ लाए कैमरे से फ़ोटो खींचते समय मुझे एक रूसी लड़के का चेहरा याद आने लगता है। अपने कुछ और साथियों के साथ वो लखनऊ यूनिवर्सिटी में पढ़ने आया था। हमारे साथ नरेंद्र देव हॉस्टल में रहता और अच्छी हिन्दी बोलता था। तब मैं बी.ए. में पढ़ रहा था। हम लोगों से उसकी अच्छी बनने लगी थी। 'स्टूडेंट्स मूवमेंट' के समय जब रात या दिन में हॉस्टल पर पुलिस-रेड होने का डर होता तो वो मुझे अपने कमरे में छुपा लेता। असल में वो रूस में कज़ाख़िस्तान का रहने वाला था। उसकी और उसके साथियों की श्याम जी से ख़ूब छनती थी, सब के सब उनके पक्के मुरीद थे, इतने कि उनमें से एक अपने मुल्क की किसी लड़की से उनका ब्याह कराने पर तुला हुआ था, जबकि मेरे साथ वाले दोस्त को वो लड़की श्याम जी के लायक़ नहीं

लगती, और वो इनकी शादी अपनी बहन या साली से कराने के लिए लालायित रहता। श्याम जी की जोड़ी ऊपर वाले ने कहीं और बना रखी होगी, इसलिए वो प्रोपोज़ल्स नक्की नहीं हो पाए। ख़ैर, उससे कोई ख़ास फ़रक़ नहीं पड़ा उनकी दोस्ती में। जाते-जाते वो उन्हें एक रूसी कैमरा गिफ़्ट कर गया। फ़ोटो तो उससे कुछ ख़ास उतरता नहीं या हम ठीक से खींच नहीं पाते लेकिन 'श्याम जी अपने इतने प्यारे अज़ीज़ दोस्त से इतनी तबीयत से मिले इसी कैमरे से फ़ोटो खींचकर बहुत ख़ुश होते और वही कैमरा साथ लिए मैं भी खिटपिटा रहा हूँ। इसीलिए मेरा बहुत मन करता रहा लगे हाथ 'आमू दरिया' के उस पार उज़्बेकिस्तान से आगे कज़ाख़िस्तान तक हो आने का। यूँ तो तबीयत से की गई चाहत पर ऊपर वाला भी मेहरबान रहता है, मगर चाहा हुआ सब कुछ तो पूरा हो नहीं जाता और कहते हैं जो होता है अच्छा ही होता है, जाने क्या छुपा हो इसके ना हो पाने में।

इस शहर की तारीख़ में उतरने पर आज से तेईस सौ बरस से भी ज़्यादा बीते, यहाँ सिकन्दर के डेरा डालने, यवन और कुषाण राजाओं के वक़्त के सिक्कों, मूर्तियों और बौद्ध-स्तूपों का पता चला। प्राचीन बल्ख़ और बामियान से पूरब की ओर बढ़ने वाला, आज रेशम-मार्ग कहा जा रहा, मशहूर रास्ता ले जाता रहा चीनी तुर्किस्तान या तारिम घाटी में बसे यारकन्द, काशगर, खोतान, काला शहर, कूचा और दुनहुआंग होकर चीन के दिल तक।

पुराने ज़माने में द्रापस्का नाम से उल्लिखित कुंदूज़ नाम के दरिया के बाज़ू में आबाद यह शहर कभी बौद्ध धर्म का बड़ा केन्द्र और आज से सत्रह सौ साल पहले सम्पन्नता से फलता-फूलता ख़ुशहाल रहा। तैमूरी हुक़ूमत के वक़्त, इसका आज बोला जा रहा फ़ारसी नाम कुंदूज़ मिले सात सौ साल ही बीते हैं। इसके शाब्दिक मायने होते हैं—ऐसी जगह जहाँ आबादी, मकान, महल, क़िला वग़ैरह हों। क़रीब तेरह सौ बरस पहले उज़्बेकिस्तान के रास्ते 'आमू दरिया' पार करके यहाँ पहुँचे चीनी यात्री ने यहाँ डेरा डालकर हज़ार से ज़्यादा बौद्ध भिक्षुओं को देखने और धर्मसिंह नामक बौद्ध भिक्षु से मिलने का ज़िक्र किया है।

दरिया-ए-कुंदूज़ बामियान के दक्खिन-पश्चिम में क़रीब बीस किलोमीटर की दूरी पर कोह-ए-बाबा के बर्फ़ीले तोड़े से निकलकर 'बामयान दरिया', आगे पूरब की ओर गहरी घाटियों में बहता हुआ हिन्दूकुश को पार करके 'सुर्ख़ाब' और फिर पुल-ए-खुमरी के आसपास मैदानी इलाक़े में 'कुंदूज़ दरिया' के नाम से जाना जाता है। रास्ते में दोशी के पास अन्दराब और कुंदूज़ से बढ़कर क़रीब तीस किलोमीटर आगे येकाला-ये-ज़ाद के पास खानबाद नाम की नदियों का पानी समेटते हुए आख़िर में समा जाता है 'आमू दरिया' में।

औसतन सत्रह डिग्री के आसपास तापमान वाले इस समय के ख़ुशगवार मौसम में शहर का चक्कर लगाते हुए देखी बीच में बहती धारा के किनारे शहतूत के पेड़ के नीचे बँधे घोड़े। धारा में नहाते, कपड़े साफ़ करते, उसी का पानी पीते और बर्तनों में भरकर घर ले जाते। जिधर भी गया—धर्मेंद्र, हेमा मालिनी, फ़ीरोज़ ख़ान के जलवे देखकर हैरान रह गया, राज कपूर के दीवाने भरे पड़े हैं, इनके आगे तो गांधी और जवाहर के नाम भी तमाम नज़र आते हैं। जहाँ गए, वहीं बजते 'नाच मेरी बुलबुल कि पैसा मिलेगा...' और 'परदे में रहने दो कि परदा ना उठाओ...' जैसे गानों के बोल और हर 'पिक्चर हॉल' में चल रहे हिन्दी सिनेमा अपने वतन से जुड़े होने का एहसास दिलाते रहे। अब तक लग आई ज़ोरदार भूख मिटाने के फेर में बाज़ार की दुकानों में झाँकने लगा लेकिन—मांस खाता नहीं, तुख़्म देखकर जी मिचलाता। किशमिश, बादाम, अखरोट, तूत (शहतूत), ख़ूबानी और नख़ूद (चना) ख़ूब मिलता है, कुछ ही अफ़ग़ानी में मिलता है बिशियार खूब, मगर कितना चबाते, चार दिन से फाँके लगाते अब और खा सकने का हौसला नहीं रहा।

बहुत दिन बाद इतना चला कि पोर-पोर टीसने लगा। लौटकर होटल में आने पर कई दिनों बाद नहाना नसीब हुआ, वरना, काबुल में बर्फ़ जैसा ठंडा पानी हाथ लगाते ही तौबा बुलवा लेता। बहुत आराम मिला, अब और कहीं नहीं जाऊँगा। अकेले में तुम्हें लिखने बैठ गया...बाक़ी फिर लिखूँगा...अच्छा!

ख़ुदा हाफ़िज़

तेरा...

तीसरा ख़त

शिबरग़ान
12 अप्रैल, 1977

प्रिय...,

आज का दिन भी सफ़र में नए-नए तजुर्बों से दो-चार होते कटा, अब जाकर ठिकाने पर पहुँचा हूँ, थककर निढाल। सोचा, आज का हाल, हाल के हाल, लिख लूँ नहीं तो कल के लिए ज़्यादा हो जाएगा।

सुबह उठकर अगले ठिकाने मज़ार-ए-शरीफ़ की ओर जाने की फ़िराक़ में जल्दी ही कुंदूज़ वाले 'अन्सारी होटल' से रुखसत पा ली। बाहर, जगह-जगह, दिन में पहली बार मिलते ही लोग तपाक से गले मिलते हुए, एक-दूसरे के दाएँ और बाएँ दोनों गालों पर एक-एक बोशा जड़ने के बाद, गर्मजोशी से दोनों हाथों में हाथ थाम कर, आगे-पीछे हिलते, एक साँस में घर-परिवार, बाल-बच्चों, रिश्तेदारों की ख़ैरियत पूछते दिखे। अभिवादन का यह तरीका—अपने प्रणाम, हाथ जोड़कर नमस्कार, एक हाथ लखनउवा अन्दाज़ में उठाए और सिर झुकाकर एक ख़ास अदा में सलाम और अंग्रेज़ी शेक हैंड—सबसे जुदा, निराला और मेरे लिए अब तक अनजाना।

बस अड्डे पर जिस बस में सवार हुए वो अपने यहाँ की क़स्बाई बसों से भी ज़्यादा खचाड़ा निकली। डब्बेनुमा फ्रेम के अन्दर निखालिस लकड़ी की सीटें, ऊपर से कपड़े की एक परत तक नहीं, जिनकी क़तारों के बीच पैर फैलाने भर का भी फ़ासला नहीं, किसी तरह उसी में अंड़स लिए। अगली दो क़तारें जनाना, बाक़ी सब मर्दाना। ज़्यादा से ज़्यादा नफ़री बढ़ाकर ज़्यादा से ज़्यादा आमदनी के फेर में सवारियाँ न हुईं होल्डाल-अटैची जैसी जहाँ जैसे मन आया ठूँस दी गईं। छोटी-सी मोटोर-बस में, बहुत नहीं तो भी कुल मिलाकर चालीस-पचास मर्द-औरत तो रहे ही होंगे। कोई सवारी किसी के भी असबाब पर पैर रखकर निकल जाती

किसी को कोई फ़रक़ नहीं पड़ता। ऊँची आवाज़ में इस कदर चाँय-चाँय करते मानो कबाड़ी बाज़ार में आ गए हों। मज़ार के सफ़र पर निकलते हुए सभी ख़ुशी से लरज़ते नज़र आते।

बस का किराया अदा करना ही काफ़ी है, टिकट नहीं मिलता। सवारियाँ भरते ही, कंडक्टर की 'बोरो बख़ैर' की पुकार के साथ 'मोटर' चल पड़ी। कुछ ही देर में मर्दों ने छोटी-छोटी डिबिया निकालकर चुटकी भर हरी नसवार होंठों के नीचे दबा ली, बिलकुल अपने यहाँ की खैनी (तम्बाकू) दबाने की तर्ज़ पर। और फिर, पूरी बस में नसवार की गंध भर गई। इसके बाद डिबिया बन्द करके वे उसके ढक्कन के ऊपर लगे आईने में आँखें फाड़-फाड़कर अपने चेहरे का नूर निरखने लगे, चेहरे का ऐंगिल (कोण) बदल-बदल कर, कुछ देर यूँ ही चलता रहा। अगला दौर चला छोटी-छोटी कैंचियों से अपनी-अपनी छितरी दाढ़ी के बहकते काले और चुन-चुनकर सफ़ेदी वाले कोनों को छाँटने-तराशने का।

कल वाले रास्ते पर पीछे बढ़ते रहे। धीरे-धीरे पहचाने हुए पहाड़ क़रीब आने लगे। नसवार दबाए सवारियाँ खिड़की से मुँह निकालकर जब-तब पिच्च-पिच्च थूकती रहीं। कुछ लोग इस वास्ते चौकियों के नीचे रखे डब्बेनुमा थूकदान निकालकर उनमें थूककर फिर वहीं सरका देते। कुछ लोग इतनी भी ज़हमत उठाने की ज़रूरत न समझकर वहीं फ़र्श पर थूक मारते। अक्सर आगे की खिड़की से मारी गई पीक पीछे वाली सवारियों के चेहरों पर थोप उठती लेकिन उन पर उसका कोई असर नहीं पड़ता, निर्विकार भाव से बस धीरे से पोंछ लेते। और कुछ लोग, बस की धूल और पीक भरी तली पर नज़रें गड़ाए अधसोए से रहते, और उनके मुँह की नसवार से भीनी राल मुँह के कोनों से रिसती हुई दाढ़ी में भरकर हरी-हरी लकीरें बनाती, टपकती और दुबारा आईना देखने तक वैसी ही लिपटी रहती।

कुछ थिर होकर बैठे तो ध्यान गया मासूम बच्चों, जवाँ-मर्दों, बुर्के के पीछे से कभी-कभार चमकती कमसिन, कुछ बूढ़ी और कुछ अधेड़ पीली आँखों में गाढ़े सुरमे की डोर की ओर। यह भी एक मनभावन डोर है अपनी साझा तहज़ीब के एक आमफ़हम हिस्से की। सुरमा लगाने की जो रवायत यहाँ चल रही है वैसी कम-से-कम मैंने तो, और कहीं नहीं देखी। पता नहीं फ़िल्म 'क़िस्मत' वाले गाने 'कजरा मुहब्बत वाला, अँखियन में ऐसा डाला, कजरे ने ले ली मेरी जान,...दिल्ली शहर का सारा मीना बाज़ार ले के...कजरा मोहब्बत वाला' की तर्ज़ पर इनके यहाँ भी कँटीली पनीली आँखों में डाले सुरमे की डोर में मोहब्बत का तड़का लगाकर गुनगुनाने वाले दिलफेंक मिज़ाज होते हैं या नहीं, इस बारे में कुछ पूछताछ ज़रूर करता अगर उनकी जुबाँ पर दख़ल रहा होता। साथ ही ज़ेहन में उभरने लगे अपने

यहाँ के 'आँख का काजल चुरा लेने' वाले कहन, बरेली का सुरमा, माथे या गाल पर तनिक-सा काजल का बिन्दा लगाकर नज़र बचाने के टोटके, शादी-ब्याह में बन्ना-बन्नो की आँखों में काजल की सलाई फेरने के रस्म-ओ-रिवाज।

अपना काजल तैयार किया जाता है तेल के चिराग़ की लौ पर जलाए गए कपूर और बादाम वग़ैरह की कालिख से या उसमें तेल की कुछ बूँदें डालकर, जबकि सुरमा एक तरह का खनिज है। 'सुलेमान पहाड़' पर मिलने वाली इसकी एक क़िस्म 'सुरमा-सुलेमानी' के नाम से मशहूर हुई। आँखों में डोरे डालने के लिए सुरमे की क़लम या पेन्सिल भी बनती है। कहते हैं, सुरमा लगाने का चलन यही कोई पाँच हज़ार बरस पहले मिस्र देश में चला और फिर दुनिया भर में टहल गया। क़रीब दो हज़ार बरस बीते, इसकी औषधीय ख़सूसियतों के बारे में रोमन आलिम प्लिनी और उसके बाद औरों ने बहुत कुछ लिखा। इन दावों और उनसे जुड़े सुबूतों की पड़ताल फिर कभी करेंगे, फ़िलहाल इतना ही समझ लेना काफ़ी होगा कि अपनी तहज़ीब का जितना दायरा हम जानते-देखते रहे हैं, उसका घेरा और रिश्ता उससे कहीं दूर तक जाता है।

हमारे साथ चलो

सूरज चढ़ने के साथ गरमी बढ़ने लगी। बगल में बैठे बाबा को प्यास लग आई, उन्होंने पड़ोस में बैठे बाबा से कुछ कहा, दोनों की सफ़ेद-काली दाढ़ियाँ हरकत में आ गईं। समझ में नहीं आया उन्होंने क्या कहा-सुना, मगर यह देखा कि कोई बात पूरी लारी में इस सिरे से उस सिरे तक दौड़ गई। खोज-खाज कर एक सवारी के पास टोंटीदार सुराही निकली। पहले बाबा ने उससे गटागट घूँट भरे, फिर उन्हें देख दूसरे ख़रबूज़े भी रंग बदलने लगे, और लोगों को भी प्यास लग आई। सुराही एक के हाथ से दूसरों तक घूमने लगी और लोग टोंटी में मुँह लगाकर दो-चार घूँट भरते रहे। अपने यहाँ जूठन खाना-पीना क़तई नहीं होता, मगर इस मुल्क में, बिना जूठे-मीठे का ख़याल किए, एक ही सुराही से इस तरह पानी पीना और एक ही थाल में खाना शुमार होता है भाईचारे और हरदिल अज़ीज़ी की निशानी के तौर पर। कल वाला गाँव आ गया, लेकिन आज सड़क किनारे के कुएँ से पानी निकालता मुसाफ़िर, शहतूत के पेड़ से बँधा घोड़ा नदारद, सूना-सूना सा माहौल, चमड़े का एक ओर लुढ़का हुआ रीता डोल और रस्सी एक किनारे पड़े दिखे। कुछ सवारियों की गुज़ारिश पर कंडक्टर ने गाड़ी रोकने लिए आवाज़ लगाई—'तो-ऽ-ऽ-शे-ऽ-ऽ-म!' और बस के चक्के धीमे होते-होते थम गए।

तुरत-फुरत उतरकर सवारियाँ इधर-उधर छिटककर इज़ारबन्द खोलने लगीं। खाद-

पानी की कमी वाली वहाँ की ज़मीन के मद्देनज़र उन्होंने वहाँ के किसानों की दोनों ज़रूरतें किसी हद तक एक साथ पूरी कर दीं। उसके बाद कुएँ पर ख़ासी चहल-पहल हो गई। खचर-खचर खचखचाती लकड़ी की गरारी पर चढ़ाकर लोग चमड़े के डोल से पानी निकालने लगे। फिर हाथ-पैर, चेहरा और दाढ़ी धोने के साथ सुराही भरते रहे। लारीवान इंजन की टंकी में पानी भरने लगा और कुछ लोग नान तोड़ने में लग गए। फिर, इत्मीनान से चलते ही सवारियों ने नसवार की डिबियाँ खोल लीं।

पहाड़ आ गए, दरिया का मटमैला पानी उसी तरह बौखलाया हुआ किनारों पर सिर पटकता दिखा। किनारे पर बँधी कश्तियाँ आज भी पार उतरने वालों का इन्तिज़ार करती मिलीं। रंगीला पहाड़ अपनी जगह तो बदल नहीं सकता लेकिन आज उस पर चर रही भेड़ों के रेवड़ और चरवाहों और पहाड़ पर चढ़ते एक बन्दूकधारी ने नया नज़ारा पेश किया। पीछे से आकर तेज़ी से आगे निकली एक बस की छत पर सवारियाँ लदी दिखीं। दरिया के उस पार कुछ हरे-भरे खेत और दो-चार मिट्टी के मकान, सरपट भागते घोड़ों पर लम्बी दाढ़ी और दस्तार वाले सवार, सामने दूर हिन्दूकुश पर चमचमाती बर्फ़।

फिर आया पुल-ओ-खुमरी, बाग़लान सूबे की राजधानी, आबादी तीस हज़ार के आसपास। उत्तरी अफ़ग़ानिस्तान की व्यापारिक धुरी। नहरी पुल पार करके रास्ता उत्तर-पश्चिम रुख़ मुड़ गया। एक बार फिर हिन्दूकुश पहाड़ हमारी पीठ की ओर हो गया। चेकोस्लोवाकिया की मदद से 1954 में बनकर तैयार हुआ अफ़ग़ानिस्तान का पहलौठा सीमेंट कारख़ाना दिखा। सड़क के दाएँ हाथ पर पहाड़ के नीचे गर्म आब (गरम पानी) का सोता आया। सड़क दो हिस्सों में बँट गई, एक कुंदूज़ की तरफ़ और 1971 में बनी दूसरी—शमनगान-मज़ार-ए-शरीफ़-शिबरगान की ओर। पश्तून बाशिन्दों की बहुतायत वाले कुंदूज़ के उलट यहाँ ताज़िक ज़्यादा तादाद में दिखे, वैसे दोनों ही जगह इन दोनों के अलावा उज़्बेक, हज़ारा मूल के लोग भी रहते हैं।

आगे आए ट्रकों-बसों के ठहरने के अड्डे पर हमारी सवारी भी रुक गई। सवारियाँ हाथ-पाँव धोकर नमाज़ अदा करने लगीं। ढाबेनुमा होटल, चुंगी और पहले से आई दो-तीन बसों की सवारियों के अलावा सब सन्नाटा। ढाबे के सामने एक ख़ाली टेबल पर मैं अकेला बैठ गया। नमाज़ के बाद सभी मुसाफ़िर अगल-बगल की ख़ाली पड़ी मेज़ों के साथ लगी कुर्सियों पर आ बैठे और मन-मुताबिक़ नान, गोश्त, ब्रिन्ज़ (पुलाव), सुर्ख़ या स्याह चाय, कोकाकोला का ऑर्डर करने लगे। दस अफ़ग़ानी में मेवा, आधी नान और चाय मँगाकर इधर-उधर का मंज़र देखता मैं चाय की चुस्की लेने लगा।

तभी, एक सजा-धजा ट्रक घों-घों करता आकर रुका। उससे झूमता हुआ उतरा, पीली ढीली सलवार-क़मीज़ में फब रहा जवान पश्तून ड्राइवर। कुछ देर इधर-उधर नज़र फेंकता होटल के हाते में आया और मेरे सामने की कुर्सी पर जम गया। उसे पहले से पहचानने वाले, होटल के कामदार लड़के दौड़कर वहाँ आए, उसने अपने खाने का ऑर्डर दिया : "नान-गोश्त।" फिर, उसके जाने के बाद मेरी ओर मुख़ातिब हुआ—

"पाकिस्तानी?"

मेरे इनकार करने पर पूछा—"हिन्दुस्तानी?"

हाँ सुनकर, उसने अगला सवाल किया—"पश्तो नहीं आता?"

"नहीं, तुमको हिन्दी कैसे आता है?"

"हिन्दी नहीं, उर्दू बोलता।"

ये हिन्दी-उर्दू में फ़रक़ नहीं करते। दोनों को उर्दू ही समझते हैं।

आगे उसने बताया : "अफ़ग़ानिस्तान के जलालाबाद शहर के पास पाकिस्तान के एक पश्तूनी शहर में है अपनी रिहाइश। माल लेकर अक्सर जाता रहता पेशावर-लाहौर, इसी वजह से थोड़ा उर्दू बोलता।"

पूछता रहा—मैं अफ़ग़ानिस्तान में कहाँ-कहाँ घूमा। कब आया, क्या-क्या देखा। खाना ख़त्म होने पर उसने चाय मँगाई। उसके सवाल पहले की तरह ज़ारी रहे। तब तक हमारी बस का हॉर्न बजने लगा। हमारी हमसफ़र सवारियाँ उधर बढ़ने लगीं। मैं भी उठने लगा। लेकिन पठान ड्राइवर ने कहा :

"बस छोड़ दो, ड्राइवर से बोल देता, हमारे साथ चलो, रास्ते में बातें करेगा। हिन्दी-पश्तून दूस्त बिशियार ख़ूब। हमारा मेहमान।"

इस अनचीते न्योते ने पसोपेश में डाल दिया—क़तई अनजान ट्रक ड्राइवर, अनजान जगह और मुल्क!

और वह, मुझे कुछ-कुछ लिखता देख, सवालिया नज़रों से देखता रहा।

नमाज़ नहीं पढ़ते

उस पश्तून ड्राइवर की निष्कपट आँखें मेरे चेहरे पर टिकी रहीं। और मेरे अन्दर मची रही कशमकश—'कैसे भरोसा करें इस अजनबी पर! कुछ हो गया तो श्याम

को ख़बर तक नहीं मिलेगी!...लेकिन यह ग़लत आदमी तो नहीं लगता! फिर सुना है पठान मेहमान के साथ कभी भी दग़ाबाज़ी नहीं करते और अगर कभी मेहमान पर ख़तरा आ जाए तो पहले अपना सिर कटाने में गुरेज़ नहीं करते। इसकी आँखें भी बेईमान नहीं लगतीं।...इसके अलावा एक अनजान आदमी के साथ अनजाने इलाक़े में अकेले सफ़र का ऐसा बिरला और रोमांचक लुत्फ़ लेने का नसीब फिर न जाने कब बनेगा! चलो चलकर देखते हैं, ऐसा भी क्या डरना।'...इतनी ख़ामोश मगज़मारी के बाद बोल पड़ा—"ठीक है। तुम्हारे साथ ट्रक से चलूँगा... मेरा सामान बस पर...।"

वह जैसे बोलने को तैयार बैठा हो। मेरी बात पूरी होने से पहले ही बोला—"परवा (ह) नई।"

उसकी आँखों में चमक आ गई। तना हुआ चेहरा ख़ुशी की लकीरों से भर गया। उसके इशारे पर क्लीनर मेरा सामान बस से उतार लाया। अब वह मेरी ओर अचरज से देखने लगा। शायद उसे मेरे इस जवाब की उम्मीद नहीं थी, लेकिन इस बाबत ख़ामोश रहते हुए चाय की चुस्की के साथ हमारी बातें चलती रहीं।

उसने पूछा : "कहाँ जाओगे?"

"जहाँ तक ले जाओगे।"

वह बोला : "खाना-नाश्ता मेरी तरफ़ से।"

मैंने कहा : "जैसी तुम्हारी मर्ज़ी।"

वो मेरी ओर देखता चाय ढालता रहा। क्लीनर ने ट्रक के इंजन की टंकी में पानी भरा। चाय के दाम लेने आए होटल वाले को देखकर मैं जेब टटोलने लगा। लेकिन उसने निकालते हुए कहा : "तुम हमारे मेहमान, पैसा हम देंगे।" होटल वाले ने भी उसी की बात मानी। पैसा लेकर चला गया, मेरी ओर देखा तक नहीं।

'बेडफोर्ड' के पुराने मॉडल की ट्रक, इंग्लैंड की बनी, झकाझक सजी। चलते-चलते उसने सड़क पर निगाहें जमाए हुए स्टेयरिंग घुमाकर जानना चाहा : "पाकिस्तानी गाना सुनोगे?"

मैंने कहा : "नहीं। मुझे रास्ते के बारे में बताते चलो।"

"ठीक है। क्या करते हो?"

"पढ़ता हूँ।"

"कहाँ पढ़ते हो?"

"बनारस।"

कुछ देर की चुप्पी के बाद वह फिर बोलने लगा : "बस जल्दी पहुँचेगी। ट्रक पर माल लदा है, धीरे-धीरे चलेगा।...इधर का आदमी अछा नईं। तुम हमारे साथ इस तरह चल दिया परवा (ह) नईं। और किसी के साथ ऐसे नईं चलना। तुम्हारा नुक्सान कर सकता...।"

पूछने पर पता चला उसका नाम : "अब्दुल मोहम्मद।"

पहाड़ी ढलान पर घुड़सवार चरवाहे के साथ भेड़ें, मोड़ पर मोड़, अगली ढलान पर नरम नई उगी घास, घोड़ों के झुंड से बहकते घोड़ों को खदेड़कर झुंड में लाता दूसरा घुड़सवार। अब्दुल ने घोड़े के लिए 'अस' लफ़्ज़ का इस्तेमाल किया, यहाँ के लोग आमतौर पर घोड़े को 'अस' ही कहते हैं जो मुझे संस्कृत के 'अश्व' के नज़दीक लगा।

मिट्टी के मकान, ऊँची-ऊँची दीवारें, धूप में चमकती कोई-कोई टीन से छाई छत। गर्मी से पसीना आने लगा। दूर एक मिट्टी के मकान का मिट्टी की ही दीवार वाला बड़ा-सा हाता आया। अब्दुल वहीं उतरकर किसी को आवाज़ लगाने लगा, मगर उसकी आवाज़ तेज़ हवा के झोंकों में डूब-डूब जाती। वह हेडफ़ोन की तरह मुँह के आगे हाथों का गोला लगाकर कोशिश करने लगा। कुछ देर की मशक्त के बाद उधर से भी जवाबी आवाज़ आई। फिर, हवा में फड़फड़ाती सलवार-क़मीज़ पहने एक ख़ासा ऊँचा जवान उस तरफ़ से हाथी की तरह डोलता हुआ आता दिखा। अब्दुल उधर बढ़ने लगा। कुछ क़दमों के बाद दोनों दौड़ते हुए नज़दीक पहुँचे और एक-दूसरे के हाथ थामकर बड़ी गर्मजोशी से एक-दूसरे के गाल पर बोसे जड़े और ख़ैरियत पूछते हुए बाँहों में समा गए। फिर, उसने अब्दुल को बाँहों में बाँधकर सीने तक तान दिया, अब्दुल के पाँव हवा में छटपटाने लगे।

उस जवान का क़द अब्दुल से एक बालिश्त ऊँचा और छाती छह अंगुल ज़्यादा फैली। लम्बी नाक तोते की टोंट जैसी आगे से मुड़ी। लम्बी बाँहें और हाथ लोहारों जैसे कड़े और खुरदुरे। लेकिन रंग, अब्दुल के गोरेपन का ठीक उलटा साँवला। मेरी ओर देखते हुए मेरी बाबत पूछने लगा। अब्दुल के जवाब में से बस मेहमान शब्द ही पकड़ पाया। उसने आगे बढ़कर दोनों हाथों में मेरा हाथ थाम लिया, बाज़ जैसी आँखों में नरमी और चेहरा दोस्ताना। मैंने भी भर ताक़त अपना हाथ कड़ा किया लेकिन उन शिकंजों का क्या मुक़ाबला करता। उसने ख़ैरियत पूछते हुए एक साँस में तमाम रस्मी ख़ैरमकदम की। बार-बार सुने को याद करते हुए मैंने जवाब देने की कोशिश की लेकिन लड़खड़ा गया। वह घर चलने की ज़िद करने लगा लेकिन अब्दुल नहीं माना, वहीं कुछ देर बातें करके आगे चलते हुए

दोनों ने 'ख़ुदा हाफ़िज़' कहकर विदा ली।

चढ़ाई पर बढ़ते, हमने घूमकर देखा, अब्दुल का दोस्त वहीं खड़ा दिखा, तेज़ हवा में फड़फड़ाती उसकी सलवार-क़मीज़। उसके पीछे सफ़ेद-ख़ाकी-भूरे सूखे पहाड़-पत्थर। कहीं-कहीं फूलते पिश्ते के झाड़। चढ़ते ट्रक से ऐसी आवाज़ निकलती मानो उसका दम निकल रहा हो। दूर हिन्दूकुश की ऊँचाइयों वाली बर्फ़ मुस्कुराती-सी लगी। अब्दुल रुक-रुककर बताता रहा :

"ये रबातक की मशहूर चढ़ाई। ख़तरनाक। इसके आगे कोई चढ़ाई नहीं।...यहाँ दाड़ा (गाड़ा) लगता। बदमाशों के हथियारबन्द गिरोह यहाँ छुपे रहते, मौक़ा पाते ही दाँव लगाकर ट्रक-बस लूट लेते। रात को इधर से गुज़रना नईं। पिस्तौल-बन्दूक रखते।" सड़क किनारे एक बोर्ड पर गाँव का नाम दिखा—'सयाद'। उसने बताया—"ये जो पहाड़ गिरे हुए, ज़मीन उलट-पलट, ज़लज़ले की करामात। बहुत नुक्सान हुआ। तमाम अफ़राद हलाक़ हो गए। तमाम गाँव तबाह। सामने दूर के पहाड़ों में 'हज़ार खोह', कुछ सैलानी उधर देखने जाता।...यहाँ, लड़की वाला पैसा लेता। मुसीबत लड़के वालों का। औरतें नफरी में कमतर, दाम पचास हज़ार से एक लाख अफ़ग़ानी तक लगता।...नीचे वो जो पानी के पास ख़ेमे लगे, जरायम पेशा हैं वो। चोरी-बदमाशी करते। ज़नाना पेशा करते।"

रबातक का नाम सुनकर याद आया, इस नाम के बहुत समय से सुन रहे दर्रे का। और, पहाड़ों में 'हज़ार खोह' सुनकर सोचा कहीं अयबाक की बहुत पुरानी खोहें और 'हज़ार सोम वैली' की बात तो नहीं कर रहा? फिर तो 'सुर्ख कोताल' नाम की जगह भी यहीं कहीं होनी चाहिए, जहाँ से मिले, आज से दो हज़ार साल से कुछ आगे और पीछे से मध्य एशिया से हिन्दुस्तान तक हुकूमत कर रहे कुषाण हुक्मरानों के समय की विशाल इमारतों, स्तूपों, मूर्तियों और अभिलेख की चर्चा सुनते आए हैं।

आगे, एक ठिकाने पर ट्रक रोककर हाथ-पैर धोकर नमाज़ पढ़ने की तैयारी करते अब्दुल ने, मुझे वहीं टहलते देखकर, पूछा—"तुम नमाज़ नहीं पढ़ते?" तब समझ में आया, इसे यह भी नहीं पता। वह एक ओर चटाई बिछाकर नमाज़ पढ़ने लगा। सड़क पर बसें और टैक्सियाँ धड़ाधड़ निकलती रहीं। पहाड़ का मटियाला मलबा सड़क पर लुढ़क आया।

इतनी भी क्या पाबन्दी!

आगे पहाड़ों के बीच से काटकर बनाया गया इतना सँकरा रास्ता आया, जिसके

ऊपर दोनों ओर के पहाड़ आपस में जुड़ से गए। जान पड़ता अब गिरे कि तब और हम सब उसके नीचे ज़िन्दा दफ़न हुए। नीचे से गुज़रने से पहले अब्दुल ने एक बार फिर से ख़ुदा को याद कर लिया।...समनगान...चुंगी...तश्कुरगान... चिनार, बादाम, ज़रदालू के दरख़्त। जगह-जगह ज़लज़ले से धसकी मिट्टी की चहारदीवारी वाली जेल...गुम्बद वाले मकान। बंजर मैदान। सड़क के एक ओर पहाड़, दूसरी ओर मैदान के कोर पर चमचमाता पानी-सा लगा लेकिन निकला मृगमरीचिका का मंज़र। जान पड़ता सामने नख़लिस्तान दिख रहा है लेकिन क़रीब आने पर वही बंजर उजाड़, ठिंगने झाड़, मैदान। एक सड़क उत्तर दिशा में बंजर में धँसकर सीधे सोवियत सीमा की ओर धँस गई। एक के बाद एक सब सरकते गए। पूरब में 'तारिम घाटी' चीनी शिनजियांग से बैक्ट्रिया होते हुए तुर्किस्तान से आगे पश्चिम एशियाई मुल्कों के रास्ते पूर्वी यूरोप तक जाने वाले माल लदे ऊँटों और गधों वाले कारवाँ अभी एक शताब्दी पहले तक 'समनगान' में डेरा डालते रहे। इस शहर के पुराने नाम 'हैबक', 'अयबक' या 'ऐबक' के उज़्बेकी ज़ुबान में मायने—गुफा में रहने वाले—सीधा इशारा करते हैं, आसपास की गुफाओं से इनके सीधे रिश्ते की ओर। इसके पास ही दीखते खँडहरों की पहचान बैक्ट्रिया के राजा यूक्रेटाइडेस प्रथम के बाईस सौ बरस पहले बसाए शहर से की जाती है।

आज की तारीख़ में 'खोल्म' या 'खुल्म' नाम से जाने जा रहे 'तश्कुरगान' से मिलते-जुलते तश्करगान जैसे नाम के कई शहर हैं—शिनजिआंग (चीन), ताज़िकिस्तान, किर्गिज़स्तान जैसे मध्य एशिया के मुल्कों में। तुर्की ज़ुबान में इस लफ़्ज़ के मायने होते हैं—पत्थर के बने क़िले, मीनार या बुर्ज, इसलिए इस इलाक़े में जहाँ-जहाँ ऐसी इमारतें बनीं वो जगहें तश्करगन नाम से जानी जाने लगीं।

बगल से गुज़रता लचकते कूबड़ की लय पर बढ़ता ऊँटों का कारवाँ दिखा। दो ऊँट अचानक एक ओर दौड़ पड़े, उनके पीछे-पीछे उनके दो बछेड़े भी। एक दढ़ियल उनके पीछे लपका।...उसे पीछे आता देख ऊँटों ने अपने दौड़ने की दिशा बदल दी। भागते बछेड़े बहुत प्यारे लगते। उनके पीछे रेतीली धूल-माटी का गुबार उठता रहा।...थोड़ी ही दूर जाकर बड़े ऊँट जाने क्यों रुक गए। साथ ही बछेड़े भी जहाँ के तहाँ थम गए।...दढ़ियल ने नज़दीक पहुँचकर इशारों-इशारों में काबू करके उन्हें फिर से एक क़तार में ले आया। मानो कुछ हुआ ही न हो।

दूर, हरियाली नज़र आने लगी।...सड़क के दोनों बगल फिर से दरख़्तों की क़तारें आ गईं।...चहल-पहल,...फिर एक चौराहा आया। सामने ख़ूबसूरत मज़ार आई, झुंड के झुंड कबूतर। मज़ार के अहाते में ख़ासी भीड़। बाहर सामान बेचने वालों के खोमचे...हमारा ट्रक आगे निकल गया। अब्दुल बोला : "ये मज़ार-ए-शरीफ़।"... सड़क की एक शाख फूटकर प्राचीन बैक्ट्रिया या वाह्लीक या बल्ख़ की इसी नाम

की राजधानी की ओर बढ़ गई। कल यहाँ ज़रूर आना होगा।

अब तक बैठे-बैठे कमर अकड़ गई, भूख भी लगने लगी। अब्दुल से रुकने के लिए कहा। उसने बताया—"आगे होटल, रुकने का ठिकाना। वहाँ रुकेगा।" बगल से निकलते चले गए—एक पुराने शहर के खँडहर में तब्दील हो चुके परकोटे के घेरे में माटी के मकान, टूटे-फूटे, ढहे हुए, ऐसे जैसे हवाई जहाज़ से दीखते बिना बर्फ़ वाले सूखे नंगे पहाड़। और कहीं-कहीं इक्का-दुक्का लोग।

एक चायख़ाना, बगल में एक माटी की दीवार में घिरा हाता। वहीं पर ट्रक रोककर उतरते अब्दुल का चेहरा थका हुआ, उनींदा-सा, नज़र आया। वो चायख़ाने के आगे के बरामदे की फ़र्श पर बिछी चटाइयों में से एक पर पसर गया। मैंने भी वहीं बैठकर पैर फैला लिए। पास ही पड़े तख़्त पर कुछ लोग चाय पीते और हाते में कपास के मोटे-मोटे गट्ठरों के ढेर में से एक-एक कर वहीं खड़े दूसरे ट्रक में लदते दिखे। हमारे ट्रक का बोनट खोलकर क्लीनर उसका मुआइना करने लगा।...कुछ देर बाद अब्दुल ने अपने लिए नान-गोश्त और मेरे लिए ब्रिंज (चावल) मँगाया।

बिना किसी से बात किए चुपचाप खा-पीकर वहीं लेट गए। चारों ओर सन्नाटा। टुकड़े-टुकड़े सोचने लगा—पुरानी आस कुछ-कुछ ही सही पूरी होने की शुरुआत तो हो गई।...आख़िर इस धरती ने अपनी ओर खींच ही लिया। और कैसा इत्तिफ़ाक़ बना! चला मज़ार-ए-शरीफ़ के लिए! सोचा भी नहीं था, रास्ते में अब्दुल मिलेगा।...उसका रबातक वाला दोस्त।...मज़ार-ए-शरीफ़ से भी आगे और आगे निकलते जाएँगे। इस चायख़ाने में दम लूँगा और ब्रिंज खाऊँगा...वाक़ई लिखा है 'दाने-दाने पर खाने वाले का नाम'...लेकिन अफसोस, आया भी तो निपट अकेला...श्याम काबुल में जाने क्या करते होंगे।...गरमी के इस महीने में वहाँ इंडिया में लोग घर के दरवाज़े-खिड़कियाँ बन्द करके कूलर वाले कमरे में पड़े होंगे।...कॉलेज के साथी कैफेटेरिया की ओर बढ़ रहे होंगे,...गुरुजी! प्रागैतिहासिक प्रस्तर-उपकरणों की ढेरियों में से छोटे-छोटे ट्राइएंगल-ट्रेपीज़-ल्यूनेट-बैक्ड ब्लडलेट की अलग-अलग ढेरियाँ लगाते कभी-कभी याद करते होंगे। उन्हें क्या मालूम, यहाँ एक नए दोस्त के साथ, नए और अनजाने मुल्क के चायख़ाने में चुपचाप लेटा उन्हें याद कर रहा होऊँगा।...बल्ख़, बुख़ारा, समरकन्द का बहुत नाम सुनता रहा। बल्ख़ तो देख लूँगा लेकिन बुख़ारा और समरकन्द! बहुत नज़दीक हैं यहाँ से। लेकिन रूस ज़मीनी रास्ते से उधर जाने की इजाज़त नहीं देता, ट्रक-ड्राइवरों की मानें तो, उस पार रूस के फ़ौजी लश्कर जमे होने की वजह से।...इजाज़त होती तो ऐसे ही किसी ट्रक से किसी नए दोस्त के साथ वहाँ की सैर भी कर आता। इतने भर से किसी का क्या बिगड़ जाता लेकिन राजकाज वालों को कौन समझाए कि 'इतनी भी क्या पाबन्दी!'

बिन बुलाई बला

आराम से लेटे-लेटे ख़यालों-ख़यालों में सो ही गए होते, अगर उसी समय चाय की दुकान के टेप-रेकॉर्डर पर बज रहे 'आवारा' फ़िल्म के सुरीले गीत के हवा में लहराते बोलों ने चैतन्य न कर दिया होता...

घर आया मेरा परदेसी,
प्यास बुझी मेरी अँखियन की।
...
अब दिल तोड़ के मत जाना,
...
कसम तुझे मेरे अँसुअन की,
...

तक़रीबन हर एक ट्रक में टेप रेकॉर्डर पर बजते हिन्दुस्तानी गाने यहाँ के आम लोगों में उनकी पसन्दगी की सनद देते हैं।

अब्दुल भी उठकर बैठ गया और दो चनक चाय का ऑर्डर देकर अँगड़ाई लेने लगा। फिर, कपास के गट्‌ठरों से लदे ट्रकों की ओर देखते हुए जाने-पहचाने अन्दाज़ में हमसे सवाल किया—"हिन्द में कपास होता है?" हमारा जवाब सुनकर चुप लगा गया। अचानक तेज़ हवाओं के झोंके आने लगे। चाय पीकर, आगे के लिए सड़क पर निकले तो पूरी संजीदगी से अगला सवाल किया : "शिबरगान में कहाँ ठहरोगे?"

मैंने पलटकर सवालिया जवाब दिया—"तुम कहाँ ठहरोगे?"

"सराय में।" उसने ख़ामोशी से बताया।

सराय! सुनकर...अपना मन एक बार फिर से ख़यालों में उड़कर उतर गया बचपन में चन्दा मामा में पढ़ी कहानियों में पढ़ी बग़दादी सराय में। 'नासिर या दुल्ला या अब्दुल्ला, ऐसे ही किसी नाम वाला मुसाफ़िर...शाम ढले किसी सराय में पहुँच गया...सराय में बँधे घोड़ों के साथ अपना घोड़ा भी बाँधकर उस पर बँधी जीन उतारी।...कुएँ की गरारी पर रस्सी चढ़ाकर चमड़े के डोल से पानी खींचता, हाथ-मुँह धोता, चटाई बिछाकर नमाज़ पढ़ता, थके-हारे राही आराम करते...उन्हीं में शामिल कुछ चोर-बटमार...अहाते में ही ठहरी, कहीं जा रही एक शहज़ादी, पूरे लाव-लश्कर के साथ,...दूर मुल्क से आया शहज़ादा अपने कारवाँ के साथ। लम्बे सफ़र में थका हुआ। उसका ऊँचा घोड़ा हाँफता हुआ...सराय में एक हसीन

ठगिनी भी, एक अकेली बुढ़िया के साथ भी वहीं एक कोठरी में ठहरी। बुर्के के पीछे से दमकते नूर पर आते-जाते मर्द दीवाने हुए जाते।...सुबह होने पर वह ठगिनी ग़ायब मिली, उन सबके दिल ही नहीं, असबाब सहित।...ऐसी ही होगी यह सराय भी, आज मिलेगा उसमें ठहरने का तजुर्बा भी।' और तब अब्दुल के सवाल का सोचा-विचारा जवाब दिया—"तुम्हारे साथ ही रुकूँगा। ट्रक पर ही सो जाऊँगा।"

यह सुनकर उसकी पेशानी पर परेशानी उभरने लगी लेकिन ख़ामोश रहा। सड़क ख़ाली, सँवलाया आसमान, पश्चिम में क्षितिज पर हल्की लाली, पेड़ों की क़तारें और हरियाली। शिबरगान आते-आते सड़क दो शाख़ों में बँट गई। खड़खड़ाते दौड़ते ताँगे, दुकानों पर कुछ गाहक, चायख़ाने के बाहर पड़े तख़्त पर बैठे लोग। दाएँ खेल का बड़ा मैदान। दाएँ बाजू चलती सवारियाँ (कीप राइट)। दाएँ मुड़कर बाएँ चले। कोने पर कचहरी। खड़े हुए कई ट्रक। सब जगह आदमियों की आमदरफ़्त और तादाद बहुत कम। मोटे-मोटे अन्दाज़े से लगा पूरे शहर की आबादी बीस हज़ार से कुछ ऊपर होगी।

मेरे ख़यालों में बसी सराय जैसी ही निकली वह चौकोर सराय जहाँ जाकर हमारा ट्रक ठहरा, अब्दुल ख़ामोशी से उतरा, हाथ-मुँह धोने के बाद, चटाई उठाकर नमाज़ पढ़ने चला गया। मैं वहीं चुपचाप टहलते हुए सराय का जायज़ा लेने लगा। एक के ऊपर एक क़ायदे से धरे मिट्टी के बड़े-बड़े खंडों से उठाई गई दीवार के साथ लगे बड़े और ऊँचे दरवाज़े से दाख़िला। अन्दर भी वैसी ही नीची दीवारों से बँटे ख़ित्ते। किनारों पर मिट्टी की छोटी कोठरियों की क़तार। उनके ऊपर अधबने गुम्बद या चँदोवे जैसी उठी छत की क़तार। झुटपुटी ख़ामोशी। माहौल पर पुर असर रहस्य की चादर। बीच में कुआँ, उस पर वैसा ही चमड़े का डोल। दुल्लेनुमा कुल्ले वाले एक-दो मुसाफ़िर। एक बुढ़िया भी, मगर ठगिनी जैसी कोई कमसिन कहीं नहीं नज़र आई। शहज़ादी और उसके सिपाही, शहज़ादा और ऊँचा घोड़ा भी नहीं। फिर भी बाक़ी सब वैसा ही पाकर सुकून पाया।

अब्दुल लौटा तो बिलकुल बदले मिज़ाज में। आहिस्ता-आहिस्ता क़दम रखता पास आकर पूरी संजीदगी से बोला—"तुम सरकारी होटल में ठहर जाओ। सराय अच्छी जगह नईं। यहाँ तुम्हें कुछ हो गया तो तुम्हारे लोगों को पता भी नहीं चलेगा। हम भी मुसीबत में पड़ेगा।" उसकी आवाज़ घबराहट भरी लड़खड़ाती हुई। जाने क्यों डरा-डरा सा लगा। उसके मासूम चेहरे पर खिसियाहट, शर्म और मजबूरी के मिले-जुले भाव आते-जाते। वजह पूछना ठीक नहीं लगा। होटल के सुपुर्द करके विदाई लेते वक़्त नज़रें चुराते हुए अब्दुल ऐसे वापस चला गया जैसे कोई ख़ता हो गई हो। शायद उसे लगा हो—पता नहीं कैसे आदमी से पाला पड़ गया, कौन

है किस मक़सद से ग़ैर मुल्क में भी इस तरह बेख़ौफ़। एक बार मोहब्बत से बुला क्या लिया, बिन बुलाई बला जैसा लग लिया, किसी तरह इससे पिंड छुड़ाना ही भला होगा। चाहे जो कुछ भी रहा हो उसके मन में वही जाने मगर ऐसे परदेशी दोस्त क़िस्मत वालों को ही मिलते हैं।

अब आज का हाल यहीं पर छोड़कर चलता हूँ नींद के आग़ोश में। आगे का हाल कहीं और से।

तेरा...

चौथा ख़त

शादियान होटल, कमरा नं. 23,
मज़ार-ए-शरीफ़, अफ़ग़ानिस्तान
13 अप्रैल, 1977

प्रिय...,

ढेर सा प्यार!

सुबह से चलते रहने के बाद अब कुछ आराम पाकर लिखने का मौक़ा हाथ आया है।

मज़ार-ए-शरीफ़ के 'शादियान होटल' के इस कमरे में पहुँचते ही बैग पटककर पैर पसारे पसर (लोट) गया। और लेटते ही तेरी यादें बेतरह घेरने लगीं। तेरे साथ बीते पल, कनाट प्लेस, चाणक्यपुरी, मैक्समूलर रोड और ढेरों बातें। मीठे नशे की मदहोशी जैसी। चलने से पहले पीली साड़ी में, ऊपर उठाए बाएँ बाजू का पल्लू हवा में लहराते हुए खिंचवाई गई अपनी जो तसवीर तूने मुझे वहाँ से चलने से पहले दी थी ना! वही तसवीर, रास्ता चलते, बस में बैठे, बन्द या खुली आँखों में लहराती चली आती है, निकालकर देखनी भी नहीं पड़ती। तब तो अफ़ग़ानिस्तान-ईरान घूमने की बड़ी बेताबी थी और अब तुम्हारे बिना एक-एक दिन काटना दुश्वार हो रहा है, सोचने लगता हूँ कब पूरा हो ये ट्रिप और जल्दी से जल्दी लौटकर पहुँच जाएँ तेरे पास। लिखने लगूँ तो यही सब लिखने में ख़त भर जाए।

यहाँ जिस कमरे में रुका हूँ उसी में 'टोकियो यूनिवर्सिटी' के दो बड़े ही ख़ुशदिल जापानी स्टूडेंट्स भी रुके हैं। पढ़ाई के साथ-साथ पार्ट-टाइम जॉब करके बारह-बारह सौ डॉलर कमाकर घूमने निकले हैं। फिलीपींस, सिंगापुर, मलेशिया, बांग्लादेश, भारत और पाकिस्तान होकर यहाँ आए हैं, यूरोप का चक्कर लगाकर वापस जाएँगे। और यह सब जानकर गहरी हसरत जागती है—'काश! हम भी ऐसे ही दुनिया घूम पाते।'

एक ओर के बगल वाले कमरे में एक स्वीडिश जोड़ा रुका है। अभी-अभी शहर

से लौटकर अब गिटार बजाने में मशगूल है। दूसरी बगल कौन टिका है कुछ पता नहीं। सामने एक बहुत ही दकियानूसी ख़यालों वाला अफ़ग़ान परिवार ठहरा है। मोहतरमाओं की पर्देदारी इतनी कि होटल के ख़िदमतगारों से मँगवाया गया खाना भी दरवाज़े के बाहर ही रखवा लिया। उसी बीच, मैं गैलरी में निकल पड़ा तो आहट पाकर खाना भीतर खींचने के लिए दरवाज़े से बाहर निकले दो ख़ूबसूरत हाथ झट से भीतर चले गए और जब तक मैं ओझल नहीं हो गया खाने के बर्तन जस के तस जहाँ के तहाँ धरे रहे।

त्रपुस और भल्लिक

नक़्शे पर नज़र डालकर देख लो, कहाँ है कुंदूज़, और कहाँ हैं पुल-ए-खुमरी से शिबरगान के रास्ते में बल्ख़ और मज़ार-ए-शरीफ़। सुबह जल्दी जागकर होटल से रुख़सत ली और शहर की सुनसान सड़कों पर कुछ देर पिट्ठू लादे टहलते हुए, मकानों के अहाते में अंगूर की घनी हरियाली पर नज़र डालते, बल्ख़ जा रही बस में सवार हो गया। मेरे आने के बाद अब्दुल मेरी ख़ैर-ख़बर लेने आया होगा ऐसा मुझे नहीं लगता, और अगर आया भी होगा तो मुझे वहाँ न पाकर पक्के तौर पर शक-ओ-शुबहे में पड़ा होगा।

एक सौ पन्द्रह किलोमीटर का सफ़र पार करके अरसे से सुनते रहे बल्ख़ जैसे तारीख़ी शहर में क़दम रख पाने का 'एक्साइटमेंट' बस महसूस ही किया जा सकता है। उज़्बेकों की बहुतायत वाले इस इलाक़े के इस ठिकाने से चौहत्तर किलोमीटर उत्तर में बह रहे 'आमू दरिया' के उस पार बसा है मुल्क-ए-उज़्बेकिस्तान। अलग-अलग ज़ुबानों में बल्ख़ के कई नाम मिलते हैं. फ़ारसी—बल्ख़ और बाख़्त्री, ग्रीक—बख़्लो और बैक्ट्रा, और आगे चलकर बैक्ट्रिया (तोखारिस्तान), अवेस्ता—बाक्सली, संस्कृत—बाह्लीक और बल्हिका (वाह्लीक), चीनी—दाक्सिआ या ता-हसिआ (Ta-hsia)। मज़ार-ए-शरीफ़ की दूरी तेईस किलोमीटर के आसपास। यह पूरा इलाक़ा पुराने वक़्त में बल्ख़ या बैक्ट्रिया राज्य का हिस्सा रहा।

पुरानी क़िलाबन्द बसावट की, यही कोई बीस हाथ चौड़ी मिट्टी की बनी बाहरी दीवार, जगह-जगह से गिरती दिखी और रास्ते कच्चे। मिट्टी की ही बनी, समानिद अन्दाज़ की ग्यारह सौ बरस पुरानी 'हाजी पियादा' या 'नोह गुम्बद' मतलब नौ गुम्बदों वाली मस्जिद का गिरता हुआ अगला हिस्सा दिखा। पास में ही तैमूरी अन्दाज़ में तक़रीबन पाँच सौ बरस पहले तामीर, हरे रंग की बेहतरीन टाइल से सजी मस्जिद-ए-सब्ज़ (हरे रंग की मस्जिद) का बचा रह गया चेहरा। इमारतों के चारों ओर दीवार, बीच में बाग़ और होटल। खोमचों पर बिकता

नमक-चटनी के साथ चटपटा कचालू और उबला नखुद (चना)। नमक और ठंडे पानी में जमाकर मटकों में जमाई गई कुल्फी बेचने वालों की कानों में पड़ती—शीर-ए-बर्फ़, शीर-ए-बर्फ़ की—मुख़्तसर आवाज़ ने बचपन में ऐसे ही फेरे लगाकर कुल्फी-मलाई बेचने वालों की याद दिलाई। दो अफ़ग़ानी में एक, मैंने भी खाई, ख़ासी ज़ायकेदार लगी।

आज भी अपनी बुलंदी से रूबरू कराते, खँडहर में तब्दील हो चुके, बल्ख़ के अधिकतर हिस्से कल्पना-लोक में खींच ले गए। इस बाबत पहले से काफ़ी कुछ पढ़ा होने की ख़ास वजह से। यहाँ से जुड़े सारे वाक़यात लिखने की कोशिश की जाए तो 'एक ख़त : हज़ार नहीं हज़ारों अफ़साने' हो जाएँगे लेकिन ख़त को किताबत की हद पार करके कई जिल्दों वाली तहरीरी बनाने का कोई इरादा नहीं। फिर भी, कुछ ख़ासमख़ास का ज़िक्र कर देना तो बनता ही है।

कहा जाता है कि आज से चार हज़ार से पैंतीस सौ साल के बीच इन्डो-ईरानियन मूल की जनजाति के लोग 'आमू दरिया' के उस पार से आकर यहाँ बसे और यह पारसी धर्म (अहुर मज़्दा /अग्नि पूजा) का केन्द्र रहा और इसकी बुलंदी निनेवेह और बेबीलोन जैसे शहरों के मुक़ाबिल रही। आज से दो हज़ार पाँच सौ पचास बरस से कुछ पहले फ़ारस (ईरान) में 'साइरस' की रहनुमाई में उभरे 'हख़मनी साम्राज्य' के विस्तार के साथ उसमें, पूर्वी यूरोप से पूरब में सिन्धु-घाटी तक के इलाक़े एक-एक कर समाते चले गए। पहली बार ऐसी मरकज़ी हुकूमत क़ायम हुई जिसके तहत अलग-अलग आबोहवा वाले भू-भाग, मूल और आस्था के लोग आते गए, प्रशासनिक नज़रिए से इन्हें अलग-अलग बाँटकर छत्रपों (राज्यपालों) के अधीन रखा गया। पूर्व से पश्चिम और दूर-दूर तक के इलाक़ों को जोड़ने के लिए शाही सड़कें बनवाने के साथ डाक-व्यवस्था भी लागू की गई और पूरी हुकूमत में एक ही भाषा का प्रयोग, सिविल मुलाज़मत, और एक बड़ी फ़ौज रखने का अगले क़रीबन दो सौ बरस तक चलाया गया चलन कम-ओ-बेस आज तक चला आ रहा है।

इस इलाक़े के पूरब में स्थित बदख्शाँ से लाजवर्द पत्थर लाने और उनसे बने मनकों और तरह-तरह के ज़ेवर इस्तेमाल करने के सुबूत, आज से पाँच हज़ार बरस पहले से ही, पश्चिमी भारत और सिंध घाटी के प्राचीन स्थलों से मुसलसल मिलने लगते हैं जिनके मद्देनज़र वहाँ तक की आमदरफ़्त का अन्दाज़ा लगाया जा सकता है। 'हख़मनी शासन' के दौरान यहाँ के व्यापारियों के पूर्वी भारत तक आने-जाने का पता चलता है, इसी दरमियान (आज से दो हज़ार पाँच सौ से तीन हज़ार पाँच सौ साल के बीच) के बौद्ध-ग्रन्थ 'विनय पिटक' से, जिसमें ज़िक्र आया है महात्मा बुद्ध के ज्ञान-प्राप्ति के बाद उन्हें पहला भोजन कराने और उनसे

धर्मोपदेश पाकर उनके पहलौठे शिष्य बनने वाले त्रपुस और भल्लिक नामक व्यापारियों का। बुद्ध से विदा लेते समय उन्होंने उनसे कोई यादगार वस्तु पाने की फ़रियाद की, ताकि वे उसके माध्यम से उन्हें याद कर सकें। तब बुद्ध ने उन्हें अपने केश के छह 'बाल' भेंट किए।

आज से तक़रीबन एक हज़ार तीन सौ पचास बरस पहले बल्ख़ आए चीनी यात्री ह्वेनत्सांग (जुआनज़ांग, Xuanzang) ने, स्वर्ण-पात्रों में सँजोकर लाए गए उक्त केश, उनके शिष्यों द्वारा, बल्ख़ में नगर-द्वार के पास, एक स्तूप में प्रतिष्ठित किए जाने और यहाँ बौद्ध-धर्म का प्रचार-प्रसार करने का ज़िक्र किया है। स्तूप के साथ बना 'नव विहार' आगे चलकर बौद्ध-धर्म का प्रतिष्ठित केन्द्र बन गया। कहा जाता है कि 'नौ गुम्बदों वाली मस्जिद', उस विहार को ज़मींदोज़ करके, उसी जगह तामीर की गई और उसके बाद उस जगह का नाम बदलकर 'नव बहार' रख दिया गया।

अफ़साना-ए-रुख़साना

शहर से एक किलोमीटर उत्तर में एक फर्लांग के कच्चे रास्ते से होकर पहुँच गए 'सिकन्दर नगरी' कही जा रही पुरानी बसावट की मिट्टी की ऊँची दीवारों के घेरे में। एक किनारे से आती सवारियों से लदी लारियाँ, पैदल सैलानियों का भी रेला। भीतर पहुँचकर ख़ालिस पुराविद की तरह कुछ देर इधर-उधर तजवीज़ने की कोशिश के बाद भी इधर-उधर बिखरे रंगीन प्लास्टर के टुकड़ों और क़िले के ढूहों और मलबे के आपसी रिश्ते का जोड़ नहीं बिठा पाया। पश्चिमी किनारे पर लहराते लाल, हरे, नीले, स्याह और सफ़ेद परचमों के पास एक कुआँ, कई मज़ारें, पुरानी ईंटों के कुछ मक़ानात और कुछ चितकबरे क़बूतर। कुछ लोग वहीं ज़मीन पर रखा एक भारी पत्थर बाईं ओर से उठाकर कंधे पर रखते फिर दाईं ओर से उतारकर ज़मीन पर धर देते। इस दरमियान वहाँ मौजूद मौलाना हरे कपड़े में बँधा धातु का झुनझुना उस पर ऊपर-नीचे फेरते हुए मुँह ही मुँह में बुदबुदाते जाते। जैसे अपने यहाँ के मेलों में ओझा और फ़क़ीर लोगों पर चढ़े भूत-जिन्नात उतारते दिखते हैं। दरवाज़े पर सजी दुकानों में आसार-ए-क़दीमा वाले पुराने सामान ख़रीदे और बेचे जाते दिखे—रंगीन पत्थरों के मनकों वाली माला, पत्थर के बुत, कटार-शमशीर, तोड़ेदार बन्दूकें, सिक्के और लाज़वर्द के ढोंके। मनमाने का सौदा, जैसे गाहक वैसे दाम। वही चीज़ कोई हज़ार अफ़ग़ानी में ख़रीदता और कोई उसी को पचास अफ़ग़ानी में हथिया लेता। कैसे भी सिक्के क्यों न हों सिकन्दर के वक़्त के ही बताए जाते। और कटारें-शमशीरें ऐन जंगी ख़ून से सनी, तैमूरी या अंग्रेज़ी। हद

तो तब हो गई जब एक दुकानदार ने पत्थर पर बने तीर दिखाते हुए पूरे भरोसे से बताया कि इन्हें सिकन्दर के फ़ौजी इस्तेमाल करते थे और उन्हें क़िले के भीतर पड़े मिले हैं। लेकिन अब तक पाई आर्किओलॉजी की तालीम की बदौलत मुझे यह पहचानते देर नहीं लगी कि ये उपकरण सिकन्दर से बहुत पहले की 'स्टोन एज कल्चर' से ताल्लुक रखते हैं और आसपास के इलाक़े से बटोरकर लाए गए होंगे। पुराने ज़माने के बार्टर सिस्टम की तरह 'अफ़ग़ान टूरिस्ट डिपार्टमेंट' से मिले एक रंगीन फोल्डर के बदले उनमें से दो नमूने लेकर मैंने गुरुजी को दिखाने की नीयत से गठिया लिए।

बल्ख़ से सटाकर यह शहर बसाने से पहले, पूर्वी यूरोप के मकदूनिया से चली सिकन्दर की फ़ौजी मुहिम ने चार ही बरस में दो सौ बरस पुरानी हख़मनी हुकूमत को तो पूरी तरह से फ़तह कर लिया, मगर ख़ुद सिकन्दर शिकस्त खाकर गिरफ़्त में जा फँसा—'आमू दरिया' के उस पार के मूल बाशिन्दे, बैक्ट्रिया के एक अमीर, की तेरह साल की तरुणी बेटी रुख़साना के रुख़-ए-नूर में। और फिर, जरनैलों और साथियों के लाख समझाने के बाद भी उसका हाथ थामकर ही माना। कितनी ख़ूबसूरत होती हैं यहाँ की तरुणाएँ, यह हम आज तो भर आँख आँक नहीं सकते, लेकिन इतना ही काफ़ी है यह जानने के लिए कि उनके सामने दुनिया फ़तह करने वाला सिकन्दर तक सुध-बुध खो बैठा था। भला हो इस हिजाब का, इन्हें देखकर कहीं मैं भी यहीं फँस जाता तो फिर तेरा क्या होता!

सिकन्दर ने रुख़साना के बाप को हिन्दूकुश के आसपास के इलाक़े का छत्रप बनाया, उसके भाई को अपने ख़ास घुड़सवार दस्ते में शामिल किया और रुख़साना को दूर, फ़ारस के सूसा नाम के शहर में महफ़ूज़ जगह पर भेज दिया। उसके बाद वह हिन्द की मुहिम पर निकला। इधर फ़ारस में रुख़साना ने सिकन्दर के बेटे को जन्म दिया। उधर सिकन्दर हिन्द की जंग में मशगूल रहा। वहीं एक जगह लड़ते हुए घायल हुआ और वहाँ से लौटने के बाद, आज से क़रीब तेईस सौ साल पहले (323 ईसा पूर्व) जब बेबीलोन शहर में उसका इंतक़ाल हुआ, रुख़साना की उम्र बस सत्रह बरस की ही थी। इस तरह सिकन्दर और उसके साथ की कहानी बस चार बरस ही चल पाई।

कहा जाता है कि सिकन्दर के इंतक़ाल के बाद रुख़साना ने अपने बेटे 'अलेक्सान्दर (सिकन्दर) चतुर्थ' की ताजपोशी का रास्ता साफ़ करने के लिए अपनी सौत स्टतेरीआ (द्वितीय) और उसकी बहन और कज़िन (सिकन्दर की तीसरी रानी) का क़त्ल कर दिया। फिर, सिकन्दर की माँ ओलिम्पिअस ने रुख़साना और उसके बेटे को मक़दूनिआ में हिफ़ाज़त से रखा। लेकिन सात साल बीतते-बीतते हुकूमत की कूटनीतियों के चलते 'ओलिम्पिअस' का भी क़त्ल करके रुख़साना और उसके

बेटे को क़ैद कर लिया गया। लेकिन सिकन्दर का असली वारिस कहीं उसके तख़्त का दावेदार बनकर खड़ा न हो जाए इसलिए छह साल बाद ज़हर खिलाकर माँ-बेटे की कहानी भी ख़त्म कर दी गई।

रुख़साना की कुल तीस बरस की रूमानी ज़िन्दगी के मशहूर अफ़साने, उसी ज़माने से तमाम ज़ुबानों और मुल्कों की बेशुमार कहानियों, उपन्यासों, चित्रों और फिर, फ़िल्मी मज़मूनों में जिए जा रहे हैं। अलग-अलग भाषा-बोलियों में रुख़साना के रोक्साना, राओकशना, रोक्सान्ने, रोक्सान्ना, रोक्सान्द्रा और रोक्साने जैसे नाम भी मिलते हैं। एकबारगी यह नाम सुनकर लगा कहीं इसका कोई रिश्ता 'रेक्सोना सोप' के नामकरण से तो नहीं, ऐसा साबुन—जिसे लगाओ और रुख़साना जैसा मोहक रूप पाओ।*

गर्दभ सवार रहबर

अफ़साने अभी और भी हैं, रुख़साना जैसे रूमानी न होते हुए भी कुछ अलग पहलुओं से इंट्रेस्टिंग और पढ़ने लायक। माना कि आप अंग्रेज़ी मीडियम वाले हो, फिर भी मेरी हिन्दी समझ के आड़े नहीं आएगी। थोड़ा गरू भी लगे तब भी पढ़ जाना कुछ नई जानकारी तो मिल ही जाएगी।

सिकन्दर की छोड़ी विरासत पर, क़रीब सौ बरस और उसके कुछ बाद तक, राज करने वाले बैक्ट्रिया के ग्रीक (यवन) लोग 'जैसा देश वैसा भेस' की हिकमत पर चले, और 'भारतीय उप महाद्वीप' की तहज़ीबी रवायत पर कई गहरे निशानात टाँकते गए, जैसे—अगाथोक्लीज़ (190-180 ईसा पूर्व) के सिक्कों पर विष्णु, शिव, वासुदेव, बुद्ध, बलराम-सकर्षण, लक्ष्मी आदि का अंकन और भारत के दिल में बसे बेसनगर के वासुदेव मन्दिर के सामने बुलंद कराया गया हेलिओडोरस का गरुणध्वज स्तम्भ। यवन-राज मिलिन्द का बौद्ध-भिक्षु नागसेन के बीच हुआ संवाद तो बौद्ध-साहित्य का अहम हिस्सा ही बन गया। इस संवाद को 'मिलिन्द पन्हो' (मिलिन्द द्वारा पूछे गए प्रश्न) नाम से जाना गया। माना जाता है कि मिलिन्द स्वयं भी 'बुद्धं शरणम्' हो गए थे। यह लेन-देन एकतरफ़ा नहीं रहा, मौर्यकालीन भारतीय शैल-गुहाओं के खनन, प्रस्तर-स्तम्भों और प्रतिमाओं के निर्माण और स्टोन-इंस्क्रिप्शन जैसे संगतराशी से जुड़े चलन और कुछ आर्ट-मोटिफ उनके संग-साथ के असर की ओर सीधा इशारा करते बताए जाते हैं।

---

* बाद में पता चला कि ई. सन् 1908 में ऑस्ट्रेलिया के एक दवासाज सैमुएल शेफ्फर और उनकी पत्नी ने जो साबुन बनाया उसे 'रेक्सोना' नाम से नवाज़ा। अब पता नहीं इस नामकरण के पीछे उनके ज़ेहन में रुख़साना का रोक्साना नाम रहा या नहीं।

ग्रीस वालों के हमारी साझा तहज़ीब में रंग जाने के बाद बारी आई बैक्ट्रिया में कुछ समय के लिए परचम लहराने वाले इंडो-सीथियन या शकों की। इनका नाता जोड़ा जाता है 'आमू दरिया' के उत्तर में कज़ाख़स्तान के यूरेशिया से। उनके ताबे में आने वाला इलाक़ा शकस्तान (शक + स्थान) के नाम से जाना गया। बिहार और पूर्वी उत्तर प्रदेश में ख़ासी तादाद में रहने वाले सूर्य-पूजक शकद्वीपीय या शाकलद्वीपी 'मागी ब्राह्मणों' का मूल स्थान माना जाता है वहीं कहीं। एक रवायत के मुताबिक़ ये लोग बैक्ट्रिया में 'शक राज्य' की बुलंदी के बहुत पहले ही हिन्द में बड़े पैमाने पर आकर आबाद और असरदार हो चुके थे, जिसकी वजह से 'गंगा घाटी' के एक बड़े हिस्से का नाम मगध पड़ गया। सक्सेना और अस्थाना लोगों का रिश्ता भी उसी भू-भाग में खोजने की बातें भी सुनी जाती हैं।

बल्ख़ से जुड़ी एक और बात लिखे बिना रहा नहीं जा रहा। अब तक के लिखे से इतना तो समझ ही लिया होगा कि भारत और इस इलाक़े के बीच के व्यापारिक और तहज़ीबी रिश्ते कम-से-कम ढाई हज़ार साल से कुछ पहले से तो रहे ही होंगे, और उससे भी पहले से रहे होने की भी पूरी सम्भावना है। और ऐसा हुआ होगा—पूरब में बंगाल से लेकर गंगा और सिंध घाटी से होकर आने वाले मशहूर उत्तरापथ के रास्ते जो सुलेमान और हिन्दूकुश पहाड़ों को लाँघकर जाने वाले रास्ते से जुड़ा रहा होगा। चीन के हान वंशीय राजा 'वू' (Wu) ने हूणों से लड़ने की नीयत से, 139 ईसा पूर्व (आज से 2116 वर्ष पहले), यूएझी (Yuezhi) राजा से संधि करने की ज़िम्मेदारी अपने दूत 'झाँग क़िआँ' को सौंपकर भेजा। अत्यंत दुर्गम तकलामकान-रेगिस्तान और बिलकुल ही बेरुखी रूखी आबोहवा का सामना करते हुए पश्चिम की ओर बढ़ रहे 'झाँग क़िआँ' को आगे हूणों के इलाक़े से गुज़रते वक़्त क़ैद कर लिया गया। दस साल के बाद वह उनकी क़ैद से निकलकर पश्चिम की 'फरग़ना घाटी' के देश दायुआन (ता-युआन) गया। और, वहाँ से आगे बढ़कर अन्ततः दाक्सिया (बल्ख़) पहुँचा और यहाँ एक साल रहा। फिर, हूणों में छिड़े गृहयुद्ध का फ़ायदा उठाकर वह वापस 'हान राज्य' में लौट गया। वहाँ जाकर उसने राजा को पश्चिमी देशों के बारे में बताने के अलावा हिन्द के बारे में भी बताया—बल्ख़ में 'क़िओंगलाइ पहाड़ों' (Qionglai mountains) में उपजने वाला बाँस और सिचुआन का कपड़ा देखकर, एक स्थानीय बैक्ट्रिया-वासी (बल्ख़ के बाशिन्दे) से पता करने पर उसे मालूम हुआ कि बैक्ट्रिया के व्यापारी ये सामग्री, बल्ख़ से हज़ारों मील दक्षिण-पूर्व में सिंधु (भारत) से ख़रीदकर लाते हैं। 'झाँग क़िआँ' ने यह भी बताया कि 'गंगा नदी' के पास स्थित इस देश के लोग हाथी पर सवार होकर लड़ते हैं।

चीनी दूत के इस विवरण से हमें अपने मतलब की एक अहम जानकारी मिलती है। दक्षिण-पश्चिमी चीन में उपजने वाले क्विओंगलाइ या क्विओंग बाँस से बनीं छड़ियाँ ख़ासतौर पर पहाड़ों पर चढ़ने में बहुत काम आती हैं। अब अगर बल्ख़ के व्यापारी इन्हें हिन्द देश से मँगाते थे तो ज़ाहिरन हिन्द वाले इन्हें उत्तर-पूर्वी भारत और बर्मा के रास्ते से पाते रहे होंगे। मतलब, जब चीनी तुर्किस्तान से होकर मध्य एशिया आने वाला दुश्वार रास्ता तिजारत के लिए सुगम नहीं हुआ था तब भी हिन्द के रास्ते पूरब में दक्षिण-चीन और मध्य एशिया के बल्ख़ तक तिजारती लेन-देन बख़ूबी चल रहा था। और फिर तो बैक्ट्रिया के दो कूबड़ वाले ऊँटों पर लदा माल पूरब में काशगर, यारकन्द, ख़ोतान वाले काराकोरम दर्रे, और पश्चिम में उज़्बेकिस्तान के समरकन्द से पश्चिम, और दूसरी दिशाओं की ओर से आने और उधर जाने वाले रास्तों पर, बजरिए हिचकोले खाते चलते कारवाँ के साथ दूर-दूर तक पहुँचने लगा।

इस इलाक़े में, तब से शुरू हुए ऊँटों पर तिजारती माल ले जाने का चलन आज भी बदस्तूर है, उतनी दूर-दूर तक तो नहीं, अफ़ग़ानिस्तान से लगे पाकिस्तान-ईरान के रेगिस्तानी, ऊँचे पहाड़ी और पठारी अन्दरूनी इलाक़ों के आर-पार। बल्ख़ के अगल-बगल से गुज़रते ऐसे कारवाँ देखकर सबसे हैरतअंगेज़ लगा—एक-दूसरे से लम्बी रस्सी से बँधे, लम्बे-लम्बे डग भरते लम्बी टाँगों वाले ऊँचे-ऊँचे, ऊँटों की क़तार, आगे-आगे रहबरी करने वालों का आहिस्ता-आहिस्ता चलते गधे पर सवार होना। उनकी ज़ुबान जानता होता तो इस सिलसिले में ऊँट-घोड़े की जगह, उनसे कहीं छोटे क़द के, गधे को तरजीह देकर 'गर्दभ सवार रहबर' का राज़ जानने की कोशिश ज़रूर करता।

मज़ार-ए-शरीफ़

यहाँ आने वाला हर एक सैलानी और ज़ियारती जहाँ का फेरा ज़रूर लगाता है उसी मज़ार-ए-शरीफ़ के नीली टाइल वाले नीले मस्जिद-परिसर के दीदार के लिए मैं भी बढ़ लिया। बसावट के बीचोबीच बुलंद यहीं की निहायत ख़ूबसूरत मज़ार से मिला है इस शहर को अपना नाम। पैग़म्बर मोहम्मद के दामाद अली का मक़बरा यहीं होने के कुछ लोगों के दावे पर ज़्यादातर मुस्लिम एतबार नहीं करते, उनके यक़ीन के हिसाब से हज़रत अली साहब इराक के नजफ़ में दफ़न हैं। ख़ैर इस मसले से ज़्यादा यहाँ आने वालों की आम दिलचस्पी रहती है यहाँ माथा टिकाने या इसका दिलकश नज़ारा लेने में।

नीली मस्जिद की दीवारों, गुम्बदों, बुर्ज-बुर्जियों की बाहरी सतह पर सफ़ेद और दूसरे

हल्के रंग की टाइलों के साथ लगी नीली टाइलों की सजावट नज़रें बाँध लेती है। क़रीब सात सौ बरस पुरानी यह इमारत मध्य एशिया की तामीरी हुनर का बेहतरीन नमूना है। मौक़ा मिले कभी इधर आने का तो तू भी इसे एक बार ज़रूर देखना।

मज़ार के अहाते में मनमोहक बग़ीचे के दरख़्त, झुरमुट और तलैया, चारों ओर के चार दरवाज़े मुकम्मल तौर पर बन्द। पक्के रास्ते के किनारों पर करीने से लगी पत्थर की चौकियाँ। अन्दर जाने के लिए खुले पिछले दरवाज़े पर शाहजहानी अन्दाज़ में फूल लिए, हिन्दुस्तानी सिनेमा की नक़ल करते, यूरोपियन लिबास में टिपटॉप लड़के। दूरदराज़ के दस्तारबन्द अफ़ग़ान मर्द और बुर्कों वाली औरतें, स्कूल-कॉलेज के लड़के-लड़कियों की टोलियाँ और सैलानियों का जमघट। सिरो-पाँव बुर्के में लुकी-छिपी कमसिन बालाएँ मज़ार के भीतर पहुँचते ही सबसे पहले लबादों से निजात पातीं। ऊपर के रिवायती बुर्के के अन्दर से क़मीज़ और बेल-बॉटम जैसी तरह-तरह की चमचमौआ लिबास में सजी फ़ैशनपरस्त लड़कियों को नमूदार होते देखकर दोनों आँखें खुली की खुली रह गईं। बला का नूर बिखेरती हूरों की मानिन्द, मटरगश्ती करतीं या दीवारों की टेक लगाए बैठी चटर-पटर बतियातीं। खिलखिलातीं-इठलातीं, लपक-लचककर ऐसा 'हैंड-शेक' करतीं जैसे उनके बाप-दादा सात पुश्तों से ख़ालिश क्रिस्तान रहे हों। क़ुदरत के बख़्शे बेबाक हुस्न को मेकअप करके किस कदर बिगाड़ा जा सकता है, इन्हें देखकर पता चला। कुल मिलाकर अहाते का मंज़र ज़ियारत से कहीं बढ़कर सैरगाह, इश्क़गाह और फ़ैशन परेड वाला लगा।

जूते उतारकर मज़ार के अन्दर आने वालों में से उमरदार लोग संजीदगी से माथा टिकाकर पलट जाते। सैलानी एक-एक कोना-अँतरा उत्सुकता से देखते-परखते। और शहरी लड़के ठीक हिन्दुस्तानी कॉलेजी मोढ़ों की तरह लड़कियों के आसपास मँडराते रहते। पहले से ही हमजोली वाले जोड़े कोनों में बैठकर गुपचुप, खुसफुस करते। रेलिंग पर खड़े मर्द एकटक दीदार-ए-हुस्न में डूबे हुए। माइक पर लगातार जाने क्या ऐलान होता रहा।

हर ओर रौनक़ ही रौनक़। मेले जैसा माहौल। जितने बाहर जाते दीखते उससे दूना आने वालों का रेला। साँझ आते-चढ़ते पूरे सुरूर पर। कबूतर इतने कि जिधर नज़र उठाओ एक उड़ता हुआ झुंड सामने आ जाए। गुम्बदों पर कबूतर, बरामदों-बारजों में कबूतर, तालाब किनारे, बाग़ में दरख़्तों पर कबूतर ही कबूतर। सब के सब झक्क सफ़ेद जैसे क्षीर या ताज़ी घिसी गिरी। बर्फ़ जैसे नाज़ुक-नरम, देखकर हाथों में थाम लेने का दिल करे। दाना फेंकते ही एक साथ उड़ते तो उनके डैनों की हवा हमारे चेहरों पर टकराने लगती।

दिन भर का थका टहल-घूमकर एक पथर-चौकी पर बैठकर देखा-सुना नोट करते-करते आसपास की चहल-पहल और शोर-शराबे के बीच से सूना-सूना सा अकेलापन उभरता गया। थोड़ी ही देर में ऊँघते हुए देखा—गोल दरख़्त की फुनगी पर और अगल-बगल के लोगों के चेहरे पर चस्पाँ तेरा चेहरा। और फिर, धीरे-धीरे चलती सम्मोहनी हवाओं में डूबता चला गया।

पता नहीं कितनी देर वहीं खोया रहकर उबरा, मज़ार के माइक पर तेज़ आवाज़ में होने वाले ऐलान से अचानक अचकचाकर। एक बार फिर से फिर लौट आया उसी माहौल में।

तब तक वहीं घूमने आए अफ़ग़ानी मूल के हिन्दू भाई मुझे देख क़रीब आकर दुआ-सलाम के बाद वहीं बैठ गए। बातों-बातों में उन्होंने वहीं मँडरा रहे कबूतरों की ओर इशारा करते हुए ख़ासी उर्दू ज़ुबान में यहाँ के एक नायाब पहलू से कुछ-कुछ इस तरह वाक़िफ़ कराया।

न मन बेहूदा गिर्दे कूचा-ओ-बाज़ार मी-गर्दम

यूँ तो शमशीर की शान पर ख़ून और आग का दरिया बहाते, हुकूमत करने वाले बहुत से खूँखार खिलाड़ी खेलते रहे हैं यहाँ, सिकन्दर, चंगेज़, तैमूर, हूण और अत्तिल जैसे, मगर उनके तख़्तो-ताज क़ायम रह सके बस इकाई-दहाई वाले बरसों की मियाद में ही। जबकि लफ़्ज़ों के दम पर लोगों के दिलों पर राज करने वाला एक ऐसे नायाब खिलंदड़ पैदा हुए इसी धरती पर जिनकी बेताज बादशाहत पिछले सात सौ बरस से बारहा चली आ रही है, और यक़ीनन आगे भी बदस्तूर चलती रहेगी। उनकी पैदाइश हुई ई. सन् 1207 में 11 सितम्बर की तारीख़ में यहीं कहीं। तब के एक नामचीन सूफ़ी फ़क़ीरों की फेहरिस्त में शामिल 'आलिमों के सुल्तान' कहलाने वाले उनके वालिद शेख़ बहाउद्दीन वलद ने उनका नाम रखा जलालुद्दीन मुहम्मद।

ई. सन् 1215 से 1220 के बीच मध्य एशिया के मंगोलों के हमले के दरमियान शेख़ बहाउद्दीन, अपने कुनबे और अनुयायियों के साथ पश्चिम की ओर निकल पड़े। रास्ते में, वे जहाँ-जहाँ से भी गुज़रे वहाँ के आलिम उनकी ख़ासी ख़ैर-मक़दम करते रहे। बताया जाता है कि ईरान के नीशापुर शहर में उनसे मिलने आए नामी आलिम सूफ़ी ख़्वाजा फ़रीद-उद-दीन अत्तार ने आगे-आगे चल रहे पिता के पीछे जलालुद्दीन को आते देखकर कहा—'एक सागर के पीछे महासागर चला आ रहा है!' और नन्हे जलालुद्दीन को एक किताब भेंट करके, उनकी अच्छी तालीम की सिफ़ारिश की।

बहाउद्दीन का कारवाँ, बग़दाद से मक्का में हज करके बरास्ते दमिश्क, मलाल्या जैसे मुकामों के आगे, बढ़कर सात बरस करमान में रहा। फिर, रूम के सेल्जुक सुल्तान के इसरार पर अनातोलिआ के कूनिया शहर में बस गया। उन दिनों पश्चिम एशिया के उस इलाक़े में रहस्यवादी सूफ़ी पंथों का पुरज़ोर असर साया था। एक चलन के हिसाब से 'सूफ़' कहते हैं फ़क़ीरों-बैरागियों द्वारा ओढ़े जाने वाले बिना रंगे ऊन के लबादे को, इसलिए उसे ओढ़ने वाले 'सूफ़ी' कहलाए। ऐसे लोग बहुत पाक-पवित्र माने गए हैं इसलिए सूफ़ी शब्द के एक मायने पाक बताए जाते हैं। जबकि कुछ लोग मानते हैं कि ऐसे लोगों के अक्लमंद लोगों के लिए यह लफ़्ज़ बना है ग्रीक शब्द 'सोफ़िया' (अक्लमंदी) से बिगड़ कर।

जलालुद्दीन की पहली शादी हुई अठारह बरस की उम्र में, और पहली बीबी के इंतकाल के बाद उनकी दूसरी शादी भी हुई। तालीम पाई सूफ़ी आलिमों-दरवेशों की उस्तादी और संगत में, मशहूर फ़क़ीर शम्स तबरेज़ से सीखे फ़लसफ़े, रूहानी शायरी, दीन-ओ-मज़हब की बदौलत एक फ़ारसी शायर, एक इस्लामी दरवेश और सूफ़ी फ़क़ीर बनकर दानिशवरों में बड़े नाम बन गए। उनकी लिखी 'मसनवी' फ़ारसी अदब की सबसे अहम किताबों में से एक मानी जाती है।

'बल्ख़' से आने और फिर 'सल्तनत-ए-रूम' (पश्चिमी टर्की का वह हिस्सा जो कभी पूर्वी रोम साम्राज्य का हिस्सा रह चुका था) में बसने की वजह से जलालुद्दीन के नाम के साथ जुड़ते गए 'बल्ख़ी' और 'रूमी' भी, यानी 'जलालुद्दीन मुहम्मद बल्ख़ी' और 'जलालुद्दीन मुहम्मद रूमी'। ठीक उसी तरह जैसे अपने यहाँ के हाथरस के रहने वाले मशहूर हास्य-कवि काका अपने नाम के साथ हाथरसी जोड़कर 'काका हाथरसी' कहलाए। आगे चलकर इतने लम्बे नामों को पुकारने में होने वाली दुश्वारी की गिरफ़्त से निकलकर ज़्यादातर लोगों को बस 'रूमी' नाम ही याद रह गया, और फिर वे इसी नाम से दुनिया भर में मशहूर हुए। बहुत से लोग तो उन्हें केवल मौलाना या मौलवी ही कहते रहे हैं।

अड़सठ बरस की उम्र में इस दुनिया से विदाई लेने पर कूनिया शहर में ही पिता के साथ दफ़नाए गए रूमी की मज़ार पर उन्हीं की लिखी ये इबारत नक़्श कराई गई—'इस दुनिया से चले जाने के बाद हमें ज़मीन की क़ब्रों में नहीं लोगों के दिलों में खोजना!'—और उस जगह पर तामीर की गई मज़ार, एक ज़ियारतगाह बन गई। उनके बोले-लिखे लफ़्ज़ों ने लोगों के दिलों में जो सल्तनत क़ायम की, उसमें समाते गए मुल्कों, दीगर ख़ित्तों और हवा-पानी की सरहदों के आर-पार आज के मध्य एशिया, अफ़ग़ानिस्तान, ताज़िकिस्तान, तुर्की, ग्रीस, ईरान, इराक, पश्चिम एशिया और टर्की, अज़रबैज़ान और दक्षिण एशिया वग़ैरह। सचमुच किसी

भी बादशाह की हुकूमत इतने बड़े ख़ित्ते तक कहाँ फ़ैल पाई! रूमी की शायरी का तर्जुमा दुनिया की बहुत-सी भाषाओं में किया गया। आज भी उन्हें हसरत से पढ़ने वालों की बेशुमार तादाद के बरअक्स उन्हें 'शायरी का शहंशाह' कहना ज़्यादा नहीं होगा।

रूमी के शागिर्दों ने 'समा' नाम से सूफ़ी-रवायत में नर्तक दरवेशों का एक फ़िरक़ा भी चलाया। इस फ़िरक़े के लोग जब 'रबाब' (रुबाब) नामक वाद्य-यंत्र की मीठी रुन-झुन धुन और सूफ़ी-शायरी के गायन की मंद-मंद सुर-ताल के साथ, हौले-हौले मध्यम जादुई लय तक चढ़ते-उतरते, सूफ़ी लिबास के गोल घेरों में घुमरिया लेते हैं, रूहानी इश्क़ में मदहोश नाचते दरवेशों को देखने-सुनने वाले एक अजब ही सुरूर में तिरते रह जाते हैं। हो सकता है तूने भी किसी पिक्चर में फ़िल्माए गए ऐसे डांस देखे हों लेकिन जो मज़ा सामने देखने में है वो सिनेमा हॉल में कहाँ मयस्सर!

रूमी के लिखे की थाह नहीं मिलती, एक-एक जुमले में समाया हुआ समंदर। ज़्यादा तो नहीं पढ़ा, जितना पढ़ पाया उतना ही बहुत है यह समझने के लिए। कुछ बानगियाँ तू भी देख ले।

न मन बेहूदा गिर्दे कूचा-ओ-बाज़ार मी-गर्दम,
मज़ाक़-ए आशिक़ी दारम, पये दीदार मी-गर्दम।
(बेमशरफ़ ही नहीं, भटके मेरा मन, गली-बाज़ार में,
इश्क़ में डूबा हूँ मैं, भटकूँ पए-दीदार में)

मतलब मेरा मन गलियों और बाज़ारों में ऐसे ही बेहूदों की तरह नहीं भटक रहा। मैं इश्क़ में डूबा हूँ और अपनी प्रिय की एक झलक पाने के लिए भटक रहा हूँ। यहाँ भी जिस्मानी इश्क़ की बात नहीं है, बात कही गई है रूहानी इश्क़ और ईश्वर की एक झलक पा लेने की।

'आप जिसकी तलाश में हैं वो आपको तलाश रहा है।'
(हर चीज़ कि दर जुस्तन, आनी आनी।)

पढ़कर लगा जितनी शिद्दत से तुझसे मिलने की ख़्वाहिश है मेरी, उतनी ही तुझे भी होगी। लेकिन इसके असल मायने बताए गए—यहाँ इस धरती पर रहने वालों के मिलने के बारे में नहीं बल्कि रूहानी माशूक़ (ब्रह्म) की तलाश की बाबत कहा गया है।

'आँखें बन्द करिए, मुहब्बत में कूदिए, वहीं रहिए।' यह पढ़कर सोचने लगा—यही तो कर रहे हैं हम दोनों। पता चला यहाँ भी रूहानी इश्क़ की बात की गई है!

और देखो! जब से यहाँ के सफ़र पर आया हूँ ग़ोज़-ब-रोज़ अगोर रहा हूँ 'जल्दी से वो दिन आए जब हम हमेशा-हमेशा के लिए एक हो जाएँ।' मगर रूमी महाशय ने इस बारे में इस तरह फ़रमाया है 'आशिक़ आख़िरकार मिलते नहीं, हमेशा एक-दूसरे के अन्दर रहते हैं।' इतनी गहरी रूहानी सोच कम-से-कम मेरे ज़ेहन में तो आती नहीं। अब पता नहीं जिस्मानी मुहब्बत के बिना रूहानी इश्क़ भी किया जा सकता है क्या!

दोनों जापानी सहवासी अब तक गहरी नींद के आगोश में समा चुके हैं। मज़ार के फेरे से लौटकर उन्होंने डटकर गोश्त-चावल उड़ाया और एक-एक गिलास पानी में प्योरीफाइंग गोलियाँ डालकर गिलास एक ओर रख दिए। फिर इत्मीनान से लेमनचूस चुभलाते रहे। और, मैंने शाकाहारी होने का पुण्य कमाया नमक डालकर उबले आलू के साथ टमाटर चुभलाकर। दिन में मँगाई ब्रिंज (चावल) की तश्तरी में भी गोश्त के सुर्ख टुकड़े देखने के बाद और कुछ ऑर्डर करने का मन ही नहीं किया। तेरे, तेरी माँ और कचरमकूट वाले हाथों का लाजवाब खाना, डाभ का पानी, ठंडा दूध और कस्टर्ड याद आ रहे हैं। लौटकर आऊँगा तो ठंडी-ठंडी कोल्ड-कॉफ़ी पिलाएगी ना!

रात बहुत चढ़ चुकी है आँखें ढप रही हैं। सुबह वापस काबुल के लिए निकलना भी है। आगे का हवाल वहाँ से लिखूँगा।

हमेशा ढेर से प्यार के साथ...

तेरा...

पाँचवाँ ख़त

जलालाबाद, पख़्तूनवा,
अफ़ग़ानिस्तान
15-20 अप्रैल, 1977

प्रिय...,

ढेर सा प्यार!

काबुल पहुँचकर आगे की तैयारी में ऐसा उलझ गया कि वहाँ से तुम्हें कोई लेटर नहीं लिख पाया। और अब देखो! न सही पाकिस्तान की तरफ़ से, अफ़ग़ानिस्तान की सरहद से ख़ैबर दर्रे के दीदार का मौक़ा भी आ ही गया है हाथ में।

इस वक़्त हम लोग डेरा जमाए हैं जलालाबाद में। हिन्द की आज़ादी की लड़ाई से वाक़िफ़ हर शख़्स जानता है इस शहर का नाम, उस ऊँचे क़द के पठान के नाम से जो गांधी जी के साथ कंधे से कंधा मिलाकर ब्रिटिश हुकूमत के ख़िलाफ़ जी-जान से लड़ा। उस अज़ीम शख़्सियत के मालिक सत्तासी साला बुज़ुर्ग अब्दुल गफ़्फ़ार ख़ान का रिहाइशी मकान यहीं है। हमारे सरहदी गांधी और अफ़ग़ानी-पश्तूनों के 'फख़्र-ए-अफ़ग़न', 'फ़ख़्र-ए-पश्तून', 'बादशाह ख़ान' और 'बाचा ख़ान' (सद्दारों या सरदारों का बादशाह)। ख़ुदाई ख़िदमतगारों की टोली बनाकर अल्लाह के बन्दों की ख़िदमत करने वाले। उनकी चली होती तो 'इंडिया' का बँटवारा नहीं हुआ होता। आज़ाद पश्तूनिस्तान के मज़बूत पैरोकार। मार-काट के लिए मशहूर मादरे वतन में अमन, भाईचारे और रहमदिली के मिसाल।

इस बार श्याम जी के साथ आया हूँ। या यूँ कह लो कि मेरा मन रखने के लिए अपने करतब दिखाने का प्रोग्राम बनाकर आए हैं। 'इंडियन एम्बेसी' के ज़रिए हमारे आने के इत-तिला-आत पहले ही यहाँ के कान्सुलेट पहुँच चुके थे। इसलिए आते ही काउंसल मलिक साहब ने बड़ी ही ख़ुशदिली से ख़ैरमक़दम

किया। श्याम जी के साथ अपने भी भाव ऊँचे हो गए। सुदर्शनीय क़द-काठी वाले मलिक साहब की असरदार शख़्सियत, शीरीं ज़ुबां, दोस्ताना रवैया और पारम्परिक पिता-तुल्य स्नेह ने पहली ही मुलाक़ात में दिल जीत लिया।

कॉन्सुलेट के एक अफ़सर ने पश्तूनों (पठानों) के बारे में चर्चा के तहत शेरो-शायरी में अपनी दख़ल से रू-ब-रू कराते हुए, बादशाह ख़ान के शायर बेटे ख़ान अब्दुल ग़नी ख़ान की शायरी के हवाले से कुछ इस तरह समझाया—

> 'पश्तून, बारिश में बोए गेहूँ जैसे एक साथ उगे और एक-से हैं। लेकिन मैं उनसे इसलिए मोहब्बत करता हूँ क्योंकि जब वह जंग में लड़कर मरने के लिए निकलेगा तो सबसे पहले अपना चेहरा धोएगा, दाढ़ी में तेल और बालों में इत्र लगाएगा, और अपने सबसे बेहतरीन लिबास का जोड़ा पहनेगा।'

हमारे रहने का बन्दोबस्त मलिक साहब की मेहरबानी से एक मन्दिर की धर्मशाला के साफ़-सुथरे कमरे में किया गया। सामान रखने के बाद श्याम जी, साथ आए सफ़ारती अधिकारी चतुर्वेदी जी और उनके सहायक से गप मारने लगे और मैं बस के सफ़र की थकान उतारता बिस्तर पर आराम करते हुए कांसुलेट से मिले फोल्डरों और बुकलेट्स से यहाँ की जानकारियाँ पढ़ने लगा :

> पूर्वी अफ़ग़ानिस्तान के नांगरहार नाम के जिस सूबे की राजधानी है, काबुल और कुनार नदियों के संगम पर बसा, शहर-ए-जलालाबाद, उसी इलाक़े से गुज़रकर सुलेमान पहाड़ों के उस पार पूरब की ओर बढ़ती यूनानी फ़ौजों को यहाँ के बाशिन्दों से ऐसा कड़ा मुक़ाबला झेलना पड़ा था कि चप्पा-चप्पा ख़ून से लहालोट हो गया। पश्चिम में काबुल और पूरब में पेशावर से क्रमशः 150 किमी. और 130 किमी. की दूरी पर बसे इस शहर का पुराना नाम अदिनपुर बताया जाता है। इसे नए सिरे से बसाने के लिए चुना बाबर ने और सोलहवीं शताब्दी के आखीर में (आज से क़रीब 390 साल पहले) उसके पोते जलालुद्दीन मुहम्मद अकबर ने, जिसके नाम पर इस शहर का नया नाम रखा गया—जलालाबाद।
>
> शहर के दक्षिण-पूरब में दिखती है पाकिस्तानी सरहद के क़रीब से 'ख़ैबर पख़्तूनवा' (पाकिस्तान) की ओर बढ़ती 'सफ़ेद कोह', मतलब सफ़ेद पर्वत, जिसके दिलकश बर्फ़ीले विस्तार के बीच 4,761 मी. (15,620 फ़ीट) ऊँचाई वाला सीधा उठा 'माउंट-सिकरम'। अफ़ग़ानिस्तान के अन्दर ही इस पहाड़ के पश्तो में 'स्पीन घर' कहे जाने वाले हिस्से

> में हैं 'तोरा बोरा'* की मशहूर गुफाएँ। इन पहाड़ों में से सँकरी कटान काटकर 'दरिया-ए-काबुल' पूरब में बहकर सिंध नदी में मिल जाता है। इसी पहाड़ की एक 'रेंज' (श्रेणी) में होकर गुज़रता है ख़ैबर दर्रा। इसके निचले ढलावों पर चीड़ और देवदार के दरख़्त दीखते हैं और घाटी के निचले तल पर खेती होती है।

श्याम जी से मिलने और थोड़ी देर बात करते ही उनका मुरीद बनने का सिलसिला यहाँ भी चलता रहा। ऐसा ही हुआ चतुर्वेदी जी के साथ भी, जितना अरसा मेरे पढ़ने में गुज़रे, उतने ही में उनमें घुटने लगी। एक तो श्याम जी का जादू दूसरे चतुर्वेदी जी का 'लखनऊ यूनिवर्सिटी' का प्रोडक्ट होना। फिर क्या था, बन गए हम एक ही गुरुकुल के भाई-भाई। उनके बैच का साल पूछते हम लोग उनके साथ शहर की रंगत लेने बाहर निकल लिए।

तेज़ रफ़्तार में बहता काबुल दरिया का मज़े का चौड़ा पाट। पुल से दीखता दामनी धरती का निखार, मस्जिद की ऊँची मीनारें, बाग़ानी ढलान का नज़ारा, पहाड़ों के उतार-चढ़ाव का बर्फ़ीला किनारा, उनके ऊपर नीली गहराई वाले आसमान पर खुदरे बादल, नया और हमारे लिए एक और नया शहर, बाज़ार छोटे, कम आबादी के बावज़ूद भीड़-भाड़ ज़्यादा। बढ़ते गए, देखते गए—फर्राटा मारते स्कूटर, अफ़ग़ानी लिबास में आते-जाते बेफ़िकर अफ़ग़ानों के बीच-बीच में सचेत एक-दो पतलून-क़मीज़ और टाई वाले भी, मुलुक से आए सैलानियों की गाड़ियों-टैक्सियों का रेला, खुले डाले वाली लम्बी रूसी जीपों के फ्रेम से कसी स्टेपनी, झमाझम-झमकती मोटोर और ट्रक, घोड़े वाले ताँगे और खड़खड़े, रिहाइश के बीच से दीखते ऊँचे दरख़्त, सड़क किनारे ज़मीन पर लगी फल-सब्ज़ी, कपड़े, जूते-चप्पल की थोड़ी देर के लिए लगने वाली फौरी दुकानों की क़तार में लक्कड़ वाले चूल्हे पर चढ़ी बड़ी कड़ाही में छन रही जलेबी, बड़े तावे पर सरे राह सिंक रही बड़ी मोटी रोटियाँ, और सामने के चौराहे पर लगा ऊँचे मास्ट पर फरफराता पश्तूनी परचम।

आते-जाते लोगों में शामिल इक्का-दुक्का सिखों को देख पता करने पर पता चला ये रोज़गार की तलाश में आए हिन्दुस्तानी सिख नहीं, ये हैं अरसे से यहीं रह रहे मुक़ामी बाशिन्दे। रहते तो यहाँ हिन्दू भी हैं मगर कम तादाद में। हमारी सोच के उलट, यह जानकर अचरज हुआ कि इनमें आपस में और मन्दिर-गुरुद्वारे में सीधी तरह से बनती नहीं। इनके बीच तालमेल बैठाने का काम करते हैं कांसुलेट के लोग।

---

* 'तोरा-बोरा' की ये पहाड़ियाँ अब ज़्यादा जानी जाती हैं वहाँ की गुफाओं में ओसामा-बिन-लादेन का ठिकाना रहा होने की वजह से।

गुरुद्वारा चश्मा साहिब

अगले दिन यानी 16 अप्रैल, 1977 को मलिक साहब ने इन दिनों यहाँ चल रहे बैसाखी मेले में श्याम जी के 'हठ योग' का प्रोग्राम लगवा दिया। तय वक़्त पर वहाँ पहुँचकर हमने देखा गुलज़ार मेले का मंज़र। मिठाई, चाट, रोटी, फलों और कपड़ों की दुकानें। अपने यहाँ के 'गँवई मेले' जैसा नज़ारा। भीड़-भाड़ के चलते ज़मीन पर उड़ती गर्द। टैक्सियों की क़तार। पास-पड़ोस के इलाक़ों के अलावा, काबुल-कंदहार जैसे दूरदराज़ शहरों से जुटे सिख और हिन्दुओं का जमावड़ा। एक बड़े पंडाल में डेरे में चल रहा लंगर, पाँति पर पाँति लंगर छक रहे श्रद्धालु। आदमी-औरत-बच्चे सब के सब प्रसाद बनाने, पूछ-पूछकर इज़्ज़त और विनम्रता से परोसने, खाकर उठ चुके लोगों के जूठे बर्तन माँजने और नई पंगत बिठाने में मगन।

पहुँचते ही मेले के कर्ता-धर्ता 'सिंह साहबान ने लपककर हमें हाथोहाथ लिया। कोकाकोला और फैंटा की बोतलों के ढक्कन भक्क-भक्क उड़ाकर पीने के लिए पेश, और हम देखने लगे बोतलों की साइज़, अपने यहाँ की बोतलों से सवाया। पंजाब-हरियाणा के इलाक़ों से लेकर यहाँ तक खाने-पीने की कोई भी चीज़ थोड़ी-सी ही नहीं हो सकती, चाहे लस्सी का गिलास हो, कोकाकोला, मक्खन का गोला या कुछ और, जो कम खाए-पिए वो कैसा मरद! आवभगत के साथ-साथ एक बुज़ुर्ग 'सिंह साहबान' उस जगह की महिमा बताने लगे।

> 'मक्का की यात्रा से लौटते हुए गुरु नानक देव जी ने शहर से क़रीब आठ किमी. दूर जलालाबाद से काबुल जाने वाली सड़क के पास एत्थे इत्थे डेरा डाला। लम्बे सफ़र में पैदल चलने की थकावट से उन्हें प्यास लग गई। आसपास पीने का पानी कहीं मयस्सर नहीं, लेकिन उनके प्रबल तपोबल से उनकी प्यास बुझाने के लिए वहीं धरती से एक चश्मा फूट पड़ा। गुरु के चश्मे की पाकीज़गी के प्रति गहरी श्रद्धा रखने वाले सिख-पंथियों ने उस चश्मे को घेरकर एक कुंड में तब्दील कर दिया। इस तरह यह चश्मा सिखों का एक पवित्र तीर्थ बन गया। फिर, यहीं एक गुरुद्वारा भी बनवाया गया जिसे 'गुरद्वारा चश्मा साहिब' नाम से जाना जाता है। हर साल बैसाखी के मौक़े पर यहाँ एक हफ़्ते का मेला लगता है। हमारे-आपके दोनों के बड़े नसीब जो इस मौक़े पर एत्थे पधारे।'

चाय-चु के बाद हमने उनके साथ जाकर कुंड का पवित्र जल सिर-माथे चढ़ाया। कुछ बच्चे कुंड में कूद-फाँद मचाते रहे और उनके माता-पिता उन्हें ऐसा करने से मना करते रहे। सामने के शामियाने में रूमाल से सिर ढके गुरुभक्तों की क़तार

गुरुद्वारे में माथा टिकाने को बढ़ती हुई। एक-एक कर माइक से पुकारे आ रहे गुरुद्वारे में भेंट-दान-दशमांश चढ़ाने वालों के नाम। बाहर श्याम जी के करतबों का तमाशा देखने को बेक़रार हुजूम। उन्हें सँभालते-रोकते पुलिस वालों का घेरा। और घेरा तोड़कर आगे बढ़ आने की लोगों की जद्दोजहद। उधर एक रंग-बिरंगे कपड़ों में सजा लड़का धक्का खाकर कुंड में जा गिरा, बाहर निकलकर तरबतर कपड़ों में मुँह लटकाए एक किनारे खड़ा हो गया।

पंडाल के आगे तरतीब से लगी कुर्सियों पर मलिक साहब, चतुर्वेदी जी, कांसुलेट के अधिकारी-कर्मचारी और उनके परिवार के मेम्बरान, सिंह साहबान, सेवादार और हम लोग अपनी-अपनी जगह पर बैठ गए। पुलिस वाले अपनी जगह तायनात मुस्तैद। तमाशा शुरू होने में थोड़ी ही देर। देखने वाले बेचैन। माइक सँभाले दरबारा सिंह बार-बार ऐलान करने लगे—

> 'बोले सो निहाल, सत सिरी अकाल। बोले सो निहाल, सत सिरी अकाल। भाइयो और बैनो पहलवान जी का कार्यक्रम शुरू होने का वक़्त जल्द आने वाला है। आप सभी लोकां से बिनती है कि आप अपनी-अपनी जगह सांती से बैठ जाइए।'

और तभी, ऐन मौक़े पर श्याम जी लगे कसमसाने, कभी इधर देखें कभी उधर। हमने इशारों-इशारों में जानना चाहा कि माज़रा क्या है। वे देखते और अनदेखा कर देते। उनके पास जाकर सरगोशी से पूछने पर पता चला मामला बहुत बुनियादी है। उन्हें उसी वक़्त ज़रूरत पड़ गई थी शंका-समाधान की लेकिन रह-रह कर उमड़ती भीड़ के रेले के बीच से रास्ता निकालकर वे टॉयलेट जाएँ कैसे, और किसी से कहते भी न बने। आख़िरकार लाज-संकोच छोड़कर उन्हें पुलिस वालों की मदद लेनी पड़ी। जब तक श्याम जी वापस आते मेरे पूछने पर बगल में बैठे सिंह साहबान से इस इलाक़े में सिखों के बसने के बारे में बताया।

> 'इस मुल्क में, सबसे ज़्यादा सिख काबुल, कंदहार और जलालाबाद में रहते हैं। सबसे पहले कारोबार के सिलसिले में यहाँ आए खत्री-सिख कॉलोनी बसाकर रहने लगे। उनके बाद और भी सिख और हिन्दू वक़्त-वक़्त पर आते और यहीं बसते रहे। ये लोग पंजाबी और हिन्दी के अलावा 'दरी' और 'पश्तो' भी धड़ल्ले से बोलते हैं। अठारहवीं शताब्दी में यहाँ की दुर्रानी बादशाहत के ख़िलाफ़ 'सिख मिस्ल' की लड़ाई की वजह से तनाव पैदा हुआ। उन्नीसवीं शताब्दी में अफ़ग़ानों के ख़िलाफ़ चली लड़ाई में भी सिखों ने अंग्रेज़ी सेना में हिस्सेदारी की। पहले वाली बात तो अब रही नहीं, फिर भी, हमारे लोकों का कुछ असर अभी भी

क़ायम है। हमारी कमिटी हर साल यहाँ बैसाखी मेला ऑर्गेनाइज़ कराती है। आज भी इस बिरादरी के 'जय सिंह फनी' का ख़ासा रसूख़ है जो यहाँ से चुने गए पार्लियामेंट-मेंबर भी हैं।'

श्याम जी के लौटते ही भीड़ एक बार फिर से ज़ोर से कसमसाई और वे हल्के मिज़ाज से मुस्कुराते हुए अपने पुराने रंग में आ गए। दरबारा सिंह ने फिर से माइक सँभालकर 'सांती' क़ायम रखने की अपील दोहराई-तिहराई।

'लल्लनटॉप' रहा प्रोग्राम

फिर, तमाशा शुरू हुआ, दरबारा सिंह की छोटी-सी तक़रीर के साथ। पहले हिन्द से आए श्याम जी और उनके हठयोगी करतबों के बारे में बताया, उसके बाद उन्हें रस्मी तौर पर प्रोग्राम के लिए स्टेज पर इन्वाइट किया। अबकी बार, अब तक 'सांती' की अपील के बावजूद शोर मचा रहे बेक़ाबू हुए जाते लोग हैरतअंगेज़ अन्दाज़ में क़ायदे से बैठ गए। सबकी निगाहें स्टेज पर जम गईं।
जब श्याम जी अपने ख़ास अन्दाज़ में स्टेज पर धमकते हुए उतरे तो स्टेज के पटरे चरमराने लगे। फिर उन्होंने हाथ में थामे फ़ुटबाल के ब्लैडर को नाक में लगाकर फुलाना शुरू किया। हर बार उसमें फूँक भरते हुए ऐसा बैठते-उठते जैसे कोई पहलवान 'स्लो मोशन' में उट्ठक-बैठक लगा रहा हो। फ़ुटबाल के ब्लैडर में नाक से इतनी हवा भरते जाना कि फूलते-फूलते फूट जाए कोई मामूली बात नहीं। लेकिन गोरे-गोल जिस्म पर चड्ढी कसे, उठते-बैठते, दम भरते श्याम जी ऐसे मसखरे लगते कि उनके हर झटके के साथ सारा हुजूम बेतरह हँस पड़ता।

फिर, ज्यों-ज्यों ब्लैडर फूलकर बड़े से और बड़ा होता गया, लोगों के चेहरे और आँखों में हँसी की जगह हैरत की लकीरें उभरने लगीं। और उधर ब्लैडर फूलता गया, फूलता गया, और आख़िर में एक झटके में फूटकर रॉकेट की माफ़िक़ सामने तमाशबीनों के बीच में जा गिरा। पूरा ग्राउंड तालियों की तड़तड़ाहट से गूँजने लगा और श्याम जी जंग-जीतू अन्दाज़ में मंच से सटे, परदा डालकर बनाए गए, ड्रेसिंग रूम की ओर बढ़ लिए। तमाशबीनों का एक रेला उनके पीछे टूट पड़ा। सेवादारों और पुलिस ने बड़ी मुश्किल से उन्हें सँभाला। फिर, लोग ज़ोर-ज़ोर से आपस में बोलने लगे। ज़्यादातर लोग श्याम जी के दम की तारीफ़ करने लगे, तो वहीं कुछ लोगों को ब्लैडर में खोट नज़र आने लगा। दरबारा सिंह फिर से 'सांती' से बैठने की अपील करने लगे।

इस बार अपनी कम्पनी 'मोहन मेकिंस' के 'एम्ब्लेम' वाली गहरे नीले रंग की, इन्हीं मौक़ों के लिए सिलाई गई, चमचमाते गाउन जैसी लिबास में श्याम जी को

मंच पर आते देख एक बार फिर से हुजूम में सन्नाटा उतर आया। इस बार वे बिजली की रोशनी देने वाला ट्यूब लाइट खाकर दिखाएँगे, माइक पर यह बताए जाने पर लोगों को यक़ीन नहीं हुआ। वे मंच के क़रीब से क़रीब आने के फेर में एक-दूसरे पर गिरने लगे। श्याम जी के हाथ में शीशे का ट्यूब थमाए जाते देख सबके सब सन्न हो गए। दरबारा सिंह, मलिक साहब, चतुर्वेदी जी सहित सभी। औरतों ने अजीब-सा मुँह बना लिया।

मंच के एक सिरे से दूसरे तक धीमे-धीमे क़दम रखते श्याम जी ने सबको हाथ की ट्यूब लाइट उठा-उठाकर दिखाई, फिर बीच-बीच में रुककर एकाएक एक घुटना उठाकर दोनों हाथों से उसी पर झटके से दे मारी। फचाक-फिच्च की आवाज़ के साथ टूटने के साथ उसकी किरचें कुंड में और मंच पर छितरा गईं। उनके हाथों में रह गए टूटी ट्यूब के दो हिस्से। तभी उन्होंने दोनों हिस्से एक साथ मुँह में घुसाकर उन्हें पापड़ की तरह चबाना शुरू कर दिया। औरतों का मुँह कड़ुआ हो गया, कुछ के दाँत पर दाँत चढ़ गए और मुँह खुले रह गए। कुछ लोगों से देखा नहीं गया और उन्होंने आँखें मींच लीं या मंच से परे फेर लीं।

कुछ लोगों को लगा—ट्यूब शीशे की नहीं शक्कर की बनी होगी। बहुतों को लगा नज़रबन्दी का खेल है। वरना, कोई आदमी शीशा कैसे चबा सकता है। फिर माइक से उठकर आ रही शीशा चबाने की कड़कड़ाहट से ग़फ़लत में पड़ जाते। उधर ट्यूब चबाने का आइटम ख़तम हुआ, इधर तमाशबीनों की नज़रबन्दी टूटी, खुसफुसी बढ़ी और पहले से दूनी तेज़ी से उनका एक रेला 'ड्रेसिंग रूम' की ओर दौड़ पड़ा। श्याम जी के जादू में बँधे सेवादार, वालेंटियर और पुलिस वालों ने दूने जोश से भीड़ रोकने के लिए जवाबी पैंतरा बदला।

कुछ ही देर में तीसरे आइटम के तहत श्याम जी मंच पर पीठ के बल लेट गए। उनके सीने पर एक गद्दीदार रज़ाई जैसा कपड़ा फैलाकर उसके ऊपर एक वज़नी पत्थर रखा गया। फिर दो तगड़े जवान हाथों में बड़े-बड़े हथौड़े से पारी-पारी से पत्थर तोड़ने जुट गए। जैसे ही एक वार पड़ता श्याम सीना फुला लेते। अगला वार पड़ने से पहले एक साँस भरकर अगले तक फिर से फुलाए रहते। हर वार के साथ मंच ऐसा चरमराता मानो टूटकर धसक जाएगा, लेकिन ऐसा हुआ नहीं। आख़िर, पत्थर टूटकर टुकड़े-टुकड़े बिखर गया। श्याम जी खेल दिखा रहे किसी नट के माफ़िक़ उछालकर मुस्कुराते हुए मंच पर खड़े हो गए।

दिलो-जान से उन पर निसार अब तक भौचक्का होकर एकटक ताक रहे तमाशबीन अपने आप में आकर, दौड़-दौड़ के मंच पर अफ़ग़ानी रुपयों की निछावर चढ़ाने लगे। सेवादार रुपए बीन-बीनकर एक जगह सिरजकर रखने लगे। और दरबारा सिंह

माइक सँभाले अपनी बुलंद आवाज़ में मंच पर बैठे आला मेहमानों की ओर से बढ़-चढ़कर दिए जा रहे इनामों का ऐलान करते रहे। मलिक साहब और कांसुलेट के साथियों के चेहरे सुकून और ख़ुशी से लबरेज़ हो उठे।

जैसा सोचा था वैसा ही 'लल्लनटॉप' रहा श्याम जी का पूरा प्रोग्राम, मुला ओहिके बाद श्याम जी आपै आप हमरे बगल में न आय गे होतैं तो हमका पूछै वाला हुँआ कोऊ न रहा।

बुद्ध की हड्डियों वाला 'हड्डा'

श्याम जी के प्रोग्राम के बाद हमारा भाव और बढ़ गया। कांसुलेट के अधिकारी उन्हें अपने घर आने का न्योता देने लगे, उनके साथ मुझे भी बुलाया जाता सो घलुए में। हिन्दुस्तानी खाने-पीने का परमानन्द, सुबह का नाश्ता किसी के घर तो दोपहर का खाना कहीं और, शाम की चाय एक घर तो रात का भोजन दूसरे घर। हमारी सेहत और मुहब्बत के नाम पर ढलते जाम पर जाम। शाकाहारी पेय वालों के प्यालों के सॉफ्ट ड्रिंक का सुरूर भी जाम जैसा ही चढ़ता।

एक शाम, मलिक साहब की रिहाइश पर हमारे अलावा, चतुर्वेदी जी और कांसुलेट के अधिकारियों का जमावड़ा जुटा। दुआ-सलाम के बाद ड्रिंक्स का दौर चलने के साथ एक ओर श्याम और बकाया सब। अलावा मलिक साहब के, जिनकी बगल में बैठकर मैं सॉफ्ट ड्रिंक की चुस्की लेने लगा। मेरे घर-बार के बारे में जानने के साथ उन्होंने बातों का सिलसिला बढ़ाकर एम.ए. में मेरे सब्जेक्ट और रिसर्च-टॉपिक की जानकारी चाही। 'एंशिएंट हिस्ट्री' और 'पुरातत्त्व' की मेरी पढ़ाई में गहरी दिलचस्पी दिखाई, उनकी बातों से इतिहास में उनकी गहरी पैठ का पता चला।

मलिक साहब ने अपना गिलास दोबारा भरने से पहले मेरा गिलास भरा। फिर, चुस्की लेते हुए नए सिरे से बात उठाई पश्तूनों के आज़ादी-मूवमेंट और पश्तूनिस्तान की। इस मुद्दे पर इधर-उधर जितना पढ़ा था उससे हासिल थोड़ी-मोड़ी जानकारी की बदौलत जो कुछ भी बोल सका उससे उनके चेहरे पर उभरे सहमति के भाव देख सुकून मिला। और जब मैंने 'नेशनल जियोग्राफिक' में पढ़े एक लेख के बूते टर्की, इराक और ईरान में चल रहे कुर्दों के 'कुर्दिस्तान-मूवमेंट' की भी बात की तब तो उन्होंने खुलकर मेरी जानकारी की तारीफ़ करते हुए ख़ुशी का इज़हार किया। देर रात तक चले डिनर के बाद चतुर्वेदी जी हमें हमारे ठिकाने तक छोड़ने आए।

अगले दिन मलिक साहब ने हमें हड्डा का बौद्ध विहार दिखाने का इंतज़ाम किया। साथ चल रहे एक जानकार बताते चले—

'लोकल लोग नांगरहार या निंगरहार लफ़्ज़ की पैदाइश पश्तो भाषा के नंग-नाहिर (नौ धाराओं) से और इन धाराओं को 'सफ़ेद कोह' से निकला मानते हैं। चीनी वार्षिक-वृत्तान्त में इसका नाम नांग-गो-लो-हो बताया जाता है। जबकि कुछ लोग नव-विहार (नौ विहार) बताते हैं।

आज से क़रीब ढाई हज़ार बरस पहले यह इलाक़ा फ़ारस-हुकूमत के 'दारा प्रथम दारयवहु' या 'डेरियस फ़र्स्ट' के ताबे में आया (518-486 ईसा पूर्व के बीच कभी) और अगले लगभग दो सौ साल से कुछ कम समय तक उनके एक सूबे (गांधार छत्रपी) का हिस्सा रहा। जब तक यहाँ के लोग कुछ सँभल पाते, क़रीब साठ साल बाद (326 ईसा पूर्व के आसपास) आ गया यूनानी हमलावर सिकन्दर। उस वक़्त इस इलाक़े की कुनार घाटी और आगे रह रहे अश्वकों ने यूनानी फ़ौजों से ज़बरदस्त जंग लड़ी, लड़ते-लड़ते मिट गए लेकिन दुश्मन को भी अपनी बहादुरी के घावों का ज़ायका चखा गए। उसके बाद यूनानी राजा सैल्युकस को हराकर मौर्य सम्राट चन्द्रगुप्त ने पूर्वी फ़ारस सहित यहाँ तक का हिस्सा अपने राज्य में मिला लिया। फिर, कुषाणों के राज्य में रहा। हिन्दू राजा जयपाल को हराकर ग़ज़नवी फिर ग़ोरी, ख़िलजी, लोदी और मुग़ल। सन् 1747 ई. में दुर्रानी क़ाबिज़ हुए। इसके बाद अफ़ग़ानिस्तान पर क़ब्ज़े के लिए ब्रिटिश लड़ते ही रहे।

हड्डा पहुँचकर भी कांसुलेट वाले साथी बताते रहे—

जलालाबाद से 10-12 किमी. की दूरी पर दक्षिण में स्थित इस साइट पर सन् 1930 ई. और उसके बाद कराई गई खुदाइयों में मिट्टी, प्लास्टर (स्टको) और 'सिस्ट पत्थर' से बनी हज़ारों मूर्तियाँ मिली हैं, जो काबुल, पेरिस और दुनिया के कई और म्यूज़ियमों के कलेक्शन में देखी जा सकती हैं। इनके चेहरे-मोहरे और नैन-नाक-नक्श पर ग्रीक और भारतीय बौद्ध-प्रतीकों का मिला-जुला असर साफ़ दिखता है। आज से पहले दो हज़ार से सत्रह सौ साल के बीच और उससे कुछ बाद तक के इन 'एंटीक पीसेज' को देखकर लगता है कि इन्हें ग्रीक-आइकोनोग्राफी की बारीकियों की वाक़िफ़ियत रखने वाले संगतराशों ने बनाया होगा। इसी बिना पर इन्हें ग्रीक नक्काशों द्वारा ही गढ़े जाने की बात की जाती है।

मशहूर चीनी यात्रियों फाह्यान (399-414 ई. के बीच, आज से क़रीब 1,600 साल पहले), ह्वेनत्सांग (630 ई., आज से क़रीब 1,400 साल पहले) और सांग युन (520 ई., आज से क़रीब 1500 साल पहले) ने

> नांगरहार के बौद्ध-विहारों और हड्डा में बुद्ध के 'कपाल' और रिमेंस के संचित और पूजित होने का ज़िक्र किया है। इस जगह का नाम हड्डा* पड़ने के पीछे यही वजह बताई जाती है, मतलब ऐसी जगह जहाँ बुद्ध की हड्डियाँ (हड्डका, हड्डिका, अस्थि अवशेष) रखी हों।

हड्डा गाँव के बाहरी सिरे के टीले पर इस दौरान भी चल रही फ्रेंच पुराविदों की खुदाई के बारे में चर्चा सुनते हुए जगह-जगह बौद्ध-मूर्तियों के टूटे-फूटे यहाँ-वहाँ रखे अवशेष और खुदाई से निकले स्तूपों के रिमेंस देखते रहे। ऊँची-नीची ज़मीन, पहाड़ियाँ, कुछ दरख़्त और दूर के ऊँचे पहाड़ों पर चमकता बर्फ़ीला फैलाव, कुल मिलाकर बेहतरीन नज़ारा।

श्याम जी देखने में कम, गपियाने में ज़्यादा लगे रहे। मुझे यहाँ आकर मूर्ति-विज्ञान न पढ़ पाने की कसक होने लगी, पढ़े होते तो इतनी ऐतिहासिक जगह पर आने के रोमांच के साथ उनकी ख़ासियतों को ज़्यादा अच्छी तरह से समझ पाते। फिर भी, उनके मोटे लहियादार कपड़े-लत्ते, सुरा-पात्र और वाद्य-यंत्र, घुँघराले बाल, दाढ़ी और मूँछें, ग्रीक देवता एटलस, सबके सब ग्रीक फ़ीचर।

हड्डा से लौटने पर मलिक साहब अपने ऑफ़िस में हमारा इन्तिज़ार करते मिले। मिलते ही मुस्कुराकर जानना चाहा—"यहाँ नौकरी करोगे, बहुत अच्छी सैलरी, पर्क्स और फैसिलिटीज़ मिलेंगी। जैसी हम लोगों को मिलती हैं।"

सुनकर जिसे कहते हैं 'जियरा जुड़ाय जाना', वैसा हुआ। सोचने लगा, 'इसे कहते हैं मनचाही मुराद मिलना! इसी उधेड़बुन में तो कुढ़ता रहा, बेरोज़गारी में कैसे और कब बनेगी अपने मिलने की साइत। और इतनी जल्दी बन गई यह लगन, ये तो ग़ज़ब ही हो गया। इससे बढ़कर और क्या हो सकता है! नौकरी मिल जाए तो हम दोनों के साथ-साथ ज़िन्दगी गुज़ारने, गुज़ारे और घूमने की मौज ही मौज।' झट से हाँ कह दी।

मलिक साहब ने मुझसे 'भारत सरकार' में काम कर रहे दो रिश्तेदारों के नाम, ओहदे और डिपार्टमेंट की जानकारी नोट कर ली और इस बारे में श्याम को अभी कुछ न बताने की ताक़ीद देकर जल्द ही 'अपॉइंटमेंट लेटर' देने की बात कही।

---

* 1977-78 में यहाँ चल रही खुदाई में मिले कुछ मिट्टी के बर्तनों पर लिखे लेखों से आज से 1700-1600 साल पहले भी इस जगह का नाम 'हड्डा' और यहाँ कई 'बौद्ध-विहार' रहे होने की पक्की तस्दीक़ हो चुकी है। Zemarylai Tarzi, Richard Saloman, and Ingo Strauch 2015. 'An Inscribed Bowl from Terrace 57 at Tepe Sotor, Hadda', Journal of The International Association of Buddhist Studies, Volume 38 : 139-90.

डेरे पर लौटकर सबसे पहले वही किया मलिक साहब ने जिसे ना करने की ताक़ीद की थी। देखो ना! जिस काम को न करने को कहा जाए, वही करने को ज़्यादा मन करता है। श्याम ने मेरे चेहरे के भाव पढ़कर जानना चाहा—"क्या बात है यार! बड़े ख़ुश नज़र आ रहे हो?" और, बड़ी देर से जो कहने को मन-ही-मन कुलबुला रहा था झट से बोल गया, मलिक साहब के नौकरी वाले ऑफर के बारे में। यह सुनकर वे भी चहकने लगे—"बड़ा अच्छा मौक़ा हाथ आया है। पठानों जैसी क़द-काठी और छिदरी दाढ़ी देखकर मलिक साहब को लगा होगा इन लोगों में आसानी से घुल-मिल जाओगे। मगर इस नौकरी में काम क्या करना होगा?" फिर, थोड़ी देर सोचते रहकर बोले—"जो भी हो, यह नौकरी तुम्हें कर ही लेनी चाहिए। इतनी आसानी से मिलती कहाँ है और तुम्हें इस समय उसकी ज़रूरत भी है।"

मदमाती जुगणी पहुँच गई चीन और...

जाने कहाँ का रिश्ता लपेट लिया श्याम जी ने कांसुलेट वाले सरदार जी से, अभी पता नहीं। लेकिन उसी बिना पर—'तेनू-मेनू इत्थे-उत्थे' बोलते-चालते वे उन्हें मामा जी पुकारने और सरदार जी सुनकर मुस्कुराने लगे हैं। लगता है वे श्याम की माताजी के पाकिस्तान वाले पुश्तैनी गाँव के रिश्ते से कहीं से जुड़े हैं। सो नहीं गए होते तो इस बारे में उनसे पता कर लेते। मलिक साहब और चतुर्वेदी जी तो पहले से ही हम पर मेहरबान हैं, अब 'दार जी' भी ख़ास हो गए। ऐसे में कांसुलेट की तरफ़ से हमारी हर ख़्वाहिश पूरी करने की पूरी कोशिश होने लगी है। बरसों से 'ख़ैबर दर्रा' देख पाने के मेरे ख़्वाब की ख़बर मिलते ही वे लोग जुगाड़ लगाने में लग गए। ये बात मलिक साहब तक पहुँची तो उन्होंने बताया—"दर्रे का असली हिस्सा पाकिस्तानी साइड में पड़ता है इसलिए वहाँ तक जा पाना किसी तरह मुमकिन नहीं। हाँ, पाकिस्तान-अफ़ग़ानिस्तान की सरहद पर पड़ने वाली, तोरख़म-पोस्ट तक का इधर का हिस्सा देखा जा सकता है।"

हमारी बातें सुन रहे, किसी काम से वहाँ आए, एक पठान ने आगे बढ़कर पहाड़ों और वादियों के बीच से जाने वाले रास्ते से उस पार के दर्रे तक ले जाने की पेशकश की। यह सुनकर हमें चुप और पसोपेश में पड़ा देखकर बोला—"पठानों की हुकूमत चलती है वहाँ। उनके मेहमान को कोई छू भी नहीं सकता।" मेरा मन उचका अपनी दिली ख़्वाहिश पूरी कर लेने को। मगर मलिक साहब ने समझाया—"पठान बाचा एक बार कहकर पीछे नहीं हटता, फिर उसके साथ रहने पर हिफ़ाज़त की भी चिन्ता नहीं। लेकिन ऐसा करना ख़तरे से ख़ाली नहीं।

पाकिस्तान के अन्दर पकड़े जाने पर हिन्दुस्तान की ओर से जासूसी करने का इल्ज़ाम भी लग सकता है। इसलिए तोरख़म तक ही घूम आना बेहतर होगा।" उनकी सलाह के मुताबिक़ अगली सुबह सफारत की तिरंगे झंडे वाली लक-दक कार हमारी ड्यूटी पर लगा दी गई।

जलालाबाद से निकलकर कुछ दूरी तक काबुल घाटी, फिर सूखे सफ़ेद कोह के उत्तरी हिस्से पर चढ़ गए। ऊबड़-खाबड़ उजाड़ सूखी पहाड़ियों और कटानों के बीच कहीं-कहीं चश्मों की धार के अगल-बगल हरियाले टुकड़ों के बीच से गुज़रते, रूस और जर्मनी की मदद से सैकड़ों एकड़ ज़मीन पर डेवलप किए गए, माल्टे के बाग़ान देखे। फिर, काबुल दरिया के दाएँ बाजू हरी-भरी घाटी में दोनों बगल लम्बे-लम्बे चक वाले खेत, एक खेत से निकल रही बैलों की जोड़ी, किसान और पापलर के दरख़्त दिखने लगे। आगे बढ़कर पोस्ते की खेती की जानकारी लेने की ग़रज़ से एक जगह ठहर गए।

अक्टूबर-नवम्बर के महीनों में बोई गई फ़सल में इस वक़्त सफ़ेद, लाल और हल्के बैगनी रंग के फूलों के बीच, हरे-हरे अंडाकार (बैज़ावी) फल लगते दिखे। इतने ऊँचे पोस्ते के पौधे और उन पर लगे इतने बड़े फल (डोडा) पहले कभी नहीं देखे। इस वक़्त डोडों पर नश्तर से लगाई गई खरोंचों से निकलकर जम चुका गाढ़ा रस (दुधलासा) खुरचते हुए, हाथ में लोहे की पत्तर से बने कछौटे लिए लड़के, औरतें और मर्द। उधर दूसरी ओर एक और टोली ताज़े डोडों पर चीरे लगाने में मशगूल, चीरों से निकलने वाला लसलसा दूध भी कुछ घंटों में खुरचने लायक़ हो जाएगा। यही खुरचन होती है कच्ची अफ़ीम जिसकी ख़रीद-फ़रोख़्त का क़ानूनी अख़्तियार हुकूमत के हाथ होने के बाद भी दुनिया भर में चोरी-छिपे होने वाली इसकी तस्करी किसी के क़ाबू में नहीं आती।

दुनिया में पोस्ते जैसे किसी दूसरे मादक पौधे का इतना पुराना इतिहास और ऐसा कर्रा कारोबारी मुक़ाबला होता होगा जिसके चलते दुनिया के बड़े मुल्कों में जंग तक होने लगे मेरी जानकारी में नहीं। आज से कोई सात हज़ार साल के पहले से ही, भूमध्य सागर के आसपास, इसके फल-फूल, पौधे, पत्ती और रस का इस्तेमाल खाने, बेहोश करने और अनुष्ठानों में होने लगा। यूरोप में मिले इसके दाने 6,000 साल से भी ज़्यादा पुराने आँके गए हैं। अन्दाज़न 5,500 बरस पहले, मेसोपोटामिया में इसकी खेती होने लगी। सुमेरिआ (इराक) में 'हुल गिल' (आनन्ददायक पौधा) कहे जाने वाले इसके फल से रस (अफ़ीम) निकालने का ज़िक्र मिलता है। क़रीब 3,300 बरस पहले प्रोडक्शन और सेवन के साथ इसे ग्रीस सहित यूरोपीय देशों को एक्सपोर्ट किया जाने लगा। मिस्र में इसका इस्तेमाल आमतौर पर पुरोहितों, जादूगरों और फ़ौजियों की ही पहुँच में आ पाया।

ग्रीस में मिली आज से क़रीब तीन हज़ार तीन सौ साल पुरानी एक तसवीर में पहचानी गई 'नशे की देवी' (गॉडेस ऑफ़ नारकोटिक्स) के सिर पर तीन पोस्तों का मुकुट और हाथ में अफ़ीम पीने वाला पाइप है। कुछ ग्रीक देवताओं जैसे निद्रा-देव, रात्रि-देव, मृत्यु-देव वग़ैरह को भी पोस्ते के साथ या हाथों में पोस्ता लिए दिखलाया गया है। दर्द से निजात पाने और मरीज़ों को लम्बे समय के लिए बेहोश करके ऑपरेशन करने के लिए अफ़ीम का इस्तेमाल किए जाने का ज़िक्र पाश्चात्य चिकित्सीय किताबों में मिलता है। बाद में दुनिया के बड़े हिस्से के लोगों में मज़े-मस्ती के लिए अफ़ीम पीकर पिनकने की लत बढ़ती गई और फिर काफ़िलों के साथ घूमती-घामती यह 'मदमाती जुगणी' पहुँच गई चीन और हिन्द तक। मुग़ल बादशाह बाबर को माजून (अफ़ीम) की पार्टियाँ बहुत पसन्द थीं। इसी ख़ानदान का बादशाह जहाँगीर भी अफ़ीम का लती था।

अफ़ीम के कारोबार में लगी 'ईस्ट इंडिया कम्पनी' ने बनारस के पड़ोसी ज़िले ग़ाज़ीपुर सहित उत्तरी भारत में इसकी खेती को ज़बरियन बढ़ावा देकर अफ़ीम की फ़ैक्ट्रियाँ खोल दीं। इनमें पैदा होने वाली अफ़ीम की बड़ी-बड़ी खेपें चीन भेजी जाने लगीं। उधर अफ़ीम की पिनक में पिनपिनाते अपने लोगों से आजिज़ चिंग-वंशी चीनी राजा ने 1839 में अपने यहाँ इसकी ख़रीद-फ़रोख़्त पर पाबन्दी ठोंककर पश्चिमी कारोबारियों की 2.66 मिलियन पौंड क़ीमत की क़रीब 1,200 टन से भी ज़्यादा अफ़ीम ज़ब्त कर ली। इसका जवाब दिया ब्रिटिश सरकार ने जहाज़ी बेड़ों के हमले में चीन को शिकस्त देकर उसे 1842 में सुलह करने पर मजबूर करके। इतिहास में यह लड़ाई 'फ़र्स्ट ओपियम वार' के नाम से दर्ज हुई। यह सुलह भी ज़्यादा दिन नहीं चल सकने की वजह से, 1856-1860 तक छिड़े 'सेकंड ओपियम वार' में फिर से चीन को हराकर अंग्रेज़ों ने हांगकांग हथिया लिया। नतीजतन चीन में अफ़ीम की मनचाही खेपें पहुँचती-खपती रहीं और माओ त्से तुंग के पावर में आने तक चीन की बड़ी आबादी मदकची बने रहने के लिए अभिशप्त रही, जबकि हांगकांग आज भी गौरांगों के ताबे में बना हुआ है।*

ईरान में पोस्ते की खेती पर रोक लगने के बाद वहाँ अफ़ीम भेजकर अच्छी कमाई के लालच में 1955 के आसपास अफ़ग़ानिस्तान में शुरू हुई बड़े पैमाने पर इसकी पैदावार की सप्लाई यूरोप, उत्तरी अमेरिका और दूसरे कन्ट्रीज तक पहुँच गई। अफ़ग़ानिस्तान के अलावा पाकिस्तान, उत्तरी भारत और बर्मा में आज भी इसकी खेती अभी भी चल रही है। काले सोने के नाम से मशहूर इसकी क़ीमत के आगे

---

* अफ़ग़ानिस्तान की 1977 में की गई प्रश्नगत यात्रा के बीस साल बाद ब्रिटिश सरकार ने, जून 30, जुलाई 1, 1997 को, 'विशेष प्रशासनिक क्षेत्र' (एचकेएसएआर) के रूप में 'हांगकांग', औपचारिक रूप से, पीपुल्स रिपब्लिक ऑफ़ चीन को सौंप दिया।

असली सोने की चमक भी फीकी पड़ चुकी है। दवाओं में कच्ची अफ़ीम मिलाने, मिठाइयों और ठंडई में पोस्ते के बीज डालने, बीज से तेल निकालने और पोस्ते के पत्तों की सब्ज़ी बनाने का चलन आज भी ख़ूब देखने को मिलता है, लेकिन सबसे ज़्यादा बोलबाला है नशे के लिए खपाई जा रही अफ़ीम और इससे बनने वाली मार्फ़ीन, कोकीन और मदक का।

ख़ैबर दर्रा : बरास्ते तोरा-बोरा, तोरख़म

दाएँ दिख रही काबुल दरिया की हरियाली घाटी के साथ बाएँ बाज़ू सटकर चलने लगे भूरे उदास पहाड़। उजाड़ पथरीली ज़मीन पर पसरी ख़ामोशी, दूर-दूर तक कोई आदमी नहीं। तोरा-बोरा पहाड़ियों में छोटी-छोटी गुफाएँ। सड़क पर इक्का-दुक्का आती-जाती, पीछे से खुली लम्बी ठस्सम-ठस ठँसी सवारियों वाली, टैक्सियाँ। साथ चल रहे कांसुलेट वाले साथी ने बताया—ख़ैबर दर्रे के अफ़ग़ानिस्तान वाले हिस्से में चल रहे हैं। जलालाबाद से 56 किमी. आगे आया, सड़क से कुछ ही दाएँ हटकर बताया गया, एक हिन्दू-मन्दिर (गर्दी घोस ज़िआरत)।

दक्षिण-पूरब रुख़ घूमकर पूरी तरह पहाड़ी पर बढ़ चले। ज्यों-ज्यों पाकिस्तानी बॉर्डर नज़दीक आने लगा, पहाड़ों के बीच का रास्ता तंग होता गया। दिखने लगे डेरा-डंडा, मुर्ग़ा-मुर्ग़ी, बर्तन-भाँडा लादे चलते ख़ानाबदोशों के ऊँटों के काफ़िले के साथ आगे-पीछे चल रहे तोड़ेदार बन्दूक लटकाए मुखिया। फ़ौजी सरगर्मी, बंकर और बुर्ज पर तैनात फ़ौजी और परेड करती टुकड़ियाँ देखते पहुँच गए दोनों ओर की पहाड़ियों के बीच के सँकरे हिस्से में अफ़ग़ानिस्तान की तरफ़ वाले तोरख़म-बॉर्डर पर।

सड़क के एक बगल मिट्टी की कच्ची ईंटों और कच्ची सपाट छत के सामने मेहराबदार बरामदे के पीछे चार-पाँच कमरों वाला ढाबेनुमा रेस्टोरेंट। उसके सामने बल्लियों पर चटाई का छाजन टिकाकर निकाले गए अहाते में पड़ी खाटों पर बैठकर खाते-पीते या आराम फ़रमाते ट्रक-टैक्सी ड्राइवर और सवारियाँ, सब के सब अफ़ग़ानी लिबास में और दस्तारबन्द। एक मझले दरमियानी दरख़्त के नीचे छप्पर से छाई गुमटी में लटकती तम्बाकू की पुड़ियाँ, चौकी पर सजी नसवार की डिबियाँ और एक पानी की टंकी। झमाझम रँगा-चुना सजा-सजाया आगे निकले डाले वाला एक ट्रक, कुछ कार और जीप वाली टैक्सियाँ। दूसरी बगल में अफ़ग़ान मिल्ली बैंक, कस्टम और पर्यटन ब्यूरो। फ़ौजी चौकी, कुछ वर्दीवाले फ़ौजी जवान और ऊँचे खम्भे पर लहराता अफ़ग़ानी झंडा।

दूसरी ओर आगे कुछ दूरी बाद पाकिस्तानी फ़ौज का बैरियर, उसके बगल वाली पहाड़ी पर उनकी चौकी और फहराते सफ़ेद चौड़े पट्टे के आगे तीन चौथाई हरे रंग के परचम पर कटा हुआ चाँद और पाँच कोंण वाला तारा। दूर से दीखते एक नोटिस बोर्ड पर लिखा—'वेलकम टू ख़ैबर पास' (ख़ैबर दर्रे में ख़ुश आमदीद)। अफ़ग़ानों के लिए दर्रे के भीतर जाने का किवाड़ और पाकिस्तानियों के लिए आख़िरी निकास। उस पार जाने की हसरत दिल में मसोसे, अफ़ग़ान और पाकिस्तानी बॉर्डर-पोस्टों के बीच क़रीब आधा फर्लांग के 'नो मैन्स लैंड' में शहतूत के दरख़्तों पर लग रहे फल-फूल देखते धीरे-धीरे आख़िरी सिरे तक टहलने का फील समेटते एक बार फिर सोचते रहे—'क़ुदरत के बनाए धरती-आसमान पर क़ब्ज़े करके सरहदें खींचकर कितनी बड़ी ज़्यादती की गई है। हमने ही अपने आपको बाड़ों में क़ैद कर लिया है वरना जहाँ चाहे बेधड़क आते-जाते, जहाँ चाहते डेरा डालकर रह लेते।'

तोरख़म से पाँच किलोमीटर ऊपर ख़ैबर दर्रे का 3,510 फ़ीट (1,070 मीटर) सबसे ऊँचा 140 मीटर चौड़ा हिस्सा ऊँचाई के लिहाज़ से कुछ ज़्यादा नहीं लेकिन इतनी तीखी चढ़ाई वाला है कि वाहनों की क़तारें बस रेंगती हुई सी चढ़ पाती हैं। इधर अफ़ग़ानिस्तान की तरफ़ ढलाव के बाद, क़रीब पन्द्रह किमी. तक का जो रास्ता हम देख पाए, मुश्किल नहीं लगा। तोरख़म से पहले और आगे पाकिस्तान में लांदी-कोटाल होकर पेशावर तक 33 मील (53 किलोमीटर) लम्बा ख़ैबर दर्रा पाकिस्तान में पेशावर और अफ़ग़ानिस्तान में काबुल को जोड़ने वाला तारीख़ी रास्ता है। 'स्पिन घर' या 'सफ़ेद कोह' की 'तोरा बोरा पहाड़ियों' के आख़िरी सूखे ख़ार को 'ख़ैबर' कहा जाता है। इस पहाड़ी के दोनों ओर से निकली दो धाराओं ने, शिस्ट और चूना-पत्थर की चट्टानों के बीच से बहते हुए उसे तराशकर 'ख़ैबर कोह' के सँकरे दर्रे की शक्ल दी है। रूखे-सूखे ख़ारों-बीहड़ों वाले ख़ैबर इलाक़े और पश्तून-बाशिन्दों के नाम जोड़कर इस इलाक़े को 'ख़ैबर पख़्तूनख़्वा' कहा जाता है।

'ख़ैबर दरिया' या 'ख़ैबर ख़्वार' के साथ चलता यह दर्रा 'तोवर ख़म' या 'तोरख़म' में 2,300 फ़ीट (करीब 700 मीटर) की ऊँचाई से गुज़रकर घाटी में होता हुआ 'लोवयह दक्का' पहुँचता है। दर्रे के साथ-साथ चलता है एक ज़माने से चलने वाले काफ़िलों का पुराना ट्रैक। काश! पाकिस्तान में पेशावर से 'लांदी कोतल' तक आने वाली रेल चल रही होती और उसमें सफ़र करने का मौक़ा मिल पाया होता तो रावलपिंडी के पास अपना पुश्तैनी गाँव देख आने की श्याम जी की दिली हसरत पूरी होने के साथ मेरा एक और ख़्वाब भी सच हो गया होता।

क़रीब ढाई हज़ार साल बीते, फ़ारस के बादशाह दारा (प्रथम) की फ़ौज, फिर

सिकन्दर के फ़ौजी जरनैल, उसके बाद आरा-बलिया वाले बाँके सिपाहियों सहित चन्द्रगुप्त मौर्य की सेना में शामिल लड़ाके, और उसके पौत्र सम्राट अशोक के भेजे बौद्ध-भिक्षु और प्रचारक इसी रास्ते से आते-जाते रहे। पाकिस्तान में इसके दाएँ-बाएँ तामीर 'काफ़िर कोट' और 'ख़ैबर टॉप' का 'शोपला स्तूप' और 'अली मस्जिद' के पास वाला स्तूप भी इस रास्ते से हमारे पुराने गहरे रिश्तों की तस्दीक़ करता है। महमूद ग़ज़नवी, बाबर, नादिर शाह वग़ैरह इसी रास्ते से हिन्द में धावा मारने आते रहे। इन सबके आने-जाने की बात तो दीगर रही मगर यहाँ के बाशिन्दे पूरी तरह से कभी किसी के क़ाबू में नहीं आए, फिर चाहे मुग़ल रहे हों या ब्रिटिश।

'नो मैन्स लैंड' से लौटकर हम बैरियर के पास वाली अफ़ग़ानी चेक-पोस्ट पर तैनात फ़ौजियों के साथ पोज़ मारकर फ़ोटो खिंचवाते रहे। फिर, पहाड़ की छाँव में सड़क के बगल वाले ढाबे की चारपाइयों पर बैठकर चाय चुसकते कांसुलेट वाले साथी से सुनते रहे :

> पाकिस्तान बनने के पहले और बाद भी यहाँ के लोग अपनी आज़ादी के लिए हुक्मरानों की नाक में दम किए हुए हैं। इनके सामने पाकिस्तानी एयर फ़ोर्स के जहाज़ और टैंक भी तोबा बोल जाएँ। हर पश्तून तगड़ा और दमदार, कन्धों पर देशी कारख़ानों में बनी राइफ़लें लटकाए, कारतूसों से लैस, हर वक़्त मरने-मारने को तैयार। एक ज़माने में इधर से गुज़रने वाली सवारियों की हेड लाइट पश्तून लड़ाकों के लिए चाँदमारी के सबसे अच्छी और सस्ती टारगेट हुआ करती थी। ईंट का बदला पत्थर और ख़ून का बदला ख़ून से लेने पर उतारू। मज़ाल है किसी की, कोई किसी का हक मार ले। ज़रा सी देर में असली लोहा पचाना पड़ जाए। जब हर हाथ में हथियार होते हैं, एक-आध बेवकूफ कहीं भी मिल जाए, आमतौर पर लोग अमन ही पसन्द करते हैं। बन्दूक की नली से होने वाले फ़ैसलों में कोई भी जान-बूझकर बेकार में ही हाथ नहीं डालना चाहता। क़बीलों की आपसी ख़ूँरेज़ी कई-कई पुश्तों तक चलती है। मकानों के ऊपरी बुर्ज निगरानी रखने और गोलियाँ चलाने के पक्के ठिकाने हैं। दिन-ओ-रात किसी भी समय किधर से गोलियाँ चलने लग जाएँ कोई नहीं जानता। इसीलिए राइफ़ल वाले पश्तून चुस्त-मुस्तैद और पत्थर ढोंकों पर निगहबानी करते दिखते हैं।

ज़्यादा मगज़ मत मारा करो!

देखते रहे, बॉर्डर के आर-पार असबाब लादकर आते-जाते अफ़ग़ान, टैक्सियों से

उतरे कुछ मुसाफ़िर, उस पार लगे नोटिस बोर्डों पर मोटे हर्फ़ों में लिखे—'नेशनल बैंक ऑफ़ पाकिस्तान', 'पाकिस्तान टूरिज्म', 'कीप लेफ्ट'। सरहद के इस पार और उस पार के मुल्कों के मुख़्तलिफ़ मिज़ाज इन बोर्डों के इबारती हर्फ़ों में साफ़ समझ में आने लगे। इधर पश्तो-फ़ारसी का ख़ुदमुख़्तार बोलबाला, उधर 'कोलोनियल हैंग ओवर', इधर की गाड़ियाँ चलेंगी दाएँ बाज़ू तो उधर वाली बाएँ। श्याम जी वहाँ आराम फ़रमा रहे मुसाफ़िरों से कुछ इशारों और कुछ अपने साथ आए सफ़ारती की मदद से बातों में लग गए। और मैं यहाँ के बारे में पढ़े हुए ब्योरों को याद करने में खो गया। हमारे यहाँ शायद ही कोई होगा जो महाभारत वाली गांधारी रानी और शकुनी मामा से वाक़िफ़ न हो लेकिन कम ही लोग जानते होंगे कि गांधार देश का इलाक़ा यहाँ है। क़रीब 2400 साल या उससे भी पहले जन्म लेने वाले 'संस्कृत भाषा' के प्रकांड पंडित, भाषा-विज्ञानी, अष्टाध्यायी जैसे व्याकरण-ग्रन्थ के रचयिता पाणिनि के यहीं के निवासी माने जाने के बारे में कितने ही संस्कृतज्ञ नहीं जानते।

थोड़ा-सा भी पढ़े-सुने लोगों में से किसने नहीं सुना होगा, जी.टी. रोड (ग्रैंड ट्रंक रोड) का नाम। मगर बांग्ला देश के चटोग्राम (चिटगांग) से पटना-बनारस-इलाहाबाद-आगरा-दिल्ली-लाहौर-पेशावर होकर काबुल को जोड़ने वाली इस रोड के अंग्रेज़ों के रखे गए इस नाम के पहले मुग़लों और शेरशाह सूरी के वक़्त में थोड़ा-बहुत फेर-बदल के साथ चलती रही इस सड़क के बादशाही-सड़क और सड़क-ए-आज़म नाम अब बहुत कम सुने जाते हैं। इन पर चलने वाले लोग सड़क के किनारे, कहीं-कहीं अब भी दिखतीं तब की कोस-मीनारें, सराय, मन्दिर और कुएँ देखकर भी आमतौर पर यह नहीं समझ पाते कि ये उसी ज़माने की यादगारें हैं।

और पीछे चलें तो कितने लोग जानते हैं कि क़रीब 2,300 साल पहले जिस मार्ग के अगल-बगल अशोक ने कुएँ खुदवाए, बाग़-बग़ीचे लगवाकर धर्मशालाएँ बनवाईं, शिलालेख लिखवाए और बौद्ध-प्रचारक भेजे, पत्थर के स्तम्भों और चट्टानों पर अभिलेख लिखवाए, वह राजपथ भी यही रहा होगा। इससे भी पुराने ज़माने में 'उत्तरपथ' नाम से मशहूर इस महापथ का लेखा-जोखा जानने के लिए डॉक्टर मोतीचन्द्र की लिखी 'सार्थवाह' पढ़ने की ज़हमत तो बिरलों ने ही उठाई होगी। तब से इस महापथ से गुज़रते फ़ारस, ग्रीस, हिन्द, मध्य एशिया के व्यापारियों, सैलानियों, फ़ौजियों और फिरंदरों वग़ैरह के सार्थ, काफ़िलों और दस्तों के ज़रिए तरह-तरह की बोली-बानी-भाषा, ज्ञान-विज्ञान, पंथ और धर्मों के मेलजोल और झगड़े-रगड़े, नाम, परम्पराएँ और सांस्कृतिक धागे नए-नए रंग के ताने-बाने बुनते रहे।

बहुत पहले का हवाल तो मतलब भर नहीं मालूम, दो हज़ार साल पहले से इसके अगल-बगल बौद्ध-विहारों के साथ स्तूप और बौद्ध-मूर्तियों की भरमार होने लगी, पेशावर या पुरुषपुर में कनिष्क का बनवाया सोने से मढ़ा स्तूप इस रास्ते से आते-जाते राही हसरत से देखते। उससे पहले की हिन्दू और बौद्ध मूर्तियाँ भी देखी जाने लगीं। फिर इस्लाम के आने के साथ नज़ारा बदला, जगह-जगह सिजदे के लिए मस्जिदें तामीर होती गईं। आदमी, लिबास, खान-पान, बोली-बानी वही रही बस मज़हबी रिवाज बदले गए। आज हम जिन्हें बहुत ग़ैर समझते हैं उन्हीं में कभी शामिल रहे होंगे श्याम जी के दादा-परदादा के दादा-परदादा। इन्होंने अपना पुराना मज़हब नहीं छोड़ा और बाक़ी के बहुतों ने बदल लिया, लेकिन हैं तो आख़िर सबके सब उन्हीं कुनबों के वारिस।

जलालाबाद के वापसी रास्ते पर हमारी कार, और सफ़ारत वालों के साथ श्याम जी की बातें चलती रहीं अपनी रौ में, और मेरा मन उलझा रहा बार-बार उलझ रही गुत्थी सुलझाने में। दारा के दस्तों के इधर आने के पहले भी यहाँ लोग बहुत पहले से रहते ज़रूर रहे होंगे। इतनी गहरी पैठ के साथ कि क़िले बना सकें और क़रीब 2400 साल पहले सिकन्दर जैसे यवन से लोहा बजा सकें। फिर क्यों यहाँ, जहाँ देखो तहाँ, बस दो हज़ार या उससे कुछ पहले की बसावट के ही निशानात मिल सके हैं। लगता है ऐसे मसलों की तहक़ीक़ात करने वालों ने इस बाबत सोचा नहीं या फिर उनके जोड़-घटाने और चश्मे के नंबर में कहीं कुछ गड़बड़ है। ऐसा तो नहीं कहीं कि उसके पहले वाले लोग देवलोक से आते-जाते रहे हों, ऐसे लोग ज़मीन पर पैर रखकर चलते नहीं, इसलिए हवा में ही पैर उठाकर चलने वालों के क़दमों के निशानात अब मिलेंगे भी कहाँ? कुछ भी हो, इस छलावे का तिलिस्म तोड़ने की पुरज़ोर कोशिश होनी ही चाहिए। श्याम से इस बारे में चर्चा करने पर अपनी वार्ता के बहाव में पड़ी ख़लल से चिढ़कर बोले :

> "इसीलिए कहता हूँ बाबू जी! ज़्यादा मग़ज़ मत मारा करो। दो-चार किताबें क्या पढ़ लीं, बेवजह हर जगह इतिहास-पुराण में घुसने लग जाते हो, और कुछ सूझता ही नहीं। मलिक साहब और तुम्हारा बस इसी सब में मन लगता है, शाम को मिलने पर उन्हीं से यह सब उधेड़-बुन करते रहना। फिर भी बात न बने तो काबुल में पता कर लेना।"

ऐसा जवाब पाकर एकबारगी झुँझला गया—"तुमसे कोई क़ायदे की बात करना बेकार है। एसिड पी लेने और करतब दिखाने के बाद मिलती तालियों के नशे से हवा में जीते हो। पहलवानों के अक्ल तो होती नहीं और ग़लतफ़हमी में रहते समझते ऐसा हो कि इस दुनिया में तुमसे सयाना कोई है ही नहीं।"

इस नोक-झोंक का नतीजा यह निकला कि आगे के सफ़र में हम दोनों चिढ़कर चुप्पी साधे रहे।

खेल नज़रबन्दी का नज़र आता रहा!

मुक़ामी हुकूमत के सूचना एवं संस्कृति विभाग और सफ़ारत-ए-हिन्द की पहल पर शहर में ऐलान करा दिया गया कि मुल्क-ए-हिन्दुस्तान का एक पहलवान शहर के मक़तब (जलालाबाद के टीचर्स ट्रेनिंग इंस्टिट्यूट) में 20 अप्रैल, 1977 को अपने कमाल दिखाने जा रहा है। श्याम जी के मेले के करिश्मों की ख़बर भी जंगल की आग की तरह फैल चुकी थी। शाम होते-होते स्कूल (मकतब) की ओर जाने वाली सड़क पर लोगों का रेला चल पड़ा। थोड़ी ही देर में मक़तब का मैदान खचाखच भर गया। ख़ासुलख़ास मेहमान, फ़ौजी अफ़सरान, आर्टिस्ट अफ़ग़ान, सिख और हिन्दू, कुर्सियों पर तशरीफ़ रखकर, गुफ़्तगू में लग गए। सामने के दरख़्तों पर भी चढ़े-टँगे लोग ही लोग। जिधर निगाह उठाएँ आदमी ही आदमी।

इतनी भीड़ के पीछे करिश्माई करतब देखने की कशिश के अलावा उनमें पैबस्त यह गहरा मज़हबी नज़रिया कारगर रहा कि कोई काफ़िर तो ऐसा कर ही नहीं सकता। हम कितनी भी एकता की बातें करते रहें, धर्म-निरपेक्षता के नारे लगा लें, असल में मज़हबी मुक़ाबले और बढ़ोतरी के ख़याल हममें कहीं न कहीं रहते ही हैं। अब देखिए, नांगरहार के उत्तर के ग़ैर मुस्लिम रिहाइश वाले एक इलाक़े को काफ़िरिस्तान कहने के अलावा यहाँ के लोगों को नफ़रत से देखा जाता रहा। लेकिन सन् 1895 में जैसे ही वहाँ के बाशिन्दों ने इस्लाम क़ुबूल किया तुरन्त ही उन्हें पाक-साफ़ और ख़ूबसूरत मानकर इलाक़े का नाम 'नूरिस्तान' रख दिया गया। बाशिन्दे वही, शक्ल-ओ-सूरत, बोली-बानी, धरती-आसमान सब वही लेकिन मज़हबी नूर ने सब बदल दिया। मज़हब के साथ सारे नज़रिए बदल गए। अजब है मज़हब का चश्मा। दुनिया के हर हलक़े, हर मुल्क-ओ-मज़हब में ऐसे जज़्बात होते हैं। होना चाहिए 'सर्व धर्म समभाव', भाईचारा और अदब, कम-से-कम एक-दूसरे की राह न काटें। मुश्किल तब होती है जब लोग मज़हब के नाम पर मार-काट और मुल्क बनाने पर आमादा हो जाएँ।

सूचना एवं संस्कृति विभाग के सदर श्री नादेर जलाली ने प्रोग्राम का उद्घाटन करते हुए इंडिया और अफ़ग़ानिस्तान की दोस्ती और दोनों मुल्कों के आपसी रिश्ते बढ़ने में ऐसे प्रोग्राम्स की अहमियत पर रोशनी डाली। मेरा ध्यान टूटा ख़ालिस हिन्दुस्तानी लिबास कुर्ता-पायजामा पहनकर मंच पर उतरे श्याम जी को देखकर। दोनों हाथ जोड़कर सबको नमस्कार-बन्दगी करने के बाद वे ख़ुद ही अपने करतबों के बारे

में बताने लगे, और एक स्थानीय डॉक्टर वहाँ जुटे लोगों के लिए उनके कहे का लोकल लोगों की बोली 'दरी' ज़ुबान में तर्जुमा करते रहे।

जैसे ही श्याम जी ने शीशा चबाकर दिखाने की नीयत से अपने हाथों में ट्यूब-लाइट उठाई, एक पश्तून लड़का झपटकर भीड़ से बाहर आकर मंच पर चढ़ आया और उनके हाथ की ट्यूब छीनकर दूसरी थमा गया, इस वजह से कि कहीं उनके हाथ वाली शक्कर से बनी तो नहीं। एक बुज़ुर्ग ने उनका मुँह खुलवाकर दाँतों का मुआइना किया कि कहीं इस्पात के बने तो नहीं। फिर भी जब वे उस ट्यूब को भी कुरकुराकर चबाते हुए निगल गए तब भी उन्हें एतबार नहीं हुआ।

अगली बारी आई तेज़ाब पीने की। इस बारे में एनाउंस होने के साथ ही बेयक़ीनी का एक और लहरा उठा। लोगों ने गिलास में भरे तेज़ाब को असल मानने से क़तई एतराज़ कर दिया। उन्हें लगा ऐसा कैसे हो सकता है, हो न हो शरबत घोलकर तेज़ाब का धोखा दिया जा रहा है। तब एक अफ़ग़ान डॉक्टर और मक़तब में पढ़ाने वाले उस्तादों ने तस्दीक़ की, तब भी काफ़ी लोग मुतमईन नहीं हो सके।

इसी तरह श्याम जी के ज़मीन पर लेटकर अपने सीने और पेट के ऊपर से जीप गुज़रवाने का खेल दिखाते वक़्त बहुत से लोग ठेठ उनके सिर तक चढ़कर यह तहक़ीक़ात करने लगे कि क्या जीप का पहिया सचमुच उनके सीने और पेट पर चढ़कर निकलता है या किसी तरकीब से पहिया कुदाकर जीप निकाल ली जाती है। अपनी आँखों देखने के बाद भी उन्हें सारा खेल नज़रबन्दी का नज़र आता रहा।

सभी अफ़ग़ान एक ही तरह की सोच रखते हों ऐसा नहीं, नांगरहार में भी सच्चे कद्रदानों की कमी नहीं रही। प्रोग्राम पूरा होते ही लोगों ने दौड़कर उन्हें काँधे पर उठाकर जोशो-खरोश के साथ मैदान भर में घुमाया। काँधे से उतरकर हमारे बीच आने पर मलिक साहब ने दोनों हाथ खोलकर कौली में भर लिया। नांगरहार सूबे के वली (हाकिम) श्री अब्दुल्ला ने इनाम का ऐलान किया। सिखों ने सिरोपा से नवाज़ा और हिन्दुओं ने भेंट-उपहारों और नकदी से लाद दिया। मिला तो सब श्याम जी को लेकिन बल्ले-बल्ले हो गई अपनी, अफ़ग़ानिस्तान और ईरान तक घूम आने के वास्ते इतनी-इतनी नकदी जुट जाने से।

सुखी परिंदा जगत में...

रोज़ से पहले ही भोर में नींद खुल गई। लेटे रहने से बेहतर लगा बाहर निकलकर टहल आएँ। शहर हल्के अँधेरे में ख़ामोशी की चादर में लिपटा मिला। टहलते-टहलते एक मोड़ पर बैठ गया। उजाला होते-होते क़रीब के कच्ची मिट्टी के

दुमंज़िले मकान की छत से कबूतरों की गुटरगूँ और उड़ने की आहट ने उधर ध्यान खींचा।

नई सुबह की ख़ुशगवार हवा में गर्दन फुलाए फेरा लगाते, खिलंदड़े अन्दाज़ में आसमान में उड़ते कबूतर तरोताज़ा नज़र आते। सिलेटी-सफ़ेद, चितकबरे, भूरे, झक्क सफ़ेद, बैगनी चमकती गर्दन वाले मोहक कबूतर। जोड़े में, अकेले और झुंड में। एक-एक कर तेज़ी से पंख मारते सीधे ऊपर की ओर वर्टिकली उड़ते चले जाते, फिर एक ऊँचाई तक पहुँचकर ढीले पड़कर नीचे की तरफ़ डाइव मार देते। कुछ नीचे आने पर या तो डैने खोलकर हवा में तैरते हुए नीचे आते या डैनों को तनिक-सा ख़म देकर हवा में ही दूर तक फिसलते चले जाते। कहते हैं ऊपर वाले ने कबूतर के ही ऐसे बेमिसाल क़ुदरती जोड़े बनाए हैं जिसमें दोनों प्राणी हर हाल में एक-दूसरे के साथ ख़ुशी-ख़ुशी रहते हैं :

सुखी परिंदा जगत में तू ही एक विहंग,
कंकड़ पाथर खाय के सदा रहत हैं संग।

सूरज ऊपर आने तक चले मस्त परिंदों का खेल देखते मुझे बचपन में पाले अपने कबूतरों की बहुत याद आई।

कमरे में लौटकर चाय के चनक खनकाते, काबुल वापसी की तैयारी में सामान समेटने लगे। कांसुलेट वाले श्याम के दो मुरीदों को सुबह-सुबह आया देख सोचा, जाते-जाते उनसे मिलने-गपियाने आए होंगे। दुआ-सलाम के बाद श्याम बरामदे में बैठकी जमाकर उनके साथ हँसी-ठट्ठे में लग गए। ताज्जुब हुआ जब थोड़ी देर में उनके फ़ुसफ़ुसाने का आभास हुआ। जल्दी ही सबके साथ कमरे में आकर श्याम पूरी संजीदगी से मुझसे मुख़ातिब हुए—

> "मलिक साहब के नौकरी वाले ऑफर के बारे में क्या सोचा? वापसी से पहले उन्हें बताना होगा। पता नहीं कैसा और क्या काम करना है। न इंटरव्यू, न वैकेंसी, सीधे नौकरी की पेशकश। मुझे लगा हाथ आया मौक़ा ठुकराना नहीं चाहिए लेकिन बिना सोचे-विचारे लपकना भी ठीक नहीं।"

सबके हाव-भाव और श्याम जी से ऐसा सुनकर समझ गया—

> कांसुलेट वालों ने इन्हें कुछ बताया है। वरना अब तक तो इन्होंने इस बारे में कोई बात की नहीं। पश्तून, कुर्द और बलूचों के 'फ्रीडम मूवमेंट्स' के बारे में उस रात मलिक साहब के घर डिनर में चली लम्बी चर्चा के बाद, अगली सुबह जब उन्होंने वहीं नौकरी देने का ऑफर दिया, फिर कांसुलेट में आए पठान ने चोर-रास्तों से ख़ैबर दर्रा दिखा लाने

> की बात कही, तभी से मन-ही-मन इस नौकरी में ख़ुफ़ियागिरी के पेच होने का शुबहा होने लगा था। कहीं पढ़ा भी था—इज़राइल की मोसाद, ईरान की सवाक, रूस की केजीबी जैसी एजेंसियाँ अपनी-अपनी सफ़ारत (एम्बेसी) के ज़रिए जासूसी का काम भी करती हैं। मलिक साहब किसी ऐसे ही काम में तो नहीं लगाना चाहते।

श्याम के सवाल के जवाब में बोलने से पहले ही मेरे चेहरे पर नज़र गड़ाए कांसुलेट के एक साथी ने घुमा-फिराकर बात आगे बढ़ाई :

> "वैसे तो इस बारे में कुछ कहना नहीं चाहिए, और कहे बिना रहा भी नहीं जा रहा। लेकिन अपने तक ही रखिएगा। सर्विस, सैलरी, पर्क्स सब हाई-लेवल के होंगे। चेहरे-मोहरे, क़द-काठी, दाढ़ी-मूँछ से आप पठानों जैसे लगते भी हो, दरी-पश्तो का थोड़ा रियाज़ और इनकी लिबास पहनकर इनमें खपने में कसर नहीं रहेगी। मगर एक बार दाख़िल होने के बाद रहना यहीं पड़ेगा। जबकि आपकी फ़ितरत एक जगह ठहरकर रहने वाली लगती नहीं। जो फ़र्क़ है एक किलकिलाते बहते चश्मे और पोखर के बँधे हुए पानी में, वही फ़र्क़ है आपकी फ़ितरत और इस जॉब में।"

उनकी बातों ने मेरे अनकहे शुबहे को पुख़्ता कर दिया। उनके जाने के बाद श्याम के सामने मन की परतें खोलीं :

> "एक ही जगह खूँटा गाड़कर ताज़िन्दगी एक सा काम करते रहने में मेरा मन नहीं रमने वाला। और यह भी कि, अगर ऐसा किया तो जिसे रोज़ चिट्ठी लिखता हूँ उसके साथ आज़ाद परिंदों की माफ़िक़ दुनिया घूमने की मेरी प्लानिंग का क्या होगा! इतनी जल्दी भी क्या है, हड़बड़ाकर यहीं रह जाने की। पूरी ज़िन्दगी है हाथ में, कोई और अच्छा जॉब पाने के लिए। इसलिए मलिक साहब से इस बारे में और सोचने का वक़्त माँग लेना बेहतर रहेगा।"

मेरा फ़ैसला और चिट्ठी वाली बात सुनकर श्याम की संजीदगी जाती रही। वे मुस्कुराते हुए नहाने-धोने चले गए। इतना लिखकर मैं भी अपना रकसैक पैक करके चलने के लिए तैयार हो गया। कांसुलेट में सामना होने पर मलिक साहब ने पहला सवाल नौकरी के बारे में ही किया। कहीं बुरा न मान जाएँ यह सोचकर हिचकिचाते हुए उनसे और सोचने का वक़्त देने की गुज़ारिश की लेकिन उन पर इसका कोई असर नहीं दिखा। पहले की तरह मुस्कुराते हुए प्यार से बोले, "कोई दिक़्क़त नहीं। अपना वक़्त लेकर ख़ूब सोच-समझ लीजिए और मुतमईन होने पर बस मुझे इत्तिला कर दीजिएगा।"

मलिक साहब से दुआ-सलाम के बाद कांसुलेट के साथी बस-अड्डे तक छोड़ने आए। बस चलने के बाद भी वे जहाँ के तहाँ खड़े रहकर और श्याम बस के अन्दर से एक-दूसरे की ओर विदाई के हाथ हिलाते रहे। सामने से उतरते बहे आ रहे 'काबुल दरिया' के साथ बढ़ती सड़क एक बगल हरियाली घाटी और दूसरी बगल रूखे उजाड़ पहाड़ के बीच से निकलती गई। क़रीब बीस किमी. आगे उससे कटकर एक सड़क दरिया के उस पार लग़मान की ओर निकल गई। आगे आई सँकरी घाटी, फिर एक हरियाला चप्पा, फिर पूरी तरह से पहाड़ी चढ़ाई। चालीस किमी. की दूरी पूरी होते एक और घाटी आई। फिर कभी दरिया के साथ, कभी पहाड़, फिर घाटी-पहाड़, जलालाबाद से अस्सी किमी. की दूरी तक ऐसे ही कभी पास कभी दूर।

तंग-ए-घारू : ऊँचे घोर मंदर...

पहाड़ी पर, सड़क के साथ, बढ़ता ऊँटों का एक कारवाँ देख अरसे से ज़ेहन में घुमड़ता रहा वह पुराना फ़ितूर ज़ोर मारने लगा, जो अक्सर दुनिया के नक़्शे पर नज़री सैर करते-करते सब जगह घूम आने के मनसूबे बनाने का होता। उस सिलसिले में सबसे बुनियादी ख़याल उठता—

> इतनी-इतनी दूर घूमने के लिए पैसे के जुगाड़ का। इतने मुश्किल सफ़र के लिए श्याम तो साथ चलने से रहे, नहीं तो चलते-चलते उनकी हठगीरी के एवज़ में मिलने वाले ईनाम से काम चल जाता। फिर सोचता, पैदल या साइकिल से ही क्यों न टहल लिया जाए, तब लगता इतने लम्बे सफ़र में पीठ पर पिट्ठू लादकर चलने या लगातार साइकिल चलाकर थक जाने में घूमने में मिलने वाला मज़ा कहाँ मिलेगा।
>
> काफी सोच-विचार के बाद, बार-बार सबसे काम का लगता एक ऊँट लेकर चल पड़ना। चारा-पानी का झंझट नहीं, जहाँ मिल जाए वहीं भरपेट पानी, कीकड़ काँटा कई-कई दिन के लिए पेट के रिज़र्व स्टोर में भरकर जहाँ तक चाहे लचर-मचर चलता चलेगा, एक लय में पीठ और गर्दन लचकाते, मुँह से फेंचकुर फेंकते, चुभलाते। अपना झोरा-झंगड़ डेरा-डंडा खाना-पानी भी सब उसी की पीठ पर। जब तक पैदल चल सकें चलें, थकने पर उसकी पीठ की सवारी, शाम ढले कहीं भी तन जाए रात भर का ख़ेमा। कम ख़र्च बालानशीं।
>
> इतने काम का होकर भी ऊँट को वो अहमियत नहीं मिलती जितनी मिलनी चाहिए। दो हज़ार बरस से भी ज़्यादा बीता जब उत्तरी चीन के

गोबी रेगिस्तान के भी पूरब से चलने वाले तकलामकान, काराकोरम, पामीर, हिन्दूकुश के आर-पार, ईरान, तूरान, तुर्किस्तान और तुर्की, जाने कहाँ-कहाँ तक का सफ़र तय करते रह सके तो इन्हीं ऊँटों की बदौलत। इसके अलावा कई और भी काम निपटते रहे हैं और आज भी निपट रहे हैं इनके बूते। 'पर्सियन व्हील' के नाम से 'वेल नोन' रवायती अरहट्ट (रहट) से कुएँ का पानी निकालकर खेत सींचने का काम रहा हो या दो पहियों वाली ऊँट-गाड़ी खींचने जैसे काम, बिना शिकायत बख़ूबी करता रहा है।

मगर अब, इस मनसूबे में एक बड़ा खुटका खटकने लगा है। ऊँट लेकर महीनों-बरसों के लिए लम्बे सफ़र पर निकलने पर जल्द से जल्द तुम्हारे साथ जीवन भर का सफ़र निभाने के वायदे का क्या होगा। बीहड़ इलाक़ों और लोगों के बीच मेरा बसर तो किसी तरह हो जाएगा, मगर तुम्हारा क्या होगा? तुम्हें भी साथ लेकर चलने का ख़याल कितना भी रूमानी हो असल होना उतना ही मुश्किल होगा। लड़कों के मुक़ाबले लड़कियों की अपनी और औरों की अड़ाई हर्डल्स लाँघकर, दम-मारो-दम मारते दुनिया खूँद रहे हिप्पियों की तरह, अपनी घुमाई कहाँ हो पाएगी? नहीं मालूम कितनी आज़ाद-ख़याली है तुममें, कम-से-कम अपन में तो उतनी नहीं। और तुम्हारे बिना इतने लम्बे सफ़र के दिन बीतेंगे भी कैसे। यही सब उधेड़ते-बुनते सड़क के साथ चल रहा ऊँटों का क़ाफ़िला कब का पीछे छूट गया, जिला हेडक्वार्टर 'सुरोबी' की बसावट आकर निकल गई। 'तंग-ए घारू' या 'तंग-ए-घारो' की खड़ी चढ़ाई आ गई जिस पर चढ़ती हमारी मोटोर क़दम-दर-क़दम दम तोड़ती घरघराने लगी।

काबुल के पूरब में 2,499 मीटर ऊँचे कोतल-इ-लतबन्द (दर्रा-ए-लतबन्द) के पार जलालाबाद जाने वाले पुराने रास्ते की जगह 1940-1960 के बीच बनाई गई यह सड़क काबुल दरिया की तंग-ए-घारू के नाम से पुकारी जाने वाली सबसे ज़बरदस्त सँकरी घाटी से गुज़रने लगी। दरिया की सतह से 600 मीटर तक (2000 फ़ीट) ऊँची नीले-सलेटी चूना-पत्थर वाली चट्टानी कगारों के बीच चलते नीचे नज़र पड़ते ही धुकधुकी लग गई। इस खित्ते में ऐक्सिडेंट और ऊपर से गहरी घाटी की तली में सीधे जा गिरी गाड़ियों के मलबे और उनसे होने वाली मौतों के रोज़मर्रा के ज़िक्र सुनकर झुरझुरी उठने लगती।

दर्रे की घुमरिया से पार पाने के बाद 'तंग-ए-घारू' नाम के मायने की घुमरी में घिर गए—'तंग' का मतलब हुआ 'सँकरा' मतलब 'नैरो' (narrow), मतलब सँकरी घाटी, मगर 'घारू' या 'घारो' के क्या मायने होंगे? यह लफ़्ज़ पहले कभी

नहीं सुना। चम्बल के बीहड़ों को 'ग़ार' कहते सुना है, उर्दू के इस लफ़्ज़ के मायने गहरा गढ़ा, गर्त वग़ैरह मिलते हैं जो इस घाटी के लिए मुनासिब होगा। हो सकता है उर्दू का 'ग़ार' पश्तो या फ़ारसी के इसी 'घारू-घारो' के घोर-घार से बना हो! इन ज़ुबानों का कोई आलिम मिलने पर इसके दुरुस्त मायने जानने की कोशिश ज़रूर करेंगे। 'घारू' लफ़्ज़ के साथ मुझे बचपन में पढ़े कवि भूषण के छन्द के बोल भी बार-बार याद आए—'ऊँचे घोर मंदर के अन्दर रहन वारी...', वे भी ऐसे ही ऊँचे भयानक पहाड़ की बात करते हैं।

मेरे ज़ेहन में अटकी एक बात और अब तक 'तंग-ए-घारू' में ही घुमराय रही है। अब के इंजीनियरों ने इतनी तीखी और ऊँची चढ़ाई पर रोड बनाने का करतब तो कर दिखाया है लेकिन हो सकता है रास्ता छोटा करने के लिए पुराने एलाइनमेंट में कुछ फेरबदल भी किया हो। पिछले ज़माने में इधर से निकलने वाले क़ाफ़िले भी इसी राह जाँगर-तोड़ घोर चढ़ाई पर घुमड़ते रहे होंगे, ऐसा लगता तो नहीं। आसपास ही थोड़ा-बहुत घूमकर कोई और आसान रास्ता भी रहा हो सकता है।

साँझ ढले काबुल पहुँचकर, बस-अड्डे से असमाई मन्दिर वाले पुराने ठिकाने का रुख़ किया। वहाँ की धर्मशाला वाली माटी के दीवार से बने कमरे में सामान उतारकर बैठने-लेटने में ऐसा सुकून महसूस हुआ मानो लौटकर अपने घर आ गए हों।

कई दिनों से अलग-अलग क़िस्तों में लिखा जा रहा यह ख़त पूरा हुआ। कल इसे पोस्ट करने के बाद बन्द-ए-अमीर जाने का इरादा है। आगे का हाल आगे।

ढेर से प्यार के साथ...

तेरा,

रॉकी

छठा ख़त

असमाई मन्दिर,
काबुल
22 अप्रैल, 1977

प्रिय...,

ढेर सा प्यार!

अफ़ग़ानिस्तान आने के बाद से 'इंडियन एम्बेसी' के 'डिप्लोमेटिक बैग' के ज़रिए तुझे कई लेटर्स भेज चुका हूँ। कुछ बिलकुल पर्सनल और कुछ में यहाँ के एक्सपेरिएंसेस और जगहों के डिस्क्रिप्शन। तब से एम्बेसी के कई चक्कर लगाए इस उम्मीद के साथ कि तेरे जवाबी लेटर्स आ गए होंगे लेकिन हर बार एम्बेसी वाले एक ही जवाब देते हैं—'आपका कोई लेटर नहीं आया।' सुन-सुनकर पहले से ही दुखिया मन और ज़्यादा बुझ जाता, कुछ भी अच्छा नहीं लगता। श्याम जी के कितनी ही दिलासा देने पर भी खोया-खोया रहता हूँ।

श्याम जी को देखते ही 'इंडियन एम्बेसी' के लोगों के चेहरे खिल जाते हैं। ख़ूब बतियाते हैं सबसे, और जो कहना है वो और जो नहीं कहना है वो भी सबमें बाँटते चलते हैं। कहते हैं—'इनकी ससुराल से चिट्ठी आने वाली है, आई हो तो जल्दी से दे दीजिए इनको।' उनकी बदौलत सबको पता लग गया है तेरे-मेरे बारे में और यह भी कि तेरे लेटर्स का बेसब्री से इन्तिज़ार कर रहा हूँ, इसीलिए ख़त नहीं आने की जानकारी देते हुए उनके रुख़ पर एक ख़ास तरह की शरारती मुस्कान उभर आती है। एक तो तेरे लेटर्स नहीं मिलते ऊपर से यह मसखरी, अन्दर ही अन्दर मसोसकर रह जाने के अलावा करूँ भी तो क्या!

जलालाबाद से लौटने पर एक बार फिर सबसे पहले एम्बेसी के दरवाज़े पर दस्तक दी इस उम्मीद के साथ कि अब तक तो तेरे जवाबी लेटर्स ज़रूर आ गए

होंगे लेकिन पहले की तरह अभी तक कोई भी ख़त न आने की जानकारी पाकर उदास हो गया। यहाँ आने से पहले के 'इन्सिडेन्स' याद करके मन में बुरी-बुरी आशंकाएँ सिर उठाने लगती हैं, पता नहीं वहाँ क्या-क्या हुआ। कहीं हमारे रिश्तों पर कोई आँच तो नहीं आ गई।

काबुल की सड़कों पर और बाज़ारों में बेमशरफ़ टहलने में श्याम जी को बड़ा मज़ा आता है। कई दिन बाद वापस काबुल आने पर और कुछ करने का मन नहीं किया तो उनके साथ हो लिया। निकलते ही हम सबसे पहले ठहर गए सूखे मेवे बेचने वाले के ठेले पर। और, मेवा बेचने वाले को देखते ही मुझे याद आने लगी बचपन में पढ़ी 'काबुलीवाला' नाम की कहानी।

यह कहानी तूने भी ज़रूर पढ़ी होगी। एक ज़माने में अखरोट-किशमिश-बादाम के झोले सँभाले हमारे मुल्क के शहरों में काबुल का मेवा बेचने वाले अफ़ग़ानों की तसवीरें हिन्दुस्तानी जनमानस में ख़ास पहचान रखती रहीं। रवींद्रनाथ टैगोर जी ने यह कहानी लिखकर काबुलीवालों की याद अमर बना दी। उसी कहानी की वजह से अनायास ही मुझे उस मेवे वाले में उसकी झलक दिखने लगी। दरमियानी क़द, चौड़ा डील, सिर-माथे पर दस्तार, घुटनों से नीचे तक लटकती ढीली लम्बी क़मीज़, सदरी या कोट, चौड़े पाँयचे की सलवार, मूँछदार जूते। उसके ठेले के सामने पहुँचते ही उसने अँजुरी भर मेवा बढ़ा दिया चखने के लिए। हम अचकचाकर देखने लगे कभी उसके चेहरे और कभी उसकी अँजुरी में भरे मेवे की ओर, इतना सारा बस चखने के लिए! तभी वो बड़े ही बेपरवाह अन्दाज़ में बोला, "परवा (ह) नईं (नहीं) बाचा!" हमने आधा किलो मेवा ख़रीदकर अपनी दोनों जेबों में ठूँस लिया और फाँकी मारते, घूमते, आते-जाते लोगों, दुकानों और सड़क का मुआयना करते आगे बढ़ते गए।

कुछ दुकानों में चमड़ी उधेड़कर उलटे लटकाए गए समूचे ललछौंहे गोश्त वाले बकरे। डोरियों से बँधे एक पर एक टँगे मुर्ग़े। कुछ दुकानों में परत-दर-परत क़रीने से सजे फलों के ढेर। पत्तों पर धरे ताज़े सफ़ेद पनीर के टुकड़े। गधों पर लादकर लाए जा रहे टमाटर और उनके पीछे दूसरे गधे पर सवार मस्त चला आ रहा लम्बी दाढ़ी वाला किसान। आगे खुले में बिकने वाले पुराने कपड़ों का बाज़ार, दिल्ली के सरोजनी नगर मार्केट के ऐसे ही बाज़ारों की तरह बिकते यूरोप के रिजेक्टेड कपड़े। हिन्द से आए बहुत से मुसाफ़िर यहाँ से ख़रीदारी करके साहब बनते और रंगीन शर्बत की चुस्की लेते दिखे। आगे खोंचों पर बिकते शरबते-अंगूर का ज़ायका लेने वालों को देखकर मुझे अनायास ही बनारस में सुना यह मज़ेदार क़िस्सा याद आ गया :

> गोदौलिया में एक ठे ठेला पर अंगूर के शरबत निकाले ओ बेचे वाली एक ठे दुकनदारिन बड़ी बाँकी रहल। ओकरे ठेला पर बहुतै भीड़ जुटाय। तो का भइल बाबू, कि एक पारी एक्कै रसिक चहुँप गइलैं ओही ठेला पर। जबले ऊ दुकनदारिन अंगूर के रस छानि-काढ़ि के गिलासा में भरै, ओन कर निगाह चबदल रहल दुकनदारिनै के मुखड़ा पर। ओकरे बादौ जेतना देर एक-एक घूँट शरबत घुटकलें, ओही ओरी ताकल कइलें। आखीर में जब दाम चुकावै के बेला आइल तो दुकनदारिन ओन्है दू गिलास शरबत के बराबर दाम बतवलस। बाबू साहब के कुल्ल नशा उतरि गइल ई सुनि के, तुनक गइलें 'एतना महँग काहे, बाक़ी सबसे तो लेत रहली एकर आधा।' दुकनदारिनो रहल खेलल-खाइल पुरहर बनरसिऐ, मीठ-मीठ मुस्कियाए के कहलस 'एक गिलासा के दाम भइल शरबत बदे, औ ओतनै भइल शरबते-दीदार बदे।

बनारसी बोली में बयान यह लच्छेदार कहानी पहले तो श्याम जी के पल्ले नहीं पड़ी और जब उन्हें तफ़्सील से समझाया तो ख़ूब हँसकर बोले—"अरे यार! यहाँ उसकी गुंजाइश कहाँ, मोहतरमाएँ कितनी भी ख़ूबसूरत हों यहाँ ठेलों पर अंगूर का शर्बत नहीं बेचतीं, और शरबत बेचने वाले अफ़ग़ानों का उस नज़र से दीदार करने का किसका दिल ही करेगा।

रात के खाने के लिए श्याम जी ने इलाहाबाद से काबुल यूनिवर्सिटी में पढ़ाने आए डॉक्टर विनोद चन्द्र श्रीवास्तव के घर चलने को कहा। थका होने की वजह से मेरा कहीं जाने के बजाय जो कुछ मिल जाए खाकर लेटने का मन हुआ इसलिए मना कर दिया। लेकिन वो ऐसे ही कहाँ मानने वाले ठहरे। कहने लगे, "तुम तो कुछ समझते ही नहीं, पहले से उनको कहलाकर अब इस तरह न जाना किसी तरह ठीक नहीं। तुम्हारे जाने के बाद एम्बेसी के थ्रू उनसे मिलने का मौक़ा मिला था। बहुत बढ़िया आदमी हैं। तुम्हारे बारे में सुनकर बहुत ख़ुश हुए और अपने साथ उनसे मिलाने के लिए ले आने को कहने लगे। फिर, घर की बनी रोटी-सब्ज़ी भी नसीब हो जाएगी।" इतने दिन से सूखे मेवे और आलू-टमाटर सकेलते-सकेलते रोटी-सब्ज़ी की बात सुनते ही मुँह में भर आए पानी ने चलने के लिए मजबूर कर दिया।

डॉक्टर श्रीवास्तव सचमुच बड़े ख़ुशमिज़ाज, मिलनसार और व्यवहारकुशल निकले, ऊपर से मेरे ही विषय के विशेषज्ञ भी। उनकी पत्नी निकलीं लखनऊ की रहने वाली और लखनऊ यूनिवर्सिटी में ही पढ़ी हुई।

तुझे तो पता ही है लखनऊ और उस यूनिवर्सिटी से मेरा गहरा नाता। मिलते ही

उनसे सीधा नाता जुड़ गया। कितना कुछ तो पका रखा था उन्होंने—पूड़ी, पुलाव, सब्ज़ियाँ और खीर, ज़िद कर-करके बड़े चाव से भरपेट खिलाया और चलते समय ख़ुशी से खुला न्योता भी दिया, "जब मन करे बिना संकोच चले आया करो, मनचाहा खाने के लिए।"

चला-चलाकर दम निकाल लेते हो

दूसरे दिन देर से सोकर उठे, थोड़ा लिखा-पढ़ा और फिर थोड़ा जल्दी निकल गए शहर का एक और फेरा लगाने। शहर-ए-नौ का बाज़ार घूमते हुए देखा यहाँ के बड़े-बड़े ओहदेदारों को झोला लटकाए ज़रूरत का सामान ख़रीदते। सरकारी अधिकारी हो या फ़ौज का जनरल, शाम होते ही सरकारी गाड़ी सरकार के हवाले करके अपनी ख़रीदारी ख़ुद ही करता है। अपने यहाँ, आमतौर पर ऐसा कहाँ देखा जाता है। इनकी यह ख़ूबी हमें भी इनसे सीखनी चाहिए।

शराब पर ज़बरदस्त पाबन्दी के चलते हवाई सफ़र से लौटते समय किसी के लिए एक 'ड्यूटी फ्री' बोतल ले आओ तो मानो जन्नत अता कर दी। तंदूर के आँवे में पकाकर दुकानों पर बिकने वाली नान की माप-तौल सरकारी तौर पर मुक़र्रर है, आमतौर पर कोई इनमें ज़रा-सी भी हेर-फेर नहीं करता, अगर किसी ने ऐसी ज़ुर्रत की तो उसे जेल हो सकती है, और फिर अरसे तक उनके छूटने की फ़रियाद नहीं सुनी जाती।

खुले विदेशी मुद्रा-बाज़ार में किसी भी मुल्क की करेंसी आसानी से बदलते लोगों की अच्छी जुटान दिखी। वैसे कुछ होटलों के रिसेप्शन पर और कहीं-कहीं रास्ता चलते भी इनकी अदला-बदली के लिए लगती आवाज़ें सुन पड़तीं, 'डॉलर, पौंड, रियाल, दीनार।' पता चला कि विदेशी-मुद्रा के नाजायज़ लेन-देन का कारोबार यहाँ ऐसे ही सरेआम चलता है, इसके लिए बैंकों में वही जाते हैं जिनके पास इफ़रात वक़्त और जायज़ करेंसी हो।

लोगों के रहन-सहन पर 'वेस्टर्न कल्चर' का ख़ासा रंग चढ़ता दिखा, कुछ मर्दों के पैंट-बुश्शर्ट और कुछ लड़कियों के घुटनों से ऊपर तक की स्कर्ट और क़मीज़ जैसे पहनावे। सड़कों-बाज़ारों में विदेशी कारों, टैक्सियों, मोटरसाइकिलों, साइकिलों की भरमार। ज़्यादातर टैक्सियाँ बड़ी और मज़बूत, रूसी मेक की, लम्बे सफ़र और ज़्यादा सवारियाँ ढो सकने के माकूल।

साफ़-सुथरी लाल-पीली 'मिल्ली बसें' (सरकारी बसें) एक के बाद एक आ-आकर रुकतीं, उनके दरवाज़े आप-आप खुलते। कंडक्टर साहब सवारियों को ज़ोर-ज़ोर

से आगाह करते हुए आवाज़ लगाते—बो-ऽ-रो बखै-ऽ-ऽ-र, बो-ऽ-रो बखै-ऽ-ऽ-र (ख़ैरियत के साथ बैठो मतलब बस में सवार हो जाओ)। सवारियाँ चढ़ने के बाद बस के दरवाज़े जैसे खुले थे वैसे ही बन्द हो जाते और बस आगे चल देती।

धीमी रफ़्तार से सड़क पर गुज़र रही एक फ़ौजी ट्रक में सवार दो जवान न जाने क्यों आपस में लड़ने लगे, फिर उनमें हाथापाई भी होने लगी। इसी बीच एक और फ़ौजी, शायद उनका इंचार्ज, पहले तो बीच-बचाव कराता रहा, फिर भी नहीं माने तो दोनों को एक-एक पटाका रसीद कर दिया। इसके बाद दोनों मुँह लटकाकर अपनी-अपनी जगह बैठ गए।

पुराने सामानों की दुकानों में पुरानी पिस्तौलें, कटार और तलवारें, मूर्तियाँ, कड़ों के ढेर। ज़ेवर की दुकानों में नीले रंग के लैपिस-लैज़ुली, लैपिस के नगीनों वाली जड़ाऊ अँगूठियाँ, टाई-पिन और बटन, छोटे-बड़े कंगन और हार भी। कराकुल की खाल की क़मीज़ें, कोट और टोपियाँ। देख-देखकर तेरे लिए कुछ ले लेने को दिल ललचाया लेकिन दाम सुनकर ख़रीदने की हिम्मत नहीं पड़ी। कुछ भी ख़रीद लेने को मचल पड़ने वाले श्याम जी भी यह सोचकर सबर कर गए कि प्रोग्राम से हुई कमाई का बड़ा हिस्सा तो अभी काबुल से बाहर मेरे घूमने के लिए बचाकर रखना है।

बाज़ू में तेहरान, इस्तांबुल, म्यूनिख और लन्दन तक ले जाने वाली लम्बी दूरी की बसों का अड्डा। सामने के टिकट वाले नोटिस बोर्ड से पता चला तेहरान तक का किराया 28 डॉलर, और पेरिस एंड लन्दन इन 135 डॉलर।

पिक्चर हॉल के आजू-बाज़ू ख़ासी रौनक़। टिकट ख़रीदने को बेक़रार लोगों की बेतरतीब क़तारें। आसपास मँडराते टिकट ब्लैक करते लड़के। अपने यहाँ के सिनेमाघरों के बाहर के माहौल जैसा। 'वेस्टर्न ड्रेस' में सजी-धजी कुछ बेधड़क लड़कियाँ, स्कर्ट-क़मीज़, 'हाई हील' सैंडिल में और एक-दो 'लांग बूट' चढ़ाए खट्ट-खट्ट करतीं लहक़-लचक कर चलतीं। 'बॉलीवुड अन्दाज़' में हरकतें करते कुछ लड़के उनके पीछे-पीछे, आसपास मँडराते। कभी-कभी ऊँची आवाज़ में हिन्दी सिनेमा के डायलॉग बोलते—ओय साम्भा! और कुछ के बाल—बाल बढ़ाने की होड़ में अमिताभ बच्चन की तरह कान ढक लेने वाले।

एक ओर की गली के बाज़ार का माहौल अपने यहाँ के मसाला बाज़ार जैसा। सौदा-सुलुफ करते, दुकानों में धँसे जाते और आवाजाही करते लोगों की धका-पेल। किनारे की फुटपाथ पर चनक और चाय का गिलास धरे अपने में मगन बैठा एक अफ़ग़ान नसवार की गोल डिबिया की ढकनी पर लगे आईने पर नज़र गड़ाए दाढ़ी तराशने में खोया हुआ।

'मिल्ली बैंक' और 'मिल्ली बाज़ार' की शानदार बहुमंज़िली इमारतें। कुछ छोटे, कुछ बीच के और कुछ इंटरकांटिनेंटल होटल। सस्ते मुसाफ़िरख़ानों की भी कमी नहीं। क़रीबन पूरी तरह सूखी सतह के बीच-बीच में दीखते कीचड़ वाले काबुल दरिया के किनारे बन रही एक ऊँची बिल्डिंग। तराशे हुए आयताकार स्टोन-ब्लॉक्स को नट-बोल्ट से जोड़-जोड़कर बनाए गए मकानों की पूरी हो चुकी नई कॉलोनी। एक बड़े सरकारी अफ़सर के बँगले पर संगीन-सजी राइफल वालों का पहरा।

जहाँ कहीं से भी ठहरकर देखते उठती-उतरती पहाड़ियों की भूरी और उनके पीछे आसमानी लैंड-स्केप के बीच कुछ ऊँची पहाड़ियों की चोटियों पर चमकती सफ़ेद बर्फ़।

शहर-ए-नौ के सुथरे इलाक़े के अलावा बकिया के शहर का हाल ऐसा कि नाक न दी जाए। वहाँ के बाज़ार गन्दगी के ढेर से भरे। सँकरी गलियों में मल-स्नान का पूरा भय और सीवर लाइन का अता-पता नहीं।

टहलते-टहलते बुरी तरह थककर श्याम जी एक जगह पसर गए। थोड़ा आराम कर लेने के बाद बोले, "यार! इसीलिए तो तुम्हारे साथ कहीं चलने का मन नहीं करता। कहाँ तो कमरे में ही पड़े-पड़े लिखते रहते हो या फिर चलते हो तो चला-चलाकर दम निकाल लेते हो।" उनके ये उद्‌गार सुनकर, उनकी स्थूल काया पर हो रही कुछ ज़्यादा ही ज़्यादती का ख़याल करते हुए वापस असमाई मन्दिर की धर्मशाला की राह पकड़ ली।

बाग़-ए-बाबर

अगले दिन, मन्दिर के बाहर की गली में टहलते हुए एक दुकान पर चाय की चनक से चुस्की लेते-लेते श्याम जी को वहीं चाय पी रहे काबुल के आसपास कहीं से आए दो राइफल टाँगे अफ़ग़ानों से चुहल सूझ गई। लगे राइफल छू-छूकर दरियाफ़्त करने—"क्या करते हो इनका?" वो लोग उनकी हरकत देखकर बस मुस्कुराते रहे। जवाब चाय वाले ने दिया, सही लफ़्ज़ तो अब याद नहीं लेकिन कुछ इस तरह—'लड़े तो ख़ैर नहीं, गोली अन्दर दम बाहर।'

श्याम जी ने बात बढ़ाई—"फिर तो बात-बात पर गोली चलती होगी।"

"नहीं बाचा! कम ही ज़रूरत पड़ता है। आमतौर पर कोई गोली नहीं चलाता।" यह सुनकर श्याम जी चुप्पी साध गए।

चनक ख़ाली होने पर हम वापस धर्मशाला के कमरे आ गए। फिर पिछले दिन

की तरह लिखने लगा काबुल का बचा-खुचा सजरा, जहाँ तक पहले लिखा था उसके आगे—अफ़ग़ानिस्तान में जड़ जमाकर पनपने वाले दो शाही घरानों में कई बातें एक-सी रहीं। दोनों की बुनियाद रखने वालों को अपने-अपने मादरे वतन से भागना पड़ा, मैदाने जंग में कई-कई बार शिकस्त खाई, फिर भी ताक़त जुटाकर सिर उठाने में कामयाब हुए। दोनों की हुकूमती सरहदें उत्तरी हिन्द तक बढ़ती चली गईं। दोनों की हुकूमत रही कोई तीन सैकड़ा बरस से ऊपर। मगर दोनों के बीच मज़हब के मुतालिक एक बात बिलकुल अलहदा रही, पहले घराने ने ग्रीक, पारसी, शैव और बौद्ध पंथों को अपनाया वहीं दूसरे ने इस्लाम की नुमाइंदगी की।

इनमें से एक का नाता था, आज से क़रीब इक्कीस सौ पचास बरस पहले आज के उत्तर-पश्चिमी चीन की 'तारिम घाटी' की सूखी आबोहवा वाले घास के मैदानों में रहने वाली 'यूची' नाम की घुमंतू जनजाति से। एक हमले में हारकर इस जनजाति को कज़ाकस्तान से लगी सरहद पर पनाह लेनी पड़ी। थोड़े ही वक़्त में वहाँ से भी खदेड़े जाने पर आज के उज़्बेकिस्तान में और वहाँ से भी ढकेले जाने पर 'आमू दरिया' के इस पार 'बल्ख़' की इंडो-ग्रीक हुकूमत को उखाड़कर, 135 ई. पूर्व के आसपास, वहीं बस गए। इनमें शामिल पाँच प्रमुख जनजातियों में से कुषाण नाम के समूह ने अपना दबदबा बढ़ाकर अपनी हुकूमत क़ायम की। धीरे-धीरे हिन्द में पटना के आगे, आज के अफ़ग़ानिस्तान के ऊपर आज के उज़्बेकिस्तान और चीनी तुर्किस्तान तक के ख़ित्ते उसकी हुकूमत की हदों में शामिल होते गए। इनकी एक राजधानी बनी पूरब में 'मथुरा नगरी' और पश्चिम में 'पेशावर शहर'। इस वंश के सबसे नामचीन राजा कनिष्क ने ई. सन् की शुरुआत के बाद आज से क़रीब 2000 साल पहले 23 साल तक राज किया। 'मथुरा म्यूज़ियम' में संगृहीत उनके अकेले आदमक़द पत्थर के बुत में उन्हें लम्बा कोट और ऊँचे जूते पहने और एक हाथ में गदा और दूसरे में तलवार लिए दिखलाया गया है। उसकी गिनती न केवल बौद्ध-धर्म के अनुयायी होने के नाते वरन् इस धर्म के बहुत ही अहम् सरपरस्तों में की जाती है। उसने कश्मीर में चौथी 'बौद्ध संगीति' (महासभा) का आयोजन कराया, 'ग्रीक कला' के असर वाली 'गांधार कला' और 'मथुरा कला' को प्रोत्साहित किया। एक ज़माने में पेशावर के रास्ते से गुज़रने वाले, वहाँ कनिष्क द्वारा निर्मित कराए गए, 87 मीटर व्यास (डायमीटर) वाले विशाल रत्नजड़ित स्तूप को देखते ही रह जाते। चीनी यात्री ह्वेनत्सांग द्वारा लिखी गई इसकी ऊँचाई मोटे तौर पर 180-210 मीटर मानी जाती है।

दूसरे घराने के बारे में तुझे भी मालूम ही होगा। जीतने और जीतते ही जाने वालों के बुलंद मनसूबे वालों के क़िस्से तो बहुतेरे मिल जाएँगे, बार-बार शिकस्त पाकर भी जीतने का दम-ख़म बनाए रखने वालों में बाबर का नाम सबसे ऊपरी दर्जे

में आता है। पिता की ओर से तैमूर लंग और माँ की ओर से चंगेज़ ख़ान के ख़ानदान में उज़्बेकिस्तान के अन्दीजान (फरगना घाटी) में 14 फ़रवरी, 1483 की पैदाइश, नाम जहीर-उद-दीन मुहम्मद (इस्लाम की हिफ़ाज़त करने वाला) बाबर। अपनी पुश्तैनी रियासत समरकंद से कई बार शिकस्त पाने के बाद बरास्ते काबुल आख़िरकार हिन्द की मुहिम में कामयाबी पाकर 1526 में मुग़ल सल्तनत की नींव डालने वाला। ग़ज़ब की दिलेरी की वजह से जाना गया बब्बर शेर के नाम से। हाथ में तलवार और मिज़ाज से शायर। उसने अपनी राजधानी आगरा में बाग़, चश्मे और फ़व्वारे बनवाकर अपने वतन की आबोहवा ईजाद करने की भरसक कोशिश की लेकिन उसका दिल हिन्द में रमा नहीं। 26 दिसम्बर, 1530 में इस दुनिया से विदाई पाकर आगरा में ही सुपुर्दे ख़ाक होने के बाद भी, मरने से पहले की गई उसकी ख़्वाहिश पूरी करने के लिए, उसकी अफ़ग़ान बेगम की पहल पर उसके अवशेष वहाँ से निकालकर काबुल में दोबारा सुपुर्दे ख़ाक किए गए। उस क़ब्र के आसपास बाग़-ए-बाबर नाम से एक बाग़ भी लगवाया गया।

इतना लिखने के बाद, तीसरे पहर निकल गए एक नज़र अपनी निगाह से बाग़-ए-बाबर देखने। मगर, देखकर बुझ गए उसकी ख़स्ताहाल हालत पर। बाबर की क़ब्र, उस तक ले जाने वाली सीढ़ियाँ और आसपास सब टूटे-बिखरे हाल में। सोचने लगा इतने बड़े बादशाह की क़ब्र का ऐसा बुरा रख-रखाव क्यों?

जानकारी करने पर मालूम हुआ कि काबुल और उसके आसपास बनवाए अपने दस बग़ीचों में से काबुल के दक्षिण में शेर-ए-दरवाज़ा पहाड़ पर यह सीढ़ीदार बगीचा (टेरेस्ड गार्डन) ग्यारह हेक्टेयर में फैला है। मुग़ल ख़ानदान के चौथे बादशाह जहाँगीर और उसकी सौतेली माँ रुकैया सुल्तान बेगम ने 1607 ई. में इस जगह की यात्रा के दौरान काबुल के सभी बाग़ों को चहारदीवारी से घेरने, बाबर की क़ब्र के सामने दुआ करने के लिए एक चबूतरा बनवाने जैसे काम कराने की बाबत हुकुम दिए। 1638 ई. में मुग़ल शहंशाह शाहजहाँ ने अपनी सौतेली माँ की क़ब्र के चारों ओर संग-ए-मर्मर का घेरा और उससे नीचे के टेरेस पर एक मस्जिद और दरख़्तों के बीच से गुज़रने वाला पत्थरों का एक चश्मा और चश्मे के बीच-बीच में छोटे-छोटे हौज़ बनवाए। इस तरह बाग़-ए-बाबर इबादत और बाबर की यादगार बनकर काबुल के सभी बाग़ों में सबसे ज़्यादा अहमियत रखने लगा।

मुग़ल सल्तनत की गिरावट के दौरान मरम्मत न होने और 1842 में आए भूकम्प की वजह से इसका हाल बिगड़ गया। फिर आमिर अब्दुर रहमान ख़ान ने बाग़ को यूरोपियन अन्दाज़ में नए सिरे से सँवारने पर ख़ासा ख़र्च किया। बीचोबीच में सतखंडा बग़ीचे और फव्वारों के साथ एक पवेलियन बनवाया। नवें सोपान पर,

इनके दक्षिणी-पूर्वी कोने में, एक हरम सराय (महल) भी तामीर करवाया। इन सब निर्माणों ने बाग़ का पुराना चेहरा बदल डाला। मुहम्मद नादिर शाह की हुकूमत के दौरान 1929-1933 के बीच सराय और पवेलियन के अलावा सब इमारतों को हटाकर क़ब्र वाले सोपान को नए सिरे से ठीक-ठाक कराया गया और चायख़ाने खुलवाकर इसे यूरोपियन चलन के एक पब्लिक पार्क में तब्दील करा दिया। लगता है उसके बाद इसकी ख़ैर-ख़बर लेने वाला कोई नहीं रहा, नहीं तो इनके इतने उजाड़ हालात नहीं दीखते।

अपने डेरे पर लौटने के बाद, असमाई मन्दिर वाले स्कूल मास्टर शर्मा जी से चर्चा करने पर बाग़-ए-बाबर की दुर्दशा के बारे में एक दूसरा ही फलक सामने आया। उनकी बात पर यक़ीन करें तो बाबर कितना ही बड़ा शाह-ए-आज़म रहा हो, उज़्बेकिस्तान का असल बाशिन्दा होने की वजह से आम अफ़ग़ान उस पर नाज़ नहीं करते। उसे अपना लाजवाब सूरमा मानते हैं उज़्बेकिस्तान वाले। जबकि अफ़ग़ानों को फ़ख्र होता है 'शेरे-अफ़ग़ान शेरशाह सूरी' के नाम पर उसके अफ़ग़ान होने के नाते। इलाक़ाई भेदभाव किसी एक मुल्क की रवायत नहीं।

दोस्ती हज़ार नियामत

अफ़ग़ान पुलिस के एक अफ़सर भी श्याम जी के दोस्ताने अन्दाज़ और करतबों के जादू में बँधकर उनके ज़बरदस्त मुरीद हो गए हैं। उनके घर से खाने का दावतनामा मिलने पर सबसे पहले मैंने उनसे यह जानना चाहा, "उन्हें बता तो दिया है हमारे वेजिटेरियन होने के बारे में?" श्याम जी ने सरल भाव से बताया "निशाख़ातिर रहो, उन्हें पूरी जानकारी है।"

पहुँचते ही पूरी गर्मजोशी से मिले, परिवार के सभी लोगों से मुलाक़ात कराई, सबके चेहरे खिले हुए, सभी दोनों हाथों में हाथ थामकर ख़ैर-ख़ैरियत पूछते, गले लगते, चूमते और सबके मुँह से एक ही इबारत—'हिन्दी-अफ़ग़ानी दूस्त बिशियार ख़ूब।' बड़ी ही लगाव भरी ख़ातिरदारी। दस्तरख़्वान पर तरह-तरह के सलाद, आलू और फल, हम स्वाद ले-लेकर दबाते रहे। ज़मीन पर बिछी चटाई पर एक साथ चारों ओर से एक घेरे में बैठकर खाने का मज़ा ही कुछ और। मगर बड़ी प्लेट में चावल सर्व होने पर जब सभी लोग एक साथ उसी में से जूठी चम्मचें डाल-डालकर परोसने-खाने लगे तो हमारी भूख का उफान झट से उतर गया। उनके लिए इस तरह साथ बैठकर खाना चाहे कितना ही मज़बूत भाईचारे का तक़ाज़ा हो, कितनी ही आत्मीयता भरी गुज़ारिश के बाद भी हम इसके आगे अपनी संस्कार-जनित मर्यादा को लाँघ नहीं पाए।

इंडिया से तालीम पाकर आया वह पुलिस अफ़सर ख़ासी हिन्दी जानने के साथ-साथ मुकेश के फ़िल्मी गानों के बेहद शौक़ीन निकला। यह जानते ही श्याम अपना पसन्दीदा गाना धुन में गुनगुनाने लगे—

सजन रे झूठ मत बोलो,
ख़ुदा के पास जाना है।...

दो लाइन सुनाकर श्याम जी थोड़ा ठहरकर उनके मायने बताते और पुलिस अफ़सर उसका पश्तो में तर्जुमा करके घर के और लोगों को सुनाता जाता, और वे सिर हिला-हिलाकर गाने की तारीफ़ का इज़हार करते।

चलते वक़्त भी सबने एक-एक कर 'दुआए ख़ैर' के साथ दोहराया 'हिन्दी-अफ़ग़ानी दूस्त बिशियार ख़ूब।'

'दूस्त, बिशियार ख़ूब' सुनते-सुनते, दोस्ती के बारे में श्याम जी के पिताजी से बहुत बार सुना सबक़ याद आने लगा 'ज़िन्दगी में एक सच्चा दोस्त मिलना हज़ार नियामत के बराबर होता है बाबू जी! उससे बढ़कर आपका कोई और नहीं होता, न बाप, न माता, न भाई, न बहन, कोई नहीं।' उनकी बात पर ग़ौर करने पर उसका सही मज़मून अब समझ में आया। असल में आज़ादी के पहले अफ़ग़ानिस्तान और पश्तूनिस्तान के बहुत क़रीब रावलपिंडी ज़िले के छन्नी गाँव का बाशिन्दा होने की वजह से वे वहाँ की तहज़ीबी रवायत में दोस्ती के मायने से बख़ूबी वाक़िफ़ हैं। और इसी वजह से श्याम जी का दोस्त मानकर बार-बार न केवल मुझे दोस्त की महिमा बताते रहते हैं वरन् उनसे जुड़े मामलों में मेरी कही बात आसानी से मान लेते हैं।

वापस धर्मशाला वाले डेरे में आने पर मन्दिर के स्कूल मास्टर से भी दोस्ती के मुद्दे पर बात होने लगी और उन्होंने बोलना शुरू किया तो बोलते ही चले गए।

"दोस्ती बहुत बड़ी बात है। ज़िन्दगी में दोस्त मिलता है क़िस्मत से ही। अक्सर दोस्तों में शुमार होते हैं परिचित, अच्छे जानने वाले, वग़ैरह। उनकी अहमियत भी कम नहीं होती। मगर एक होता है जिगरी दोस्त, भला चाहने और मदद करने वाला, अच्छाई-बुराई बताने वाला ही नहीं, तहे दिल से क़ुबूल करने वाला होता है वह। दोस्ती होती है दो रूह एक जान बन जाने का नाता, जिसमें अच्छा-बुरा सब साझा किया जा सके, शरम, नेक-नीयती, पछतावे और ख़ुशी से बेझिझक, जो आपको आपका और अपना सही-सही अक्स दिखा सके, और पाप और पुण्य से परे आपसी अपनापा रख सके। इत्तिफ़ाक़ रखते

हों या नाइत्तिफ़ाक़ी की वजह से दूर हो जाएँ, और फिर न मिलें न ख़त-ओ-किताबत, फिर भी दिल में दोस्ती के जज़्बात बने रहें।

"दोस्ती के लिए कोई एक 'सेट फ़ार्मूला' या 'फ़िक्स्ड क्राइटेरिया' नहीं होता। कभी तो दोस्ती की नहीं जाती, बस हो जाती है। कभी किसी के हुस्न, नाक-नक्श, रंग और ख़ूबियों के मिले-जुले रंग घुल-मिल जाते हैं दोस्ती के एक ही रंग में। कभी-कभी किसी के रंग-रूप जिस्म से परे बस उसकी ख़ूबियों की वजह से बनते हैं दोस्त। कभी इन सबसे हटकर बस मन मिल जाने भर से। किसी को देखते ही उसे दोस्त बनाने की ख़्वाहिश जाग जाती है और कभी लम्बे साथ और जाँच-परख के बाद। कभी कुछ दूर कुछ वक़्त तलक और कभी आख़िरी दम तक बनी रहती है दोस्ती। दोस्ती की एक बूँद हो या भर घूँट, जिसकी भी हलक में उतरे वह तर जाए। कभी-कभी दोस्ती में प्रेम, रगड़ा-झगड़ा और फिर अलगाव भी हो जाता है फिर भी सबसे परे बच रहते हैं दोस्ती और आपसी मोहब्बत के भाव। मगर बहुत से लोग एक दोस्त पाने की ख़्वाहिश में कसमसाते चले जाते हैं दुनिया से, बिना कोई दोस्त मयस्सर हुए ही।"

इसके आगे मास्टर जी की बात सुनने की बजाय मेरा ध्यान तेरी तरफ़ भटक गया—देखें किस मुक़ाम तक पहुँचता है हमारा रिश्ता। उम्र और वक़्त के दौर की दिलकशी वाला साबित होता है या गहरी दोस्ती का!

ढेर से प्यार के साथ...

हमेशा तुम्हारा

सातवाँ ख़त

बन्द-ए-अमीर,
अफ़ग़ानिस्तान
25-26 अप्रैल, 1977

प्रिय...,

ढेर सा प्यार!

हिन्दूकुश पहाड़ की खड़ी कगार में तराशकर बनाई गईं महात्मा बुद्ध की ऊँची-ऊँची मूर्तियों के लिए मशहूर 'बामियान' के पास है यह दिलकश जगह, जहाँ से तुम्हें यह ख़त लिख रहा हूँ।

काबुल से चलने के पहले, एक बार फिर एम्बेसी गया था लेकिन तेरा एक भी लेटर नहीं मिला। इतना ही कहना काफ़ी होगा कि 'आँखिन-आँखिन नाचत हऊ।' क्या बात है? अब तक तूने मेरी किसी भी चिट्ठी का जवाब क्यों नहीं दिया? कहीं तुझे अपना फ़ैसला ग़लत तो नहीं लगने लगा? अभी तो पूरा एक महीना भी नहीं बीता है, हमें अपना फ़ैसला लिए हुए। घर पर डाँट पड़ गई है, या मेरे पैरेंट्स ने तुझे कुछ कहा है? कुछ भी हो कम-से-कम अपना हाल तो लिख देतीं। जोड़ने को तो इतना बड़ा नाता जोड़ लिया और अब दो लाइन में हाल भी नहीं बता सकतीं। अपने पापा-मम्मी को मेरा प्रणाम कहना। भाई कहाँ है? कैसा है? उसे नमस्ते और छोटे नन्हे वाले भाई को प्यार। जैसा भी हो एक बार अपना हाल जल्दी से लिख भेजो। बहुत बेसब्री से तुम्हारे लेटर का इन्तिज़ार है!

सामने दिख रही है एक नीली झील जिसे कहते हैं 'बन्द-ए-अमीर'। ऐसी सुन्दर नीली झील मैंने कभी नहीं देखी जिसकी मनमोहक ख़ूबसूरती बिना देखे महसूस नहीं की जा सकती और वहाँ बैठकर जिसे ख़यालों में भी नहीं उतारा जा सकता। मिलने पर एक फ़ोटो दिखाऊँगा कुछ-कुछ अन्दाज़ा लग जाएगा। सूखे बंजर मल्टी-कलर्ड (बहुरंगे) पहाड़ों के तीखे कटावों के बीच इतनी ख़ूबसूरत झील क़ुदरत

का बेजोड़ कमाल है। सीधे खड़े पहाड़ों के बीच बने क़रीब चालीस फ़ीट ऊँचे क़ुदरती पहाड़ी रुकावट (बन्द) से बँधी। जिसका लहराता हुआ पानी नज़दीक से देखने पर इतना साफ़-शफ़्फ़ाफ़ दिखता है जितना पिघला हुआ सफ़ेद शीशा, और तनिक-सी दूरी से इतना नीला दिखता है जितनी कपड़ों पर लगाने वाली नील। पानी भी कभी इतना नीला दिख सकता है यह देखकर हैरत में रह गया। उतना ही नीला जितना नीला होता है पामीर के पत्थरों में 'बदख़्शां' से आने वाला 'लाजवर्द पत्थर, जो अंग्रेज़ी में 'लैपिस लैजुली' के नाम से जाना जाता है।

अफ़ग़ानिस्तान का लाजवर्द निर्यात किया जाता रहा हिन्द सहित बहुत से मुल्कों को। प्याले-तश्तरियाँ बनाने और छुरी-कटारी-तलवार की मूठ, चूड़ियों-लाकेट-अँगूठियों-कमरबंद और 'टाई-पिन' में इनके नगीने जड़कर सजाने के लिए इनका बड़े पैमाने पर इस्तेमाल किया जाता रहा है। देख-देखकर ख़रीदने का मन करे लेकिन दाम सुनकर हाथ खींचना पड़े। एक छोटी-सी अँगूठी की क़ीमत भी छह सौ अफ़ग़ानी। अपने ब्वाय-फ्रेंड के साथ झील के सर्द पानी में पैर डुबाकर बैठी एक फ्रेंच लड़की को भर बाँह लैपिस जड़ी चूड़ियाँ, कंगन और अँगूठियाँ सजाए देख रश्क़ के साथ अपनी मजबूरी पर अफ़सोस भी हो रहा है। काश! हम भी यहाँ साथ-साथ आ पाए होते।

झील की तली पर गंधक होने की वजह से दवा की तासीर रखने वाले झील के पानी में नहाने के साथ उसी का घूँट भर पानी पीकर लोग अपनी बीमारियाँ दूर करने का जतन करते हैं। अपने राम तो पानी की ठंडक छूकर ही छटक लिए हैं, नहाने की तो कौन कहे। झील के किनारे सीधे खड़े, सूखे, बदलती धूप के रंग के साथ रंग बदलते पहाड़ और एक मीनारों वाली इमारत के पानी में गहराई तक झिलमिलाते अक्स। बाँध के किनारे कुछ दरमियानी क़द के पेड़ और अधगली बर्फ़ के तोदे, किनारों से आते झील में गिरते झरने, इधर-उधर बिखरी बर्फ़। नौ हज़ार पाँच सौ छाछट फ़ीट (क़रीब 1700 मीटर) की इस ऊँचाई पर जगह-जगह चमचमाती बर्फ़ ही बर्फ़। हिन्दूकुश पहाड़ों की इस बिलकुल अलग ही ख़ूबसूरती को कैमरे में सँजो लेने में जुटे पोलिश सैलानियों की कोशिश ज़्यादा कारगर नहीं होने वाली, क़ुदरत का उन्मुक्त जीता-जागता विस्तार सपाट तसवीरों में समेटा जा सकता है क्या?

अफ़ग़ानिस्तान में फ़िल्माई गई, 1975 में रिलीज़, बॉलीवुड फ़िल्म 'धर्मात्मा' के कई हिस्से यहीं कहीं बन्द-ए-अमीर और बामियान की लोकेशन में शूट किए गए हैं। इसमें हेमा मालिनी, रेशमा नाम की एक कबाइली लड़की के रोल में दिखती है। फ़िरोज़ ख़ान, रणबीर नाम से, इस फ़िल्म के हीरो हैं और खलनायक का रोल किया है डैनी डेंज़ोंग्पा ने जंकूरा नाम से। फ़िल्म में यहाँ के दिलकश नज़ारों के

तो दीदार होते ही हैं, 'सेन्ट्रल एशिया' में खेला जाने वाला मशहूर खेल 'बुज़कशी' भी देखने लायक़ है। इन इलाक़ों के कबीलों में घुड़सवारी के हुनरमंद मर्द दो गुटों में बँटकर खेलते हैं यह खेल। दोनों गुटों के खिलाड़ियों के बीच एक सिर-कटा बकरा या बछड़ा रख दिया जाता है। घुड़सवार अपने घोड़े दौड़ाते हुए उसे उठाने की होड़ में भिड़ जाते हैं। जिस ग्रुप का कोई खिलाड़ी उस सिर कटे बछड़े/बकरे को उठा लेता है, उसे दूसरे गुट के खिलाड़ियों की छीना-झपटी के बीच से निकलकर, वो धड़ मुक़र्रर लकीर के आगे फेंकना होता है। यहाँ की दिलकश फ़ज़ाओं में इस खेल और बर्फ़ीले रेगिस्तान की ज़बरदस्त फ़ोटोग्राफ़ी के लिए फ़िल्म के फ़ोटोग्राफ़र कमल बोस को बेहतरीन छायाकारी का फ़िल्मफ़ेयर अवार्ड से नवाज़ा गया। उस पिक्चर के हिट गानों के बोल तूने भी सुने होंगे :

ज़ुबाँ ज़ुबाँ पे चर्चा तेरी,
गुलशन गुलशन महका है।

...

...

और

तेरे चेहरे में वो जादू है,
बिन डोर खिंचा जाता हूँ,
जाना होता है और कहीं,
तेरी ओर चला आता हूँ।

ना देखा हो ये सिनेमा तो अब देख लो। देखकर यक़ीनन तुझे मेरी बात पर यक़ीन हो जाएगा कि यूँ ही यहाँ की तारीफ़ नहीं कर रहा हूँ। उसके बाद भी सिनेमा में देखे से मन न भरे तब तो अपनी आँख से देख लेने के लिए ख़ुद-बख़ुद एक बार तो यहाँ ज़रूर ही आना होगा।

काबुल से 312 किलोमीटर उत्तर और बामियान से 75 किलोमीटर पश्चिम, यहाँ आने के दो रास्ते हैं, और दोनों आते हैं बरास्ते बामियान। एक 'उनोइ' और 'हाजीगाक' दर्रों से होकर और दूसरा 'शिबर दर्रे' से, कहीं-कहीं दस-बारह हज़ार फ़ीट से भी ज़्यादा ऊँचाइयों से गुज़रकर। फिर भी 'परवा (ह) नईं', आना चाहो तो काबुल से बख़्तर-अफ़ग़ान एअरलाइन्स का हवाई जहाज़ सीधे बामियान में उतार देगा। फिर, आगे की दूरी में कुछ मशक़्क़त तो ज़रूर करनी पड़ेगी लेकिन पूरे रास्ते मन बहलाने और आँखें जुड़ाने को बेहतरीन और नए-नए 'दिल-लूटन' नज़ारे हर घड़ी घेरे रहेंगे। चुटकियों में रास्ता पार हो जाएगा।

कोह-ए-दामन

ख़र्चे-पानी और घूमने के लिए ज़रूरी रक़म की कोई कमी नहीं है। जैसा कि पहले भी लिख ही चुका हूँ, यह रक़म जुटी है श्याम जी के प्रोग्रामों में ईनाम के तौर पर नज़र की गई अफ़ग़ानी करेंसी की बदौलत। इसमें से जितना और जैसे चाहें ख़र्च करने पर उन्हें क़तई कोई एतराज़ नहीं है। इस तरह जुटी रक़म जहाज़ के किराए पर ख़र्च करने में समझदारी नहीं समझ आई वरना उन्हें इस पर आने वाले ख़र्च में भी दिक़्क़त नहीं होती। लेकिन जहाज़ से आने पर एक तो रास्ते के लैंडस्केप देख पाने का मज़ा नहीं मिलता, दूसरे उसके किराए पर ख़र्च भी कहीं ज़्यादा होता। इसलिए बस से यहाँ आने के किफ़ायती सफ़र को तरजीह दी।

काबुल के 'हाजी पियादा' मोटोर-अड्डे (बस-स्टैंड) से, 'शिबर दर्रे' से होकर आने वाली, 'मोटोर' पर सवार हो लिए। दूसरा रास्ता है तो कुछ छोटा मगर अभी बर्फ़ से ढका होने की वजह से बन्द है। चलते वक़्त बन्द-ए-अमीर तक आने की उम्मीद नहीं थी। ये तो कहो क़िस्मत अच्छी रही कि हिन्दूकुश पहाड़ के इस बर्फ़ीले टुकड़े के बीच सजी इस बेमिसाल झील के दीदार हो सके। वरना अभी दो दिन पहले तक बामियान से यहाँ तक की सड़क भी बर्फ़ से बन्द थी। अब अगर आज फिर बर्फ़ गिर जाए या पानी बरस जाए तो वापस लौटने का रास्ता रुक सकता है।

साथ चल रही सवारियों में शामिल रहे दो ब्रिटिश, एक फ्रेंच, दो जर्मन और बाक़ी के सब अफ़ग़ान। दो अफ़ग़ान नौजवान बहुत मस्त, बहुत ख़ुशदिल आपस में बतियाते बात-बात पर हँसते। चुस्त-दुरुस्त युवा फ्रेंच चश्मा चढ़ाए चुपचाप खिड़की से बाहर देखने में मगन। ब्रिटिश, बातों के अटूट सिलसिले में इतनी ऊँची आवाज़ में बोलते मानो जैसे हर कोई उन्हीं को सुनने बैठा हो। और जर्मन जोड़ा, ऐसा लगता मानो सकल रोमांस एही बस के भीतर। अफ़ग़ान मुसाफ़िर नान तोड़ते, नसवार दबाते, ख़ारिजी (विदेशी) सैलानियों की हरकतों को अचरज से देखते या आपस में गपियाने में मशग़ूल।

पिछली बार कुंदूज़ जाते वक़्त भी काबुल से चारीकार तक इसी रास्ते से गुज़रने की वजह से रास्ता जाना-पहचाना लगा। लेकिन तब इस इलाक़े के बारे में जो बात ज़ेहन में नहीं आई वो इस बार ध्यान में आते ही रोमांचित करने लगी। आज से लगभग 2200 बरस पहले वसंत के मौसम में 'कोह-ए-दामन' की इसी वादी में तो आया होगा मकदूनिया से दुनिया जीतने निकला सिकन्दर! उस पार 'आमू दरिया' की घाटी में बसे बैक्ट्रिया (बल्ख़) से अपनी फ़ौज के साथ हिन्दूकुश को पार करके, इस पार आकर, हिन्द पर हमला करने के सिलसिले में। यहीं कहीं

रहा होगा उसका बसाया 'एलेक्ज़ेंड्रिया' नाम का शहर। इतिहास की किताबों में 'कोह-ए-दामन', 'कोह-ए-दामन' पढ़ते-घोटते, ऐसा घुट गई इस जगह की ख़याली तसवीर कि इसे अपनी आँखों देख पाने की हसरत पालता रहा, और देखो ऊपर वाले की दरियादिली, आख़िर पहुँचा ही दिया यहाँ भी।

काबुल से थोड़ा आगे बढ़ने पर रास्ता ढलाव पर आ गया और फिर खुलने लगा इस वादी का हसीन मंज़र। 'पंजशीर दरिया' की घाटी में शामिल 'कोह-ए-दामन' के सामने माथा उठाए ऊँचा बर्फ़ीला हिन्दूकुश, बाएँ बाज़ू पघमान की पहाड़ियाँ, और दाएँ बाज़ू पर दूर उत्तर से पश्चिम की ओर उतरती कम होती ऊँचाई वाली 'रेंज'। पश्चिम से पूरब की ओर ढलाव में 62 किमी. तक फैलाव वाली वादी, औसतन 11 किमी. चौड़ी। हिन्दूकुश की पिघलती बर्फ़ से निकलकर इस घाटी में दाख़िल होते हैं उत्तर-पश्चिम से दरिया-ए-ग़ोरबन्द और उत्तर-पूरब में दरिया-ए-पंजशीर। इन दोनों के बीच दरिया-ए-परवान, आगे दक्षिण-पूरब की ओर बहते हुए समा जाती है और आगे दरिया-ए-पंजशीर में मिलने वाले दरिया-ए-ग़ोरबन्द में। थोड़ा ही और आगे 'पंजशीर दरिया' में गिरता है 'बरी-का-आब' झरना। फिर, 'पंजशीर दरिया' मिल जाता है 'काबुल-दरिया' में।

इस वादी में अंगूर की ज़बरदस्त उपज होती है लेकिन लोकल लेवल पर उसकी खपत नहीं हो पाती। यहाँ के दो बड़े ठिकानों 'चारीकार' और 'बेग्राम' के बाज़ारों में ही नहीं, इन्हें बेचा जाता है काबुल के कूचों-बाज़ारों में भी। अंगूर की बेटी यानी अंगूरी शराब, सरकारी हुकुम के मुताबिक़, हराम होने की वजह से यहाँ शराब रसाने-बनाने पर पूरी पाबन्दी है, इसलिए इन्हें सुखाकर किशमिश-मुनक्के की शक्ल में तब्दील करके दूरदराज़ के मुल्कों को एक्सपोर्ट किया जाता है। इनकी ख़ासी बड़ी खेपें अपने यहाँ भी आती हैं। इन्हें चाव से कुटकुटाने वाले हम लोग आमतौर पर कहाँ जान पाते हैं इतने मनोरम और अनदेखे कोह-ए-दामन और इस निराले मुल्क के बारे में, जहाँ से ये आते हैं।

पहाड़ी ढलानों पर ऊपर से लुढ़ककर आई पथरीली ज़मीन के कटावों में लोटती पतली जल-धाराओं के साथ शहतूत के हरिया चले दरख़्त, समतल हिस्सों में अंगूर के बग़ीचे। आबोहवा और ज़मीन दोनों मुफ़ीद होने की वजह से वादी का काबुल की ओर वाले कम उपजाऊ पथरीले हिस्से में ख़ासतौर पर फलों के बाग़ान। जबकि उपजाऊ ज़मीन पर अनाज, कपास, तम्बाकू और सब्ज़ियों के खेत। घास के ढलान और अखरोट के झाड़। पथरीली पृष्ठभूमि में छितरी हरियाली, बर्फ़ीले पहाड़ और मद्धम पहाड़ियाँ, नदियाँ, चश्मे और झरने, कुल मिलाकर जितनी भी तारीफ़ की जाए कम पड़ जाए। ऐसी तसवीर, जिसे लफ़्ज़ों में उतारा न जा सके और जिसे सराहने और जज़्ब करने के लिए इस तरह बस में बैठकर गुज़रना

काफ़ी नहीं। इसके लिए तो यहाँ कुछ दिन डेरा डालने की दरकार होगी जो इस वक़्त मुमकिन नहीं। बहरहाल सड़क के दोनों ओर उड़ती नज़र डालते पहुँच गए चारीकार शहर के चायख़ाने पर।

चारीकार के चौतरफ़ा सरोकार में सबसे अहम् है उसकी लोकेशन—कोह-ए-दामन। पुराने ज़माने से आज तक हिन्दूकुश के उत्तर और दक्षिण से आने वाले रास्ते मिलते रहे हैं पंजशीर घाटी के इसी दर पर, और फिर बढ़ जाते हैं अपनी-अपनी मज़िल-ए-मक़सूद की ओर, उस पार कुंदूज़, मज़ार-ए-शरीफ़, बल्ख़ से आने वाले रास्ते, और इस पार काबुल, हेलमंद और नंगरहार-जलालाबाद होकर तक्षशिला-पेशावर के रास्ते हिन्द की ओर बढ़ने वाले रास्ते, या फिर हिन्दूकुश के ऊपर-ऊपर पूरब में पामीर के पठार और पश्चिम में हेरात की ओर या उधर से इधर आने वाली राहें। अँगरेज़ बहादुरों ने हिन्दूकुश को पार करने वाले सत्रह दर्रों को दर्ज किया है, कुछ और भी हों तो मुझे पता नहीं। इसी तरह सौ साल पहले बौद्ध-ठिकानों का ठीह-ठिकाना लेते हुए हिन्दुस्तान जाने वाला चीनी राही ह्वेनत्सांग, क़रीब चौदह सौ साल पहले हिन्द से लौटते हुए तैमूर, और चार सौ साल पहले आते-जाते बाबर वग़ैरह इसी वादी से होकर जाते रहे।

घूम-फिर कर कोह-ए-दामन की इसी वादी में, कभी बीचोबीच वाली धुरी पर और कभी उससे कुछ मील हटकर, वक़्त-वक़्त पर कई शहर बसते रहे हैं यहीं कहीं, जैसे सिकन्दर के एलेक्ज़ेंड्रिया के अलावा कुषाणों के दौर का कपिशा। इस वादी में बसे शहरों में हाफियान, परवान, फरवान और बरवान नाम तो मिलते हैं लेकिन चारीकार का ज़िक्र बहुत पुराना नहीं है। फिर भी, मोटा-मोटी लिहाज़ से इसे एक हज़ार साल तक पुराना माना जाता है। इसका ज़िक्र मुग़ल बादशाह अकबर (1556-1605 ई.) के रिकॉर्ड में 'चारिक(आर)आन' नाम से आया है। लोक परम्परा में चारीकार नाम का उद्भव 'चहार-यक(अ)-कार' (फल के चौथे हिस्से) से बताया जाता है। एक और तर्क के हिसाब से 'चार' शब्द हिन्दुस्तानी भाषा के 'चार' से बना है। यहाँ से गुज़रने वाले कारवाँ से कर वसूलने के बाद आगे जाने का परमिट दिया जाता था, उसी का द्योतक है यह नाम। बीसवीं शताब्दी की शुरुआत तक यहाँ एक चुंगी-चौकी रही है। कुल मिलाकर यह शहर कारोबारी और दूसरे काम से चलने वाले कारवाँ को कंट्रोल करने का अहम् ठिकाना रहा है। उन्नीसवीं शताब्दी के आख़ीर में सड़कों के विकास और मोटर-गाड़ियों की आमदरफ़्त बढ़ने के साथ, और काबुल के क़रीब होने की निसबत, इसकी अहमियत कम होती गई फिर भी परवान सूबे की राजधानी होने और उम्दा अंगूर की उपज के लिए आज भी इसकी साख क़ायम है।

बड़े-बड़े लड़इया भी

चारीकार तक का जाना-पहचाना रास्ता पार करके बाईं तरफ़ की कच्ची सड़क पर चढ़ चले। एक बगल ग़ोरबन्द दरिया का उफनता पथर-तोड़ बहाव। दूसरे बाज़ू में भुरभुरा पथरीला पहाड़। पीछे ढलान, आगे चकरिया लेती उठती सड़क पर आती-जाती एक-दो लारी, टैक्सी, मिनी बस, पैदल और घुड़सवार। कहीं-कहीं चायख़ाने, छोटे ढाबेनुमा होटल, सूखे मेवों की दुकान, हरी नसवार के पैकेट बेचने वालों की गोहार, कुछ छितरे-छितरे मकानों वाले गाँव, दरिया बराबर साथ-साथ। पहाड़ नंगे, जगह-जगह बिखरी और पहाड़ियों के फैलाव पर जमी बारहमासी बर्फ़ की चमचमाती परत।
ख़यालों में या ख़्वाबों में या खुली आँखों देखे क़ुदरत के सारे सुकून-बख़्श अक्सों के बरअक्स सबसे अलहदा, सबसे अनोखा। उजाड़ और सूखे, भूरे, पहाड़ी ढलान, कटाव और कगार पर नरम-नरम रुई के फाहों जैसी बर्फ़ से उपजा सौन्दर्य। खड़े पहाड़ों पर चढ़ते भेड़ों के रेवड़, काँधे पर तोड़ेदार बन्दूक लटकाए चरवाहे। आगे-आगे घूमती सड़क पर चक्कर खाती चरखी जैसे मंज़र, कभी बर्फ़ीली सतह के नीचे, कभी बराबर, कभी ऊपर। बाएँ बराबर साथ चलती हिन्दूकुश की हिमानी दीवार।

इन बीहड़ रास्तों पर आज तो हम मोटर-गाड़ियों से चलते हैं, पहले इन पहाड़ों के दर्रे पार करने के दौरान बहुतेरे मुसाफ़िरों के दम तोड़ देने में देर नहीं लगती। जिस रास्ते से हम आए उसी एलाइनमेंट में यह रास्ता हज़ारों बरस से ले जाता रहा है उत्तर-पूरब में चीन-पाकिस्तान-अफ़ग़ानिस्तान की बाउंड्री पर पामीर के पठार से अफ़ग़ानिस्तान की पश्चिमी सरहद तक, आठ सौ किलोमीटर की लम्बाई में फैले हिन्दूकुश पहाड़ के बीच से गुज़रता, और आगे ईरान की ओर। यह पहाड़ उत्तर में वादी-ए-आमू दरिया और दक्षिणी अफ़ग़ानिस्तान और पाकिस्तान की सिंध नदी की घाटी को बुनियादी तौर पर अलग करता है। पाकिस्तान के चित्राल ज़िले में स्थित इसकी सबसे ऊँची चोटी 'तिरिच मीर' की ऊँचाई 7,708 मीटर (25289 फ़ीट) बताई जाती है। इसके नाम और नामकरण की वजहों के पीछे कई तरह के तर्क दिए जाते हैं। इस बाबत क़रीब छह सौ बरस पहले (1330-1333 ई.) में यहाँ से गुज़रने वाले इब्न बतूता ने दर्ज किया है कि :

> "इसके बाद मैं बरवान शहर की ओर उस सड़क से आगे बढ़ा जिस पर बर्फ़ से ढका एक बहुत ही सर्द ऊँचा पहाड़ आता है, वे (स्थानीय लोग) इसे हिन्दू-कातिल कहते हैं, क्योंकि हिन्द से लाए जा रहे ज़्यादातर ग़ुलाम यहाँ की तीखी ठंड से मर जाते हैं।"

इब्न बतूता के इस लेखे की बिना पर यह माना गया कि भारत से ग़ुलाम बनाकर

तुर्किस्तान ले जाए जा रहे हिन्दू इस पहाड़ के दर्रे को पार करने के दौरान तीखी सर्दी की वजह से मर (कुश) गए इसलिए इस पहाड़ को हिन्दुओं का क़ातिल मतलब हिन्दुओं को मारने वाला पहाड़ कहा गया। एक हिन्दू परम्परा (रवायत, ट्रैडीशन) के मुताबिक़ इस पहाड़ पर रहने वाला एक बहुत बड़ा दुर्दान्त अज़दहा वहाँ से जाने वाले हिन्दुओं को मारकर खा लेता था इसलिए इस पहाड़ का नाम 'हिन्दूकुश' पड़ा। कुछ लोग मानते हैं कि इसका असल नाम 'हिन्दूकुह' या 'हिन्दू कोह' था। बाद में 'कुह' का बिगड़ा नाम हुआ 'कुश' और पूरा नाम 'हिन्दूकुश'। इस नाम की पैदाइश का मसला आज भी ज़ेरे बहस है। फिर भी, इतना तो पक्का ही लगता है कि इस्लाम के आने और हिन्दू-मुस्लिम के रगड़े शुरू होने के पहले इस पहाड़ का नाम कुछ और ही रहा होगा। कुछ लोग हिन्दूकुश के मायने 'पानी वाले पहाड़' और कुछ लोग 'हिन्द के चमकीले बर्फ़' से लगाते हैं।

पहली सहस्राब्दी (फ़र्स्ट मिलेनियम) की आख़िरी शताब्दियों में ग्रीक लोगों ने 'हिन्दूकुश पहाड़' का ज़िक्र 'परोपमिसादाए' (Paropamisadae) नाम से किया है। इसकी पहचान 'पारियात्र पर्वत' से की जाती है। कुछ हिन्दुस्तानी आलिम इसे 'माल्यवान पर्वत' बताते हैं। यूनानी भाषा में इसे 'कौकासोश इन्दिकौश' (Caucasus Indicus) यानी 'भारतीय काकेशस' या 'भारतीय पर्वत' लिखा गया है। लेकिन इसके बाद के क़रीब 1700 बरस के लम्बे वक़्त में इसे किस नाम से पुकारते रहे इस बारे में कोई सीधा सुबूत मुझे नहीं मिल पाया है।

परवान और बामियान सूबों को जोड़ने वाली, समुद्री सतह से 3000 मीटर ऊँचे शिबर दर्रे से गुज़रने वाली, यह सड़क अहमद शाह शेर्ज़े और एक जर्मन इंजीनियर ने 1933 से 1938 के बीच बड़ी मशक़्क़त से बनवाई थी। इस रास्ते काबुल से बामियान की दूरी पड़ती है 237 किलोमीटर।

चक्करदार कच्ची सड़क पर चलती बस, अक्सर कुछ ऐसे ऊपर-नीचे हिचकोले खाती कि आधे मुसाफ़िर, ख़ासकर अफ़ग़ान सवारियाँ, खिड़की से बाहर मुँह निकालकर उल्टियाँ करने लगीं। हवा के साथ उड़कर उनके कुछ छींटे पिछली खिड़कियों की ओर भी आने लगे। एक नौजवान अफ़ग़ान की उल्टी करने की आवाज़ से ख़फ़ा होकर एक बेहद बदतमीज़ ब्रिटिश सैलानी हत्थे से उखड़ गए और उसे मारने उठ खड़े हुए, शायद पचास बरस पहले से पल रहे औपनिवेशिक 'सुपीरियारिटी कॉम्प्लेक्स' (श्रेष्ठता की भावना) के 'हैंग ओवर' (मदहोशी) में।

उस ब्रिटिश सैलानी को उल्टी करते उस बीमार पर तनिक भी रहम नहीं आया। फ्रेंच और जर्मन सैलानियों ने बीच-बचाव करके किसी तरह उसे बिठाया। इतना सब हो जाने के बाद भी अफ़ग़ान बिलकुल ख़ामोश रहे, मानो कुछ हुआ ही नहीं।

उनकी बर्दाश्त की हद देखकर अचरज हुआ, सोचता रहा नाहक ही हम औरों के कहे पर इन्हें ग़ुस्सैल और झगड़ालू समझते रहे। आमतौर पर ये सीधे-सादे लोग हैं, बात-बात पर काँधे पर टँगी भरुआ बन्दूक पर हाथ नहीं लगाते, लेकिन अपनी पर आ जाएँ तो बड़े-बड़े लड़इया भी एकबारगी मुँह की खा जाएँ। ज़्यादातर यूरोपीय नहीं जानते, इस ज़मीन के चप्पे-चप्पे के लिए सिकन्दर की जानी-मानी सेना को भी कितना लहू बहाना पड़ा, और अभी कुछ ही वक़्त बीता है जब 1841 में गोरखा रेजीमेंट के 750 लड़ाकों को इन्हीं अफ़ग़ानों ने एक तरफ़ से हलाक कर डाला था।

चमचमाती रोशनी की जगह

चूलें हिलाती खड़भड़ाती हुई मोटोर में झूलते, झटके खाते काफ़ी देर तलक बढ़ते रहे। ऐसे में भी कुछ हिलती-डुलती सवारियों को ऊँघ लेते देख हैरत हुई। दर्रे के सबसे ऊँचे हिस्से को पार करती बस को चढ़ने में ख़ासा दम लगाना पड़ा। फिर एक लम्बा उतार लेकर थोड़ी ही देर में ऊँचे पेड़ों के साथ बढ़ती हरियाली-किनारी वाली पट्टियों के बीच से बह रहे बामियान दरिया के किनारे चलने लगे।
यह दरिया बामियान से 20 किमी. दक्षिण-पश्चिम में कोह-ए-बाबा पहाड़ के उत्तरी हिस्सों से निकलकर पूरब की ओर गहरी घाटी में बहता हुआ, क़रीब 50 किमी. आगे उत्तर की ओर एक तीखा मोड़ लेकर हिन्दूकुश के उस पार, फिर, पूरब-उत्तर-पूरब की ओर बहता है। उस हिस्से में इसे 'सुर्ख़ाब दरिया' कहा जाता है। फ़ारसी में 'सुर्ख़' के मायने हुए लाल और 'आब' माने पानी, मतलब लाल पानी वाला दरिया, जो आगे क़रीब अस्सी किलोमीटर से कुछ ज़्यादा दूरी तक हिन्दूकुश के समानान्तर चलते दाएँ बगल की सहायिकाओं का पानी समेटते हुए, दोशी नाम के नगर के पास 'दरिया-अन्दराब' और कुंदूज़ सूबे में 'कुंदूज़-दरिया' कहलाता है। आख़िरी मंज़िल के नज़दीक इसमें मिलती है इसकी सबसे बड़ी सहायिका 'खंदआब'। फिर, और आगे बहती हुई समा जाती है 'आमू दरिया' के आग़ोश में।

चार बजते-बजते, दाएँ बगल वाले ऊँचे पहाड़ के सीधे कटाव पर काटकर तराशे गए बुद्ध के ऊँचे-ऊँचे विशाल बुतों को हसरत से देखते हुए बामियान के मोटोर-अड्डे पर उतर गए। सड़क के साथ सटी जगह में, पत्थर और धूप में पकी मिट्टी की ईंटों या पापलर की शहतीरों पर उठाए गए ऊँचे चबूतरों पर, लकड़ी की अनगढ़ बल्लियों पर टिकी तिरपाल, पॉलिथिन या चटाइयों से बने छाजन, ऊपर से छाजन को दबाए रखने के लिए रखे गए लक्कड़, टहनियों के ढेर और कबाड़ वाली छोटी-छोटी दुकानें। ऊँचे चबूतरों पर चढ़ने के लिए पत्थर की सीढ़ियाँ, चायख़ाने और गुमटियाँ। पहियों वाले ठेलों पर, शीशे के फ्रेम वाले चौकोर बक्सों में खाने

के सामान, पंचर बनाते कारीगर की वर्कशॉप के सामने ज़मीन पर और बल्ली पर टँगे टायर। कुछ दुकानों में लटकते कपड़े और रंग-बिरंगी गुरियों वाली माला की लटकनें, लाजवर्द और दूसरे रंगीन अर्द्ध-रत्नों के नग वाली अँगूठियाँ, कड़े और टाई-पिन जैसे सजावट के सामान और कुछ में लकड़ी के ट्रे और गत्ते के डब्बों में सजे अनार, शहतूत और सूखे मेवे।

गर्द भरी मटमैली सड़क पर गिने-चुने सलवार और क़मीज़नुमा लम्बा कुर्ता पहने मुड़बन्दी साजे अफ़ग़ान। चायख़ानों और रेस्टोरेंट्स के बाहर लगे लोहे या लकड़ी के द्विभाषी साइन-बोर्ड्स पर आसानी से पढ़े जा सकने वाले अंग्रेज़ी में लिखे 'कारवाँ', 'काबुल', 'फ्रेन्डली', 'सोफ़िया' जैसे उनके नाम। सैलानियों में ज़्यादातर ख़ारिजी हिप्पियों की टोली, यूरोपियन, गोल-गोल मंगोलमुखी जापानी या चीनी या कोरियाई, जिन्हें एक नज़र में उनके मुल्क के हिसाब से अलग-अलग पहचानना अपने बस का नहीं, और दूसरी जगहों से आए अफ़ग़ान। घाटी की कुल आबादी 6000 के आसपास।

मैं भी लग लिया साथ आए यूरोपियन सैलानियों और उनके गाइड के साथ। दोनों बगल पापलर के ऊँचे पतले दरख़्तों की कगार के बीच से चल पड़े बुद्ध-मूर्तियों की ओर। कुछ ऊँचाई तक चढ़ने पर दिखने लगा घाटी का विहंगम दृश्य जिसे आप अंग्रेज़ी में 'बर्ड्स ऑई व्यू' कहते हैं। उत्तर में पथरीले, ऊँचे, सीधे खड़े और सामने भी वैसे ही ऊँचे पहाड़, दोनों के बीच 'बामियान दरिया' का बहाव। खलिहर ख़ाकी खेतों के साथ कुछ हरिया रहे खेतों के बीच खलबलाते चश्मों में छलकता पानी और छितराए हुए पापलर के दरख़्तों की क़तारें, विलो और शहतूत के मझोले घने झाड़, अखरोट और खूबानी वग़ैरह के बग़ीचे। उनके आसपास आसमान में पर तौलते कबूतर। और, खेतों के बीच मिट्टी की बीच की ऊँचाई वाली धूप में पकी ईंटों से बनी दीवारों से घिरे, बाहरी दीवारों पर मिट्टी के प्लास्टर पर मिट्टी, सफ़ेदी या कहीं-कहीं हल्के पीले रंग से पुते, कच्ची धूप में पकाई ईंटों से ही तामीर कोनों पर बुर्जियों वाले क़िले या गढ़ियों और मकानों के अलावा कुछ ख़ालिस मिट्टी की दीवारों वाले मड-हाउस।

हमारे ठहरते ही गाइड अपने ख़ास अफ़ग़ानी लहजे में अंग्रेज़ी में बताने लगा जिसका लुब्बोलुबाब (ब्रीफ) कुछ इस तरह नोट किया :

> "देखिए, आपके सामने बिखरा है इस घाटी का नज़ारा। कहते हैं अगर धरती पर कहीं जन्नत है तो बामियान जैसा ही होगा।" इतना सुनकर मेरे ज़ेहन में कश्मीर के बारे में सुने ऐसे ही अल्फ़ाज़ घूमने लगे। लगता है फ़ारसी ज़ुबाँ के अन्दाज़े बयाँ में शामिल है ख़ूबसूरत परिदृश्यों को

ज़न्नत के माफ़िक़ बताना।

"पश्चिम से पूरब की ओर ढलाव वाली 50 किमी. लम्बी और ज़्यादा से ज़्यादा 15 किमी. चौड़ी बामियान घाटी की तलहटी में फैला माटी का जमाव बस 20 किमी. लम्बा और चौड़ाई मुश्किल से 1-2 किमी.। लेकिन दोनों बगल खड़े सूखे, रूखे, सख़्त पहाड़ों के बरअक्स इतनी-सी ज़मीन की हरियाली क्या ग़ज़ब की ख़ूबसूरत लगाती है, ख़ुद-बख़ुद देख लीजिए। वादी के दोनों ओर खड़े बर्फ़ ढके पहाड़ों में से सामने 5,135 मी. ऊँचा कोह-ए-बाबा नाम का पहाड़ है और पीछे वाला हिन्दूकुश पहाड़ के पश्चिमी विस्तार का 4,400 मी. ऊँचा 'कोह-ए संग-ए चस्पाँ' (Kūh-e Sang-e Časpān)।" इतना बताकर गाइड साहब चिपक लिए 'कोह-ए संग-ए चस्पाँ' की महिमा और उसके अलग-अलग नामों की फ़ेहरिस्त गिनाने में। उनमें से कुछ नाम ही नोट कर पाया। एक तो इनका नाम ऐसा जो हमारी ज़ुबाँ पर आसानी से न चढ़े, दूजे गाइड के बोलने का ख़ास लहजा, इसलिए पूरी लिस्ट उसी से लिखवाकर ले ली, 'कोहे संगे चस्पाँ' (Kohe Sange Časpān), 'ग़ोरी संगी-चस्पन' (Gory Sangi-Chaspan) वग़ैरह।

"बरसात और मौसम-ए-बहार में मिट्टी वाले हिस्सों में गंदुम, आलू, अखरोट की अच्छी फ़सल उपजाने के अलावा जानवरों के चारे के लिए अल्फाल्फा घास उगाई जाती है। लेकिन इस शहर की पैदाइश खेती से उपजी ख़ुशहाली से नहीं बल्कि पूरब से पश्चिम की ओर लगभग 30 मील लम्बे क़ुदरती गलियारे से गुज़रने वाले काफ़िलों की आवाजाही के रास्ते पर होने की वजह से हुई। हिन्दूकुश पहाड़ के ऊँचे दर्रों के उस पार बैक्ट्रिया, पूरब में चीन, पश्चिम में ईरान और तुर्किस्तान और दक्षिण-पूरब में बरास्ते पेशावर हिन्द जाने वाले रास्तों के बीचोबीच लोकेटेड इस अहम पड़ाव पर आगे बढ़ने से पहले ज़रूरत के सामानों के इंतज़ाम के लिए यह घाटी बड़े काम की रही है। आने-जाने वालों में शामिल कारोबारी, सैलानी, दानिशमंद, मज़हबी प्रचारक, फ़ौजी, रूहानी बादशाह और आम लोग इससे बख़ूबी वाक़िफ़ रहे। हालाँकि 1964 में 'सालंग दर्रे' की सुरंग बनने और दूसरी सड़कों के बन जाने के बाद इसकी अहमियत घटी, फिर भी काफ़ी अहम है अफ़ग़ानिस्तान के हज़ारजात इलाक़े के सबसे बड़े सूबे का इन्तिज़ामिया-हेडक्वार्टर होने की वजह से और सैलानियों की आवाजाही के चलते।

"यथा नामे तथा गुणे', अपने नाम 'बामियान' के मायने 'चमचमाती रोशनी की जगह' के मुताबिक़ यह घाटी क़ुदरती सुन्दरता और बौद्ध-मज़हब की पाक़ीज़गी से रोशन रहा है। यहाँ की बसावट की शुरुआत आज से 2,000 बरस के आसपास

मानी जाती है। अगले तीन सौ बरस में कुषाण राजाओं, ख़ासतौर पर 'महाराजा-राजातिराज कनिष्क की सरपरस्ती में, प्राकृतिक संसाधनों से भरपूर, व्यापारिक मार्गों के मिलने और डेरा डालने का मुफ़ीद मुक़ाम होने की ख़ासियतों के चलते बौद्धों ने इस घाटी को रहने के लिए चुना होगा।"

इतना बताकर गाइड धीरे-धीरे मूर्तियों वाली कगार की ओर चढ़ते हुए वहाँ की ख़ासियतें बयान करते रहे। और, हम लोग जितना हो सकता था उसके क़रीब चलकर सुनते रहे।

"फिर, यहाँ बौद्ध-मन्दिर और विहार बनने लगे, इस कगार की खड़ी चट्टानों को काट और तराश कर क़रीब 1700-1500 साल पहले नक़्श किए गए 55 और 33 मीटर ऊँचाई वाले खड़े हुए ये बुद्ध, दुनिया के सबसे बड़े बुत हैं। किसी वक़्त में इनके ऊपर मिट्टी के लेप पर की गई रंगसाजी देखने क़ाबिल थी। यहाँ आए चीनी यात्री ह्वेनत्सांग ने तो इन पर जड़े क़ीमती पत्थरों के नगीने और सोने के पानी से फूटती किरणों की बात भी लिखी है। इनके अगल-बगल चट्टान में ही खोदकर बनाई गई, अक्सर एक-दूसरे से जुड़ी, इन गुफाओं की अन्दरूनी सतह को बुद्ध से जुड़ी कहानियों से सजाया गया और आगारों में बैठे हुए बुद्ध की मूर्तियाँ स्थापित की गईं। इनके अलावा आज से क़रीब 1400-700 साल के बीच यहाँ से कोई तीन किमी. दक्खिन-पूरब में 'वादी-ए-ककरेक' और इधर पश्चिम-दक्खिन की 'वादी-ए-फ़ौलादी' में भी बहुत-सी ऐसी गुफाएँ काटी-तराशी गईं, कभी इनमें बौद्ध-भिक्षु रहा करते थे।"

चीख़ते भूतों का शहर

बुद्ध के ऊँचे बुतों के नीचे खड़े होकर, पंजों के बल उचकते हुए, आँखें उठा-उठाकर देखने पर भी एक बार में उन्हें पूरी तरह नहीं देख पाए। गाइड ने बताया कि कगार की जितनी सतह पर मूर्तियाँ और गुफाएँ बनाई गई हैं उसकी लम्बाई 1300 मीटर है। चौथी-पाँचवीं शताब्दी में (आज से क़रीब पन्द्रह-सोलह सौ साल पहले) तराशी गईं इन मूर्तियों में से बड़े बुद्ध की ऊँचाई 175 फ़ीट (53 मीटर) और छोटे बुद्ध 120 फ़ीट (क़रीब 40 मीटर) ऊँचे हैं। जल्दी-जल्दी में घूम-घामकर जितना देख पाए उतना ही देखा। ख़स्ताहाल गुफाएँ और मूर्तियाँ, वो भी तब जब कि दिल्ली से आए 'भारतीय पुरातत्त्व सर्वेक्षण' के 'कंज़र्वेटर्स' ने इनके संरक्षण और रख-रखाव के लिए ख़ासा जतन किया है। सूरज ढलने के साथ परछाइयाँ लहराते वापसी में उतरते वक़्त गाइड साहब ने अपनी बातों का छूटा सिरा फिर से उठा लिया :

"अरबों के यहाँ आने से पहले यह घाटी 'काबुल शाही' की हुकूमत में रही। इसके बाद यहाँ आए इस्लामी असारात की सनद दे रहे हैं वो सामने दिख रहे घाटी के बीचोबीच, आज से 1400 से 1000 बरस पहले के 'शहर-ए घुलघुलह' की क़िलेबन्दी और बुर्जियों के निशानात। इससे पूरब में 1400 से 1200 बरस के बीच के 'क़ल्लई काफ़ारी' की क़िलेबन्दी और बसावट के निशान, और उससे भी पूरब में कगार से 15 किमी. दूर हैं शहर-ए-ज़ुहक (मायने लाल शहर) के, 1000 से 700 साल पहले की ग़ज़नवी और ग़ोरी की इस्लामी हुकूमतों के दौर की रिहाइशी बस्तियों के, ज़मींदोज़ रिमेंस।

"क़रीब साढ़े सात सौ साल बीते मध्य एशिया की दूसरी जगहों की तरह बामियान में भी 'चंगेज़ ख़ान' के हमलों के साथ क़यामत आ गई। उसने अपने सबसे प्यारे परपोते की कमान में एक छोटी फ़ौज बामियान पर क़ब्ज़ा करने के लिए भेजी, लेकिन वह शहर-ए-ज़ुहक (लाल शहर) की क़िलेबन्दी से चले एक तीर से मारा गया। यह ख़बर पाकर ग़ुस्से से आगबबूला हुए चंगेज़ ख़ान ने बामियान के सभी बाशिन्दों और यहाँ तक कि जानवरों को भी हलाक करने का हुकुम ज़ारी कर दिया गया। फिर तो, उसकी फ़ौज यहाँ की फ़ौज सहित सभी को घेर-घेरकर काटने लगी। जान बख़्शने की भीख माँगते चीख़ते-चिल्लाते आदमी, औरत, बूढ़े और बच्चों तक को नहीं छोड़ा। वहाँ के खँडहर उनकी दरिंदगी की कहानी बयान करते हैं। कहते हैं, आज भी रात की ख़ामोशी में वहाँ चीख़ें सुनाई देती हैं। इसलिए उस जगह का नाम 'शहर-ए-ग़ुल ग़ुलह' मतलब 'चीख़ते भूतों का शहर' पड़ गया। उसके बाद, यह शहर फिर कभी पहले की तरह नहीं हो पाया।"

नीचे पहुँचकर गाइड साहब ने मेहनताना पाने के बाद अपना रास्ता पकड़ा, लेकिन बामियान की कहानी वहीं ख़तम नहीं हुई। एक चायख़ाने में चाय की तलब मिटाते चली गप-शप में बामियान के बारे में पहले से पढ़ लिखकर अप-टू-डेट फ्रेंच सैलानी ने बताया :

"फ़र्स्ट सेंचुरी ए.डी.' (आज से क़रीब दो हज़ार साल पहले) में बौद्ध-धर्म के प्रचार-प्रसार का मुख्य कारण रहा कुषाण साम्राज्य की स्थापना के साथ इस धर्म को मिली शाही सरपरस्ती। तीन शताब्दियों तक चली कुषाणों की हुकूमत में 'सेन्ट्रल एशिया', आज के चीन की 'तारिम घाटी', अफ़ग़ानिस्तान और उत्तरी भारत के इलाक़े शामिल

रहे। राजनीतिक, व्यापारिक और धार्मिक सेंटर रहे कोह-ए-दामन में बसा कपिशी या कपिशा, गांधार में पेशावर (पाकिस्तान) और भारत के मथुरा शहरों ने रोम, चीन और भारत के बीच होने वाले व्यापार में विशेष भूमिका निभाई। यहाँ से गुज़रने वाले रूट से होने वाली आमदनी और आने-जाने वालों की बदौलत मध्य एशिया, यूनान, ईरान, गांधार और भारत के सांस्कृतिक और कलागत तत्त्वों ने एक साझा विरासत को जन्म दिया। बामियान की मूर्तियों और गुहा-चित्रों में इनका सीधा असर दीखता है। भारत में अजंता, चीन में दुनहुआंग और बामियान की गुफाओं में चित्रित समकालीन चित्रणों में स्थानीय विशेषताओं के साथ कई समानताएँ और एक-दूसरे से मिलते-जुलते कथानकों और प्रतीकों की मौजूदगी यूँ ही नहीं हो गई। बामियान की बुद्ध-मूर्तियों के 'रोमन लिबास' में गांधार और लघु-स्तूपों पर भारतीय परम्पराओं की छाप साफ़ देखी जा सकती है।

"बामियान नाम फ़ारसी भाषा के 'बामिकान' से निकला हुआ भी माना जाता है। चीनी साहित्य में पाँचवीं शती ई. से इसका ज़िक्र 'फान-यान', 'फान-याँग', 'फांग-यान' और 'फान-येन-ना' नामों से मिलता है। चीनी यात्री फाह्यान (आज से क़रीब1600 साल पहले) और ह्वेनत्सांग (आज से क़रीब 1370-1385 साल पहले) ने यहाँ की यात्रा के दौरान इसे बौद्ध-धर्म और व्यापार के प्रमुख केन्द्र के रूप में दर्ज किया है। फाह्यान ने राजा की उपस्थिति में यहाँ लगभग एक हज़ार बौद्ध-भिक्षुओं की आनुष्ठानिक संगोष्ठी देखी थी। ह्वेनत्सांग यहाँ के भिक्षुओं के भक्ति-भाव से बहुत प्रभावित हुआ, और बौद्ध-मूर्तियों का ज़िक्र करते हुए महापरिनिर्वाण की शयन-मुद्रा में लेटे हुए बुद्ध की क़रीब 1000 फ़ीट (300 मीटर) लम्बी प्रतिमा का ज़िक्र किया है। उसके सौ साल बाद (सन् 727 ई.) कोरिया से आए एक बौद्ध-भिक्षु ने बामियान को एक स्वतंत्र बौद्ध राज्य बताया है। यह राज्य सन् 970 ई. में इस्लामी सुल्तानों के यह इलाक़ा जीतने तक चलता रहा। ग़ज़नवी और ग़ोरी सुल्तानों की हुकूमत के दौरान बामियान को महफ़ूज़ करने के लिए क़िलेबन्दियाँ और चौकसी के लिए बुर्जियाँ बनवाई गईं लेकिन तेरहवीं शताब्दी में चंगेज़ ख़ान के क़हर के सामने कुछ भी काम नहीं आया, उसने सब कुछ तहस-नहस कराकर इसे लम्बे समय के लिए वीरान कर दिया।

"सौ बरस बाद, हिन्दुस्तान से लौटने के रास्ते में, तैमूर लंग के बामियान आने के बाद यहाँ की बसावट एक बार फिर से जागने लगी लेकिन वो

पहली वाली बात नहीं आ पाई। कहते हैं बुतपरस्ती के ख़िलाफ़ मज़हबी ख़यालों के चलते उसने अपने सधे हुए तीरंदाजों से बुद्ध के बुतों को ध्वस्त करने के लिए तीर चलवाए, लेकिन एक भी तीर उन तक पहुँच नहीं पाया। तैमूर ही नहीं, मुग़ल बादशाह औरंगज़ेब ने भी बुतपरस्ती से खुंदक की वजह से इन मूर्तियों को तोप के गोलों का निशाना बनवाने में सुकून पाया, फिर भी इनका वजूद बचा रह गया। उन्नीसवीं शताब्दी की शुरुआत में बामियान की बसावट एक चहारदीवारी से घिरे गाँव तक सिमटकर रह गई। तब तक पहाड़ की कगार में महात्मा बुद्ध की मूर्तियों के बगल वाली गुफ़ाओं में आम लोगों की रिहाइश होने की जानकारी मिलती है।

"आज की तारीख़ में आज से सात हज़ार साल पहले के आसपास की आबादी वाले बामियान के बाज़ार की तीन-चार सौ दुकानों और सोमवार-बृहस्पतिवार की हफ़्ता-बाज़ारों की बिक्री के अलावा गंदुम, अंडे, आलू, पनीर और पॉपलर की लकड़ी काबुल की बाज़ारों को भेजी जाती हैं। सूबे का हेडक्वार्टर बनने के साथ यहाँ की बुद्ध-मूर्तियों, पुरानी विरासतों, मोहक घाटी, थोड़ी ही दूरी पर बन्द-ए-अमीर की नीली झीलों और बुज़कशी का खेल देखने में बढ़ती दिलचस्पी के साथ बाहरी दुनिया के सैलानियों की आवाजाही दिनोदिन बढ़ती जा रही है।"

'फ्रेंच सैलानी' के साथ बातें करते-करते हमने रिहाइशी मकानों जैसे दीखते होटलों में से एक दोमंज़िले सस्ते होटल में, बीस अफ़ग़ानी (चार रुपए) की दर पर, एक साझा कमरा बुक करा लिया। कमरे में एक-दूसरे से दो फ़ीट के फ़ासले पर अस्पतालों में मिलने वाली चारपाइयों की माफ़िक़ एक-एक ऊँची चारपाई पर मोटा गद्दा और दो कम्बल। सिरहाने स्टूल पर मिट्टी के तेल वाली ढिबरी।

पिट्ठू उतारकर वहीं एक कोने में सरका दिया और थोड़ी देर आराम करने के लिए बिस्तर पर लेट गए।

सिकन्दर लड़े कि ख़ंजर लड़े

अपने डेरे का जायज़ा लेने निकलने पर देखा, होटल की दीवारें भी लोकल मकानों की तरह मिट्टी के ईंट-गारे से चुनी, प्लास्टर से लीपी और ऊपर से चूने से पोती हुई। इनके बाहरी हिस्से में लकड़ी की चौखटों वाली खिड़कियाँ, और पॉपलर की धरन पर पतली टहनियाँ फँसाकर उनके ऊपर, बिछाई गई

चटाई पर, मिट्टी की मोटी परत जमाकर बनाई गई छत, फ़र्श पर भी चटाई। होटल के पीछे की ओर गड्ढे वाला कामचलाऊ सामूहिक वाशरूम। 'ग्राउंड फ़्लोर' के लाउंज में शीशे की चिमनी वाले तेल के लैम्प की रोशनी, ज़मीन पर बिछी चटाई पर बिना चीनी-दूध की सब्ज़ चाय की चुस्कियाँ लेते जहाँ-तहाँ बैठे बतियाते सैलानी।

एक मुसाफ़िर रोज़नामचा भरने में और दूसरा किताब पढ़ने में मशग़ूल। कान की बाली ठीक करता एक इटैलियन होटल के मैनेजर से भाड़ा कम करने की ज़िद पर अड़ा। तीन स्वीडिश बालाएँ एक कोने में इत्मीनान से थकान उतारती बैठीं बातों में लगी हुई। अभी-अभी होटल में क़दम रखते ठुड्डी पर बढ़ी हुई बकरे जैसी दाढ़ी वाले जापानी लड़के और पीठ पर पिट्ठू बाँधे लड़कियाँ। जर्मन घुमक्कड़ तुरत-फुरत दो घोड़े किराए पर लेकर ख़ाली सड़क पर दौड़ाने लगे। सब अपने आप में मस्त-मगन। घाटी में पसरी गाँव-देहात वाली घनी ख़ामोशी और दूर छितरे मकानों में जलते लैम्पों की टिमटिमाती लौ से बना जादुई माहौल।

बाहर सड़क के साथ-साथ दुकानों के सामने तेल से जलने वाली लालटेनें जलाकर लटकाई जाने लगीं। 'रेस्टोरेंट्स' में घास-पात और मांसाहारी दोनों तरह के खाने के सामान, कटलेट, नान, अंडा, आमलेट, ब्रेड, चावल और कई तरह के गोश्त। थोड़ी ही देर में होटलों की रौनक़ एक-एक करके आते सैलानियों से बढ़ने लगी। एक टेपरिकार्डर पर अफ़ग़ानी संगीत के साथ हिन्दी-अफ़ग़ानी मिला-जुला संगीत-ए-खिचड़ी बजने लगा :

पहले एक हिन्दी सिनेमा के पुराने गाने का मुखड़ा बार-बार दोहराया गया—

दिल तोड़ने वाले जादूगर,
अब मैंने तुझे पहचाना है।

फिर अफ़ग़ानी रबाब की धुन में वही बोल।

फिर वही गाने के बोल—

दिल तोड़ने वाले जादूगर,
अब मैंने तुझे पहचाना है।

बार-बार ऐसे ही दोहराने के बाद बिलकुल ही नए अन्दाज़ में—

सिकन्दर लड़े, सिकन्दर लड़े,

फिर अफ़ग़ानी रबाब की

धुन में वही बोल।

फिर वही—सिकन्दर लड़े, सिकन्दर लड़े, को भी कई बार दोहराने के बाद—

सिकन्दर लड़े कि ख़ंजर लड़े,
सिकन्दर लड़े कि ख़ंजर लड़े

फिर नई धुन पर नया गीत चल पड़ा—

परदेसियों से न अँखियाँ मिलाना,
परदेसियों से न अँखियाँ मिलाना।
...
...

और फिर वही—

सिकन्दर लड़े...
...
सिकन्दर लड़े...
...
कि ख़ंजर लड़े...

एक रेस्टोरेंट में लकड़ी के शेड से झलकती लैम्प की मद्धिम रोशनी में टेबल के चौगिर्द जमे सिगरेट का कश खींचते ख़ारिजी सैलानी। दीवार की सतह पर फैलाकर चस्पाँ किया गया 'अफ़ग़ान-टूर' का फोल्डर। वहीं मिल गया मेरा रूम-मेट फ्रेंच-हमसफ़री भी। ऑर्डर लेने आया बेयरा एक साँस में बोलता चला गया, पकवानों के नाम जिनमें से एक का नाम 'फ्रेंच टोस्ट' सुनकर साथी ने उसी का ऑर्डर दिया और मैंने मँगाया नान-येगोट और चिप्स। फिर बेयरे के जाने के बाद फ्रेंच साथी ने मुस्कुराते हुए बताया "फ्रांस में तो ऐसे टोस्ट का नाम नहीं सुना।"

हम जिस होटल में ठहरे हैं असल में उसकी इमारत होटल के तौर पर नहीं बनी है, बल्कि यह मुसाफ़िरों के रुकने के लिए सराय में तब्दील किया गया एक रिहाइशी मकान है। इसके बिना नंबर वाले अपने कमरे में आने तक मज़े की ठंड पड़ने लगी थी। धुआँ फेंकती ढिबरी की रोशनी में दिन भर का लेखा जुटा लेने की कोशिश ज़्यादा देर नहीं चल सकी। साथी भी कुछ नोट करता रहा, फिर, जींस-क़मीज़ सब किनारे उतारकर अंडरवियर में ही स्लीपिंग बैग में घुस गया। उससे चली बातों से पता चला उसकी घुमक्कड़ी का चस्का।

दुनियावी बंधनों से मुक्त 'छुट्टा' घूमता है यहाँ-वहाँ जहाँ कहीं भी जाने का मन कर जाए वहाँ। लम्बे सफ़र में एक छोटे बैक-पैक में ज़्यादा सामान तो भर नहीं

सकते, 'भारी असबाब जी का जंजाल' वाले फॉर्मूले के तहत बस दो जोड़े कपड़े, कुछ अतिरिक्त अंडर गारमेंट्स (अन्त:वस्त्र), मंजन और ब्रश, डायरी-पेन और कैमरा, बस इतना ही। हजामत के बवाल से बचने के लिए रखाई दाढ़ी लौटने पर अपने मुलुक में ही बनेगी।

मुझसे कुल तीन बरस ज़्यादा, सत्ताईस की उमर में ही सारा यूरोप घूम चुका, रूस ट्रांज़िट में देखा, कोरिया नाप डाला, फिलीपींस तक गया, भारत दो-दो बार घूम-घूमकर देखा, अब बन्द-ए-अमीर की शोहरत सुनकर अपनी आँखों देख लेने की हसरत से बरास्ते पाकिस्तान यहाँ खिंचा चला आया है। क़ुदरती ख़ूबसूरती से इश्क़। लड़कियों से रोमांस लड़ाना हॉबी में शुमार, चलते-चलते मिले, उड़ते-उड़ते मौज मनाई, और फिर, टाटा बाय-बाय, लेकिन बांग्ला देश, इंडिया, पाकिस्तान और अफ़ग़ानिस्तान में ऐसी किसी लड़की से लिफ़्ट न मिल पाने को लेकर ख़ासा मायूस।

बातें करते-करते फ्रांसीसी फिरंदर की तरफ़ से कोई आहट न सुन पड़ी तो मैं भी चुप लगा गया। लेकिन थके होने के बाद भी मुझे देर तक नींद नहीं आई। सोचता रहा—

> हिन्दूकुश के उस और इस पार प्रागैतिहासिक युग से ही 'ह्यूमन एक्टिविटीज' (मानवीय गतिविधियाँ) बदस्तूर चलती रही हैं, फिर ऐसा तो हो नहीं सकता कि तब के लोग यहाँ के पहाड़ी दर्रों से नावाक़िफ़ रहे हों। पाँचवीं और चौथी शती ईसा पूर्व (आज से पहले 2400-2500 साल बीते) ईरान के दारा और मकदूनिया के सिकन्दर की हुकूमत क़ायम करने के लिए इस इलाक़े में क़दमताल करने वाली उनकी फ़ौजों ने तो ये रास्ते ईज़ाद किए नहीं होंगे, इनकी मुकम्मल जानकारी इनके पहले ही वजूद में आ चुकी होगी। दूसरी शताब्दी ईसा पूर्व (आज से क़रीब 2200 साल पहले) में चीन के राजा के दूत ने बल्ख़ के बाज़ार में रेशम बेचने वाले जिन भारतीय सौदागरों को देखा था वे भी इन रास्तों के खुलने के बाद ही वहाँ जाते रहे होंगे। उनके पहले बुद्ध से उपदेश पाने वाले भल्लुक और उसके साथी इन पहाड़ों को पार किए बिना तो आज के बिहार सूबे तक पहुँचे नहीं होंगे।
>
> ऐसे में, उस वक़्त हर तरह से ठहरने लायक़ बामियान जैसे ठिकाने न मालूम हों, यहाँ कोई रहता नहीं रहा होगा ऐसा तो नहीं लगता। अब यह बात अलग है कि उनकी बसावट और उनके ढह जाने से बने जमावों के निशानात कहाँ किस हाल में दबे हों और कभी कहीं मिल ही जाएँ। कम-से-कम इस सम्भावना की जाँच की कोशिश तो की ही जा सकती है, फिर चाहे ग़लत साबित हो या सही।

इसके अलावा भी एक और बात घोरती रही। चीन और कोरिया के बौद्ध-भिक्षु बामियान आते और यहाँ के विवरण लिखते रहे। तो क्या इन देशों का फेरा लगाने वाले और कई बार तो वहीं बस जाने वाले हमारे देश के सैकड़ों चिन्तकों, पंथ-प्रचारकों, सैलानियों और व्यापारियों में से बामियान आने वालों ने कुछ भी नहीं लिख छोड़ा? होना तो ऐसा नहीं चाहिए। लेकिन अब तक जितना जान पाया उनका कोई ज़िक्र कहीं मिला नहीं। उन्होंने लिखा ही नहीं या हम उन्हें खोज-पढ़ नहीं पा रहे? इन सवालों के जवाब तलाशने की कोशिश होनी चाहिए।

यही सब विचारते न जाने कब दिन भर नए-नए मंज़र देखते हुए भी खिड़की की बारीक़ झिर्रियों में से झाँकती रोशनी की तरह झिलमिलाता आता तेरा ख़याल फैलता चला गया तमाम पहलुओं के साथ, 'अभी तो रिसर्च का काम ही पूरा नहीं हुआ है। जितनी फेलोशिप मुझे मिल रही है उसमें हम दोनों का गुज़ारा होना नहीं और यह भी कब तक मिलेगी। थीसिस सबमिट करने के बाद यूनिवर्सिटी में लग जाऊँ, लेकिन इतना आसान भी नहीं! तब! और क्या अल्टरनेटिव्स हो सकते हैं!

धरम और प्रीति की रीति निराली

सुबह जब तक बन्द-ए-अमीर जाने वाले साथी लॉबी में जुटते, वहीं एक किनारे रैक में ठूँसी हुई, पीली पड़ चुकी फटी जिल्दों और टूटते सफ़ों वाली, किताबों के बीच 'ट्रैवेल्स इन द पंजाब, अफ़ग़ानिस्तान, तुर्किस्तान, टू बल्ख़, बुख़ारा, एंड हेरात; एंड ए विज़िट टू ग्रेट ब्रिटेन एंड जर्मनी' पर नज़र पड़ते ही उसे पलटने लगा। एक सौ छियालीस साल* पहले 23 मई को यहाँ डेरा डालने वाले एक मुसाफ़िर के** इस रोज़नामचे के पाँच पन्नों में बामियान के बारे में दर्ज जानकारी और कहीं सुनने-पढ़ने को नहीं मिली।

---

* यह आलेख पूरा करते समय, मतलब आज से 189 वर्ष पूर्व।

** मोहन लाल। (Mohan Lal 1846. Travels in the Panjan Afghanistan &Turkistan, to Balk, Bokhara and Herat, A Visit to Great Britain and Germany, pp. 86-90. London : WM. H. Allen & Co., 7 Leahandenhall Street.

नोट : मोहन लाल ने दिसम्बर 1831 से फ़रवरी 1834 के बीच पहले यात्रा अभियान के दरमियान बामियान में 23 मई को अवस्थान किया था। इस अभियान का विवरण कोलकाता से 1834 में ही प्रकाशित भी हो गया था। उसके बाद उनके द्वारा अगले अभियानों में बल्ख़, बुख़ारा आदि की यात्राओं के विवरण भी सम्मिलित करके 1846 में लन्दन से प्रकाशित किया गया। यात्रा के तुरन्त बाद रिपोर्ट प्रकाशित करना अनुकरणीय है। काश ऐसी यात्राएँ और उनके विवरण प्रकाशित करने की परम्परा फिर से चलाई जा सके।

आसपास की सरज़मीं से ऊँचाई पर होने की वजह से नीचे से देखने पर बामियान छत जैसी दिखेगा, और फ़ारसी भाषा में 'बाम' के मायने होते हैं 'छत' जिससे इस जगह का यह नाम निकला। क्वीन्टस कर्टिअस (Quintus Curtius) ने इसके सिकन्दर के बसाए शहरों में से एक होने की सम्भावना बताई है। बामियान गाँव के उत्तर में एक पर्वत-श्रेणी है जिसमें तीन सुन्दर प्रतिमाएँ खड़ी हैं। इनसे जुड़ी प्राचीनता और परम्परा के सन्दर्भ में ये बहुत दिलचस्प हैं। इनके बगल में, ठोस चट्टान को काटकर बनाई गईं, एक-दूसरे से सटी, गुफाओं के अन्दर के कमरों में ताजिक क़बीले के लोग रह रहे हैं। कहा जाता है कि ईसा मसीह के जन्म से एक हज़ार साल पहले ये मूर्तियाँ हिन्दू राजाओं ने बनवाई थीं।

सच्चे धर्म के पुत्र जदुष्टर (युधिष्ठिर), ताक़त के मालिक भीम, सुन्दरता और नृत्य के स्रोत अर्जुन, अच्छे गीतों और सुरों के अन्वेषक नकुल, सुस्वादु पकवान बनाने और घोड़ों की पहचान में माहिर सहदेव नामक पाँच भाइयों ने इन शानदार मूर्तियों को बनाया था। हालाँकि वे इतने उच्च प्राकृतिक गुणों से युक्त थे फिर भी वे अपने दिमाग़ में एक बर्बर विचार रखते थे। द्रौपदी नाम की उनकी एक सहपत्नी थीं, हिन्दू उन्हें गुणों की जननी और विश्वास एवं पवित्रता का चमत्कार मानते हैं। वे असाधारण रूप से आकर्षक रूपवती थीं और बहु-पतियों के बावजूद उन्हें देवी या साध्वी माना जाता है।

पाँचों पांडवों ने जैसे ही अपने चचेरे भाई दुर्योधन से जुए के खेल में हारने के बाद दाँव पर लगाया अपना राज्य उसके हाथों में गिरवी रखा, उसने उन्हें तत्काल प्रभाव से बारह वर्ष के लिए निर्वासित कर दिया। बेचारे पांडवों ने बामियान को अपना निवास बनाया और इन शानदार मूर्तियों को बनाने में अपने बुरे दिन बिताए, अपने अनुयायियों सहित वे बहुत दिनों तक इनकी पूजा करते रहे।

एक दिन पाँच पांडवों में से एक अर्जुन, बामियान से पश्चिमी पहाड़ों की ओर चार मील गए। रास्ते में उन्हें एक राक्षसी शरीर वाला सर्प (अज़दहा) मिला जिसने उन्हें निगल जाना चाहा। लेकिन अर्जुन ने एक ही वार में मार डाला, और उसे दो हिस्सों में काट दिया। फिर वह उसी हाल में पत्थर बनकर सर्प से मिलते-जुलते आकार में वहीं ज़मीन पर पड़ा है। इसकी लम्बाई पचास फ़ीट है और इसके दो हिस्से एक नाली बनाते हुए एक ओर आपस में जुड़ जाते हैं। इसमें बहने वाला, बहुत तेज़ आवाज़ में बुलबुलाता, पानी अभिशप्त आसुरी प्रभाव से उद्भूत माना जाता है। यह पानी बहुत कड़वा है, और एक छिद्र, जिसे साँप की आँख माना जाता है, से निकलते ही जम जाता है। इसके पास ही अर्जुन के घोड़े के खुर के निशान हैं।

खुर के निशान ने हिन्दुओं और मुसलमानों में तकरार बढ़ा दी है। मुसलमान इसे अली के घोड़े का बताते हैं। मैं यह अन्दाज़ लगाने में खो गया कि इनमें से किसे सच माना जाए। अगर हम अर्जुन के जन्म की तारीख़ पर ग़ौर करें तो वह अली के जन्म से बहुत पहले होगी, परन्तु हमारे पास कोई इतिहास नहीं हिन्दुओं का यह विचार मान लेने के लिए, लेकिन परम्परा दोनों की हिमायत करती है।

घोड़े के खुर के छापे के बारे में कल बाज़ार में सुनी इससे फ़रक़ एक कहानी इस तरह है :

> बहुत पुरानी बात है गाँव की एक बिन ब्याही लड़की अज़दहे को एक क़ुर्बानी की तरह भेंट कर दी गई। लेकिन जांबाज़ हज़रत अली ने अज़दहे से लड़ते हुए उसे सिर से पैर तक दो टुकड़ों में काट डाला। अज़दहे ने पछतावे में आँसू बहाए। अज़दहे के कटे हुए पिछले हिस्से से बामियान घाटी बन गई, और आँसू एक क़ुदरती चश्मे से निकलकर आज भी घाटी में बहते हैं।

देखो ना! धरम बदलने के साथ क़िस्से और उनके हीरो भी कैसे-कैसे नया चोला बदलते हैं।

उसी रिपोर्ताज में एक प्रेम-कहानी भी पढ़ने को मिली :

> "एक बार बदख़्शाँ के रहने वाले एक तातार ने बामियान के 'शहर-इ-ग़ुल ग़ुलह' पर हमला करके घेरा डाल दिया। लेकिन जब उसे इस शहर को झुका पाने में मुश्किल होने लगी और वह डेरा उठाकर चलने ही वाला था, क़िस्मत से उसी वक़्त उसे, इआफर (Eafar) की हसीन बेटी, जो तातार से इश्क़ करने लगी थी का एक ख़त मिला, जिसमें यह इज़हार किया गया था कि :
>
> "मेरे प्यारे तातार!
>
> आपके नाम और ख़यालों में खिंचा आपके प्यारे चेहरे का अक्स मेरी आँखों और दिमाग़ में बस गया है। उसने मेरे उदास सूने दिल पे गहरा असर डाला है और आपके इश्क़ ने इस क़दर डस लिया है, कि उससे होने वाली बारीक़ सनसनाहट का ज़िक्र नहीं कर सकती। घेरा डालकर या हमला करके आप कभी भी क़िले पर क़ब्ज़ा नहीं कर पाएँगे। लेकिन मेरी सलाह है कि आप क़िले में आने वाले पानी का

रास्ता रोक दीजिए, जिसकी कमी से क़िले की फ़ौज अपने आप आपके सामने हथियार डाल देगी।"

तातार ने उसकी सलाह मानी और जल्दी ही क़िले का मालिक बन गया। उसके बाद उसने काफ़र (काफ़िर) की बेटी से ब्याह कर लिया। लेकिन कुछ दिन के बाद यह कहते हुए उसका क़त्ल कर दिया कि "यह अपने पिता के लिए उसकी ग़द्दारी और बदतमीज़ी का नतीजा है। और उसकी वफ़ादारी पर और ज़्यादा यक़ीन करने से डरता हूँ।"

ये 'प्रीति की रीति' भी कितनी निराली है ना! क़ुदरत की बनाई रीतियों में सबसे निराली और शिद्दत वाली। कितनी ही किताबें भरी पड़ी हैं ऐसे अनदेखे-देखे प्यार के अफ़सानों से, बहुत पुराने ज़माने से अब तक की, और आगे भी यक़ीनन भरी जाती रहेंगी। रिझाती, हँसाती, रुलाती, मदहोश करती, सलीक़ा सिखाती, तो कभी सारे सलीक़े भुला देती, किसी को उबारती, राजपाट दिलाती ताज छिनवाती, किसी को देख-सुनकर नकारती और किसी को बिन देखे ही वर लेती, किसी को अधम लोक ले जाती, कभी सदेह रास रचवाती और किसी को मीरा बनाकर 'दिव्य लोक' की सैर कराती।

बन्द-ए-अमीर : तीसरा क़रार

बन्द-ए-अमीर जाने वालों की गिनती पूरी होते ही हम एक बड़ी रूसी लॉरी में आगे-पीछे ठँस लिए। दोनों ब्रिटिश, छह मेम्बरों वाला पोलिश परिवार, मेरा रूम-मेट और मैं, ड्राइवर को मिलाकर कुल ग्यारह लोग। बामियान-घाटी पार होते देर न लगी। सूखे बर्फ़ीले पहाड़ पर आते-जाते वाहनों के चक्कों से बने समानान्तर कटान पर चलने लगे। हर ऊँचे पहाड़ पर ठोस बर्फ़ और रास्ते पर बिखरी बर्फ़ की ढेरियाँ, किनारों पर पिघली बर्फ़ का पानी और कीचड़। कहीं-कहीं सड़क किनारे दूर तक चलती पपड़ाई चमचमाती बर्फ़ की परत। ऊँटों की क़तार के साथ रेंगते फेंटा कसे, बदन और मुँह चादर में लपेटे अफ़ग़ान। भूरी ज़मीन के आगे फैलते नीले आसमान के बीच पसरा, नीची-ऊँची चेन बनाता, बर्फ़ीले पहाड़ों का रंग बदलता सिलसिला। पोलिश सैलानियों का सरगना आसपास के लैंडस्केप की तुलना चीनी इलाक़ों से करने लगा। फ्रेंच साथी से पता चला कि वो पोलैंड का एक इम्पॉर्टेन्ट कारोबारी है और अक्सर कारोबार के सिलसिले में चीन जाता रहता है। आगे सड़क के एक ओर से दूसरी ओर तक ऊपर से बहते उथले पानी के पास फँसी एक मोटोर के पास हमें भी रुकना पड़ा। लॉरी से उतरते ही कलेजा चीर देनी वाली तीखी सर्द हवा से सनसना गए।

मोटोर की छत पर लदे असबाब के ऊपर से बँधा तिरपाल और एक किनारे पर आड़ा खड़ा टायर। आगे निकले इंजन के बोनट पर बैठा एक बच्चा। मोटोर से उतरकर एक जगह झुंड बनाकर खड़ी और इधर-उधर बिखरकर बैठीं अफ़ग़ान सवारियाँ। सबके सब सलवार-क़मीज़ पर मोटे-मोटे कोट चढ़ाए या गरम चादर लपेटे, और सिर पर साफा लपेटे, जाने क्या बतियाते दिखे। हमारा ड्राइवर उनसे कुछ गिटपिटाने लगा।

ठंडक लगी तो शंका निवारण की चुल मिटाने की सूझी। इधर-उधर देख-ताककर कई साथी तो वहीं मुँह घुमाकर लाइन में लग लिए। आड़ की तलाश में कोई जुगत नहीं पाकर सौ-डेढ़ सौ क़दम आगे फ़ारिग होकर लौटने तक ड्राइवर साहब सहित सभी लॉरी में बैठकर इन्तिज़ार करते मिले। अन्दर बैठने पर साथ चल रहे साथी मुझे अजीब नज़रों से देखने लगे। आख़िर एक ने पूछ ही लिया—"व्हाई सो फार!" (उतनी दूर क्यों गए)। कोई जवाब दिए बिना मैं सोचता रहा 'लाज-संकोच भी कुछ होता है भाई!'

रास्ते का जायज़ा ले चुका ड्राइवर तनिक-सा घूमकर चश्मे के बहाव को काटते हुए फर्राटे से लॉरी निकाल ले गया। आगे बढ़ने के साथ हमारी ओर सरकता-सा खुलता नज़ारा, रोशनी के साथ रंग बदलती ज़मीन पर कहीं-कहीं नमी के साथ नई उग रही छितरी घास और पहाड़ की सतह पर दीखते परत-दर-परत हल्के-मद्धम-गहरे भूरे रंग के अलग-अलग चौड़े पट, बीच-बीच में भहराए पहाड़ और बर्फ़ से पिघले पानी से बने सफ़ेद हिस्से। सामने से आ रहा तबीयत से सजाया गया रंग-रँगीला ट्रक, जितने रंग उतने इस्तेमाल। बोनट नीला, हेडलाइट के बाहरी घेरे पर चाँदी-सी चमकती बेल-बूटे वाली सजावट, इसी तरह सजाए गए अगले मडगार्ड से लटकती चेन जैसी झालर, दरवाज़े, डाला और बाहर वाले बाज़ू नीली-लाल डिज़ाइनों, अरबी लिखावट में कुछ इबारतों से और एक बड़े जहाज़ पर लिखा 'आरिआना अफ़ग़ान एयरलाइन्स'। कुल मिलाकर झकाझक झमकता। ट्रकों-बसों को इसी तरह जितना हो सके सजाने का यह आम रिवाज़ अपने यहाँ नहीं दीखता।

हचर-पचर करते, धीमी चाल से चलते, कोई तीन घंटे चल लेने पर बन्द-ए-अमीर की नीली झील दिखने लगी। कहते हैं :

> बामियान के अमीर बाबर ने यहाँ बेशुमार ज़ुल्म ढाए। सैकड़ों ग़ुलाम मेहनतकशों को यह बाँध बनाने में लगा दिया। लेकिन, क़ुदरत का ऐसा करिश्मा कि वे बेचारे दम तोड़-तोड़कर हारे, बाँध नहीं बन पाया। तभी पैग़म्बर मोहम्मद साहब के दामाद हज़रत अली, ताक़त और बहादुरी में बली, ग़ुलाम बनकर बाज़ार में बिकने पहुँच गए।

बामियान के अमीर और हज़रत अली में दुश्मनी थी लेकिन बहुरुपिया बनकर आए अली को वो पहचान नहीं सका। देखते ही पसन्द किया और उनके वज़न बराबर सोने के भाव पर मोल ले लिया, लेकिन तीन कठिन शर्तों पर, एक तो वह अमीर की ख़्वाहिश पूरी करके बाँध बनाए, दूसरे बामियान घाटी के अज़दहे को मार डाले, और तीसरे हज़रत अली को पकड़कर उनके दरबार में पेश करे।

अमीर के कारनामे की शर्तें सुनकर सुगढ़-सुन्दर हज़रत अली ग़ुस्से से तमतमा उठे। उनके मज़बूत बाज़ू कसमसाने लगे। उनका फ़ौलादी पंजा शमशीर पर जा कसा, और फिर सदियों से माथा उठाए लाल, भूरे, ऊँचे पहाड़ों ने और उन पर सोई दूधिया, नाज़ुक बर्फ़ की शहज़ादी ने जागकर देखा, उस कड़क नौजवान की क़रारी ठोकर से पहाड़ का एक हिस्सा टूटकर वहाँ बह रही धारा के बीच जा गिरा। चट्टानी मलबे से वहाँ आपो-आप एक बाँध बन गया जिसे 'बन्द-ए-हैबत' कहा गया। फिर, अपनी ज़ुल्फ़िकार नाम की शमशीर के एक ही ज़ोरदार झटके से दूसरे पहाड़ी ढेर को ढहा दिया जिससे बना एक और बाँध—'बन्द-ए-ज़ुल्फ़िक़ार' कहलाया। इसी बीच नाम के उनके सहायक क़म्बर नाम के साईस ने अपने मालिक हज़रत अली की ख़िदमत में 'बन्द-ए-क़म्बर' बना डाला। बाँध बनने का यह सिलसिला फिर भी यहीं रुक नहीं गया।

अली की हाज़िरी का ऐसा असर कि अरसे से बाँध बनाने में जुटे ग़ुलाम मेहनतकशों की मशक़्क़त भी रंग लाई और उनका अब तक का अधूरा बाँध पूरा बन गया, जिसका नाम रखा गया 'बन्द-ए-ग़ुलेमान'। इतना ही नहीं हज़रत अली के इस चमत्कार की चश्मदीद एक ख़ानाबदोश औरत ने ख़ुशी और अदब से उन्हें ताज़े पनीर की सौगात पेश की। हज़रत अली ने उसे धारा के बीच रख दिया और उससे भी एक बन्द बन गया जिसे—'बन्द-ए-पनीर' कहा गया। इसी तरह हज़रत अली के चमत्कार से धारा के बहाव के नीचे की ओर उगे पुदीने से बन गया 'बन्द-ए-पुदीना'।

बामियान के अमीर ने तो एक बाँध बनाने का क़रार किया था लेकिन हज़रत अली के करामात से यहाँ बन गए एक की जगह छह बाँध, फिर सबको मिलाकर इस जगह को कहा गया 'बन्द-ए-अमीर'। इस तरह बने बाँध इतने मज़बूत और सटीक थे कि दरिया का निचला भाग सूखे पथरीले पाट में बदल गया। वह हिस्सा इतना सूख गया कि वहाँ की खेती सूखने और एक-एक बूँद पानी को तरसते घाटी

के बाशिन्दे चीख़-पुकारकर रहम माँगने लगे। यह देख-सुनकर, हज़रत अली ने चुपचाप अपने एक हाथ की पाँचों अँगुलियों से 'बन्द-ए-हैबत' पर खरोंच दिया जिससे खेतों की सिंचाई और प्यास बुझाने भर का पानी पाँच धाराओं में बह निकला।

बामियान घाटी के अज़दहे को मारकर हज़रत अली ने अमीर से किए करारनामे के दूसरे करार को भी पूरा किया, जिसके बारे में पहले ही बता चुका हूँ। अमीर बाबर और अली के बीच हुए तीसरे क़रार का क्या हुआ, उसके बारे में थोड़ी देर में किसी से मालूम करके अभी लिखता हूँ।

तीसरा क़रार

हज़रत अली को क़ैद करने वाले क़रार की जानकारी पाने के लिए ज़्यादा भटकना नहीं पड़ा। लेकिन जो जानकारी मिली वो ऊपर लिखी कहानी से फेरबदल वाली निकली। उसके अलावा एक अफ़ग़ान गाइड से बन्द (बाँध) बनाने की अलहदा कहानियाँ भी सुनने को मिलीं।

> 'बहुत दिनों की बात है। बल्ख़ और बामियान पर ज़मीर नाम का एक अग्निपूजक राजा राज करता था। उसी दरमियान प्राचीन रेशम-मार्गों में से एक पर एक कारवाँ के साथ सफ़र कर रहे बामियान के एक व्यापारी की पत्नी और बच्चों को राजा ज़मीर के सिपाहियों ने पकड़कर राजा का दास बना दिया। इस अत्याचार से दुखी व्यापारी अपने कारवाँ के साथ चलते-चलते अरब पहुँचा तो वहाँ उसने पैगम्बर मोहम्मद से मदद की फ़रियाद लगाई। पैग़म्बर मोहम्मद ने उन्हें 'अबू तालेब' के बेटे और अपने दामाद अली के पास भेजा। व्यापारी की बात सुनकर अली उसके साथ राजा ज़मीर के दरबार में पहुँचे। राजा ने व्यापारी के परिवार को छोड़ने के लिए तीन शर्तें रखीं, नदी पर एक बाँध बनाने की जिसे बनाने में अब तक कोई कामयाब नहीं हो पाया था, एक अज़दहे को मारने की, और अबू तालेब के बेटे अली को पकड़कर उन्हें सौंपने की।
>
> अली ने राजा की सभी शर्तें मंजूर करके ज़ुल्फ़िकार नाम की अपनी तलवार के एक ही वार से 'बन्द-ए-ज़ुल्फ़िकार' बना डाला। लेकिन इतना ही नाकाफ़ी मानकर अली ने पुदीने के पौधे उखाड़कर उनसे एक और बाँध बनाया जिसे 'बन्द-ए-पुदीना' कहा गया। राजा ज़मीर के नियमों के मुताबिक़ एक तीसरा बाँध भी बनाना ज़रूरी था इसलिए

अली ने पनीर लेकर जा रही औरतों से पनीर मँगवाकर 'बन्द-ए-पनीर' नाम का तीसरा बाँध बनाया। फिर भी, नदी का बहाव काबू में नहीं आया तो अली ने ग़ुस्सा होकर बनाया चौथा बाँध—'बन्द-ए-हयबत' (ग़ुस्से का बाँध), अपने साईस की मदद से बनवाया पाँचवाँ—'बन्द-ए-क़म्बर' (साईस का बाँध)। इसके बाद भी छठे बाँध की ज़रूरत पड़ी तो राजा ज़मीर के सभी ग़ुलामों की मदद से 'बन्द-ए-ग़ुलामान' (ग़ुलामों का बाँध) नाम का छठा बाँध बनाया। इन सभी बाँधों को एक साथ मिलाकर बन्द-ए-अमीर (अली का बाँध) कहा जाने लगा। उसके बाद अली ने अज़दहे को मारा और राजा के सामने हाज़िर हो गया। राजा ने अली को क़ैद करके ज़ंजीरों में बँधवाकर मार डालने का हुकुम दिया। लेकिन अली, अँगड़ाई लेते हुए ज़ंजीरों को तोड़कर, आज़ाद हो गए। इन चमत्कारों ने हैरत में डालकर राजा का हृदय परिवर्तन करा दिया और उसने अग्निपूजा या पारसी धर्म छोड़कर इस्लाम क़ुबूल कर लिया।'

दूसरी कहानी कहती है : 'एक बार बल्ख़ के बादशाह ने नदी के पानी को तरतीब में लाने के लिए उस पर एक बाँध बनाने की ख़्वाहिश जताई। इलाक़ाई लोगों के ऐसा करने में मदद करने से मना करने पर पैग़म्बर के दामाद अली से मदद माँगी और उन्होंने चमत्कारिक रूप से पहला बाँध बना दिया जिसे 'बन्द-ए-खमर' कहा गया। मगर इससे नदी का बहाव रुक गया और लोगों को खेती की सिंचाई के लिए पानी नहीं मिल पाया इसलिए अली ने पाँचों अँगुलियों से बाँध को खरोंचकर बाँध के ऊपर से सिंचाई भर का पानी बहा दिया।'

एक और कहानी मुग़ल बादशाह बाबर (1483-1530 ई.) के ज़माने का ज़िक्र करती है :

'मौसम-ए-बहार आने पर बर्फ़ पिघलने से आई ज़बरदस्त बाढ़ ने आज के कुपरुक गाँव के पास का सारा ग्रामीण इलाक़ा तबाह कर दिया। तब बाबर ने नदी पर बाँध बनाने का हुकुम ज़ारी किया। पैग़म्बर मोहम्मद के दामाद ख़लीफ़ा अली ने सामने आकर ये बाँध बनाए और दरिया को काबू में किया।'

इतनी जानकारियाँ नोट करके झील के किनारे टहलते हुए, फिर पुरानी जगह पर बैठकर मैं आसपास का जायज़ा लेने लगा। पहाड़ की ढलान से सटे झील के ऊपरी खुले सँकरे किनारे पर मिट्टी की दीवारों और छत वाली सामने से पूरी लम्बान में खुलीं बिना दरवाज़ों वाली कुछ दुकानों और चायख़ानों की क़तार। उनकी छत से लटकते नीले पॉलिथिन जैसे छाजन। बाहर की ओर डेढ़-दो फ़ीट ऊँची कच्ची

मुँडेर और कहीं-कहीं सफ़ेद मेज़पोश से ढके छोटे स्टूल पर सजी हुई कप-प्लेट, सब्ज़ चाय वाली चनक और खाने-पीने के सामान। एक कच्ची दीवारों वाली गुमटी के सामने बल्लियों पर तिरपाल डालकर बढ़ाए गए पोर्च के नीचे लोहे के हैंगर और ऊपर की बल्ली से लटकते कपड़े और नसवार के पैकेट, हमारे यहाँ ऐसी दुकानों में लटकती तम्बाकू और पान-मसाले की लड़ियों की तर्ज पर। एक दुकान पर गेरुए और सफ़ेद रंगों में बड़े-बड़े रोमन हर्फ़ों में लिखा 'हेन्दूकुश होटेल एंड रेस्टोरेंट'। दुकानों के पीछे जहाँ-तहाँ एक-दो छोटे झाड़ और घास।

दुकानों के अन्दर-बाहर गोल-गोल नाक-नक़्श वाले दुकानदार, दो-चार सैलानी और घोड़े पर सैर करने वाले अफ़ग़ान अपने घोड़ों के साथ। उसी क़तार में बने कच्ची मिट्टी की दीवारों के सामने की ओर के हिस्से पूरे ख़ाली और वीरान, और कुछ में लकड़ी की मोटी चौखट में लगे लकड़ी के पटरों वाले बन्द किवाड़। कुछ के अन्दर हिप्पियों का जमावड़ा अफ़ीम-गाँजे जैसे किसी पेय और सिगरेट के धुएँ के साथ संगीत की मद्धम धुनें।

सुबह लॉरी से उतरने से लेकर दोपहर तक झील के पानी ने और पहाड़ों की सतह ने कई तरह के रंग बदले। साफ़-सुथरा सफ़ेद पानी नीले से फ़ीरोजी रंग ओढ़ता रहा। और, पहाड़ों की सतह हल्के गेरुए, भूरे, बादामी और सफ़ेदी वाले रंग बदलते। तीखी सर्द हवाओं की लहरों के साथ बादल घुमड़ने लगे। हल्की बूँदा-बाँदी के बीच साथ आए सभी यूरोपियन सैलानियों सहित हम लोग दुकानों के बाहर निकले छाजनों के नीचे सिमटकर, दुकान की मुँडेरों पर बैठे-बैठे ब्लैक या सब्ज़ चाय सुड़कते सामने के नज़ारे देख रहे हैं। सबकी निगाहें अभी-अभी मोटरसाइकिलों से यहाँ पहुँचकर उतर रहे दो जापानी स्टूडेंट्स की ओर बरबस उठ गई हैं।

मोटरसाइकिलों को स्टैंड पर खींचकर खड़ा करने के बाद दोनों जापानी रास्ते में बुरी तरह कीचड़ से छीप उठे अपने पैंट के पाँयचों और मोटरसाइकिल पर बँधे झोरा-झंगर साफ़ करते रहे। फिर वे भी हमारे साथ ही बैठ गए। उनसे पता चला वे ऐसे ही दो पहियों पर दुनिया की सैर करने निकले हैं, ओढ़ने-बिछाने को स्लीपिंग बैग, रात के लिए टू-मैन टेंट, एक्स्ट्रा पेट्रोल के कैन, टूल-बॉक्स, फ़र्स्ट-एड किट, थोड़े में ज़्यादा काम के स्टफ सब, मोटरसाइकिल के तन पर लादकर चल रहे हैं मस्ती और बेख़बरी से। इन्हें कहते हैं असल घुमक्कड़।

सलाम वालेकुम

सहज होने पर, फ्रेंच साथी ने बन्द-ए-अमीर के बारे में गाइड से सुनी कहानियों से आगे बढ़कर इलाक़े की जॉगफर्ी बतानी शुरू की तो साथ के साथ नोट करते

रहने की ग़रज़ से उससे धीरे-धीरे बताने की रिक्वेस्ट की। मेरी सीरियसनेस देख उसने अपने नोट्स निकालकर बोलना शुरू किया और मैंने लिखना :

असल में यहाँ सात झीलें हैं। छह तो वे जिनकी कहानियाँ गाइड ने बताईं और सातवीं सूख चुकी है। ये बाँध किसी ने कभी बनाए या बनवाए नहीं, न अली ने, न ग़ुलामों ने, किसी ने नहीं। इनका यह क़ुदरती वजूद इस शक्ल में आया है खड़िया मिट्टी और चूना-पत्थर वाले जमावों के बीच से निकलकर यहाँ बहने वाली नदी के बहाव के बीच समय-समय पर गिरने वाले मलबे से।

यहाँ सूखे पहाड़ों में 2900 मीटर की ऊँचाई पर बन्द-ए-अमीर झील से निकली यह नदी इस इलाक़े में 'दरिया-ए बन्द-ए-अमीर' (रुद-ए बन्द-ए अमीर) कहलाती है। इसको फ़ारसी में 'बल्काब', पश्तो में 'बल्ख़ाब', प्राचीन लेखकों द्वारा 'बैक्ट्रोंस' (Bactros) और स्थानीय बाशिन्दों द्वारा 'बल्काव' भी कहा जाता है। यहाँ से निकलकर यह बलखाती नदी पूरब से पश्चिम बहती हुई, हेसार श्रेणियों से टकराने के बाद उत्तर मुड़कर, हिन्दूकुश के उस पार की कोह-ए-बल्ख़ पहाड़ियों के सँकरे कटावों और तीखे मोड़ों के बीच से बहती हुई बल्ख़-इलाक़े में नहरों में बँटकर रेगिस्तानी इलाक़े में अफ़ग़ानी काराकुम की रेत में गुम हो जाती है। पुराने ज़माने में नहर बनने के पहले यह सीधे आमू दरिया में मिलती थी। निचले हिस्से में इसके बहाव से दस पनचक्कियाँ चलती थीं इसलिए इस इलाक़े में इसे 'दह-आस दरिया' (मतलब दस पनचक्कियों वाली नदी) भी कहा जाता रहा है।

'बन्द-ए-पनीर' का नाम रखा गया है पनीर के रंग से मिलते-जुलते इसके सफ़ेद रंग के किनारे और तलहटी के जमावों को देखकर। गहराई बहुत कम होने की वजह से इसका पानी फ़िरोज़ी रंग का दिखता है।

बन्द-ए-हैबात, जिसके उत्तरी किनारे पर हम लोग बैठे हुए हैं, उससे सामने दिख रही छोटी ज़ियारत, हज़रत अली के सम्मान में, हाल ही में (साठ-सत्तर साल) पहले तामीर कराई गई है।

ये जानकारियाँ नोट करने तक, हमारी लॉरी से आए सैलानी वापस बामियान चलने के लिए जुटने लगे। चलते समय इस ख़ूबसूरत जगह का आख़िरी नज़ारा आँखों में समेटने के लिए निकलकर उलटी तरफ़ उतर चले। सूरज की रोशनी में पहाड़ों की बर्फ़ पर चाँदी जैसी चमक के साथ हल्की लाली बिखेरती दिखी। कुछ अफ़ग़ान ज़ियारतगाह में सजदा करते और कुछ झील का पानी माथे पर लगाते और अँजुरी

में भरकर पीते दिखे। हाथ लगाते ही अँगुलियाँ सुन्न हो जाएँ इतना ठंडा पानी लेकिन आस्था के आगे कहाँ टिक पाती है सर्दी-गरमी।

कुछ लोग यूँ ही बैठे या टहलते और जापानी स्टूडेंट्स सहित कई सैलानी फ़ोटोग्राफ़ी में मगन दिखे। यह जगह है ही ऐसी दिलकश कि एक बार नज़र मिलते ही दिल में बस जाए। फिर भी, जितना हो सकता है उतनी तसवीर सँजो लेनी तो बनती ही है। 'धर्मात्मा' फ़िल्म की शूटिंग के लिए यूँ ही तो यह जगह चुनी नहीं गई। उस फ़िल्म की लाजवाब फ़ोटोग्राफ़ी के लिए फ़ोटोग्राफ़र को जो अवार्ड मिला वह असल में फ़ोटोग्राफ़र की कैमरे के पीछे की आँख की बेहतरीन नज़र, कैमरे, यहाँ की क़ुदरती हसीन वादियों और पहाड़ों या कि इन तीनों का मिला-जुला कमाल है, यह बारीकियाँ तो किसी सधे हुए फ़ोटोग्राफ़र के साथ इसी नज़रिए से फ़िल्म देखने के बाद ही समझी जा सकती हैं।

तब तक हमारा ध्यान खिंच गया वहीं लगातार घोड़ा दौड़ा रहे एक चार-पाँच साल के प्यारे बच्चे की ओर। हँसता-खिलखिलाता घोड़ा दौड़ाता पहाड़ी के किनारे तक जाता, फिर पलटकर हमारी ओर आता। उसका रंग ख़ूब गोरा और गाल ख़ूब सुर्ख़। इतनी कम उम्र में भी इतना खुर्राट घुड़सवार कि दूसरे घोड़े पर सवार उसके बापजान भी उसे पकड़ नहीं पाते। बच्चा घोड़े की दोनों बगल अपने पैरों के घुटने अड़ाकर चोट करता, हाथ की छड़ी आगे को लहराता लगाम ढीली छोड़ देता है, और घोड़ा सरपट भाग पड़ता है। अब तक आगे-पीछे उचकता बच्चा घोड़े के रफ़्तार पकड़ते ही उसके गले से लिपट जाता है और पीछे मुँह घुमाकर शरारत के साथ बाप पर हँसता है। ऐसी दिलकश प्यारी हँसी कि उसे तुरन्त चूम लेने का मन करे। खेल-कूद कर, घोड़े से उतरकर, मुस्कुराते हुए, एक-एक कर, सब से मासूमियत से हाथ मिलाकर कहता है—सलाम वालेकुम।

आज इतना ही। आगे का हाल काबुल पहुँचकर लिखेंगे। तब तक के लिए तहे दिल से सलाम वालेकुम।

तेरा,

रॉकी

आठवाँ ख़त

असमाई मन्दिर,
काबुल
01 मई, 1977

प्रिय...,

ढेर से नेह के संग!

बामियान से काबुल लौटते का रास्ता बार-बार यह सोचते कट गया कि 'अब तक तो तुम्हारा लेटर आ ही गया होगा'। बस-अड्डे से असमाई मन्दिर तक भी यही सोचता रहा। धर्मशाला में पिट्ठू पटककर श्याम से वही ख़बर सुनने को बेताब रहा। वे मुझे देखते ही खिल गए और मेरे काबुल से बाहर रहने के दरमियान यहाँ बिताए दिनों की हाल-ख़बर सुनाने लगे। मेरे पीछे यहाँ आयोजित अपने प्रोग्रामों में लूटी वाहवाही और इनाम में जुटी भरपूर नगदी, आगे के ख़र्चे में बेफ़िक्र रहने की तसल्ली, ख़रीदारी में लाए छोटे-छोटे सामान दिखाने के साथ धर्मशाला में अकेले रह जाने की उदासी, हेरात के रास्ते बॉर्डर पार करके तेहरान (ईरान) जाने की सरकारी इजाज़त मिलने की जानकारी, चलने की तैयारी, और मन्दिर वाले मास्टर जी से गप्पों की दास्तान। इतना सब बताते रहे, बस वही नहीं बताया, जिसे सुनने के लिए मेरा मन अकुलाता रहा। मगर, उनकी बातों की रवानगी देखकर लगा 'उनको टोककर सीधे तेरे लेटर के बारे में पूछना ठीक नहीं, सोचेंगे मेरी ख़ैर-ख़ैरियत से कोई मतलब नहीं, इन्हें अपनी ही लगी है।' वे अपनी ही रौ में सुनाते रहे और मैं अनमना-सा कुछ सुना कुछ बिना सुने ही हुँकारी भरता रहा। उनका ध्यान मेरी ओर गया तो उन्हें लगा इतनी दूर के सफ़र में थक गया होऊँगा।

28 अप्रैल, 1977 को अफ़ग़ान ओलम्पिक एसोसिएशन की तरफ़ से ग़ाज़ी स्टेडियम में श्याम जी का एक और प्रोग्राम ऑर्गनाइज हुआ। उस प्रोग्राम में हुए एक तजुर्बे

का ज़िक्र बहुत मुनासिब होगा। शीशा चबाने, तेज़ाब पीने और सीने पर से जीप निकलवाने के प्रोग्राम के बीच यह वाक़या सीने से पत्थर तोड़वाने के दरमियान हम चश्मदीद रहे एक मुस्लिम अफ़ग़ान की ग़ैर-मज़हबी दरियादिली के नायाब नमूने के।

> काबुल स्टेडियम में श्याम जी के सीने पर लोहे की मोटी सरिया रखकर दो लोहार उस पर भारी-भारी हथौड़े चलाकर काट रहे थे लेकिन बीसियों बार हथौड़े चल जाने के बाद भी सरिया कटी नहीं। श्याम जी थकने लगे और हम लोग परेशान-हैरान। असल में वे लोहार जान-बूझकर भोथरी छेनी लाए थे और उलटे-सीधे हथौड़े चला रहे थे जिससे सरिया जल्दी कटे नहीं और एक काफ़िर की पसली तोड़कर उसे पस्त किया जा सके। हमें लगने लगा सरिया नहीं कट पाने तक अगर श्याम जी नहीं झेल पाए तो क्या सोचेंगे इंडियन एम्बेसी की तरफ़ से इन्वाइटेड चीन सहित कई मुल्कों के अम्बेसडर (राजदूत) और ख़ास मेहमान।
>
> तभी तमाशा देख रहा भीड़ में बैठा एक बूढ़ा लोहार अपने को रोक नहीं पाया और ग़ुस्से से तमतमाता हुआ उठकर मैदान में आ गया। एक काबुली अंडा बेचने वाला और एक ईरानी पहलवान भी यह सब बरदाश्त नहीं कर पाया। तीनों ने सरिया काट रहे लोहार को जमकर फटकार लगाई। बूढ़े लोहार ने श्याम जी को बिलकुल अपने बच्चे की तरह प्यार से दिलासा दी—'परवा (ह) नईं बाचा!' पहले वाले लोहारों को हटाकर बूढ़े लोहार ने दूसरी छेनी लगाकर अपने हाथ में हथौड़ा सँभालकर कुछ ही सधे हाथ मारकर सरिया के दो टुकड़े कर डाले।

शाम को लौटकर भी श्याम जी ने जब तुम्हारी चिट्ठियों के बारे में कोई बात नहीं की तब धीरज चुक जाने पर पूछ ही लिया और एक बार फिर उधर से वही पुराना जवाब सुनकर मन मारकर रह गया। मेरे मन का हाल समझकर वे दिलासा दिलाते हुए बोले :

> "यार! कहीं ऐसा तो नहीं कि 'डिप्लोमेटिक बैग' में आ ही नहीं पा रहे हों। वरना उसने तुम्हारी इतनी चिट्ठियों का एक भी जवाब न भेजा हो, ऐसा कैसे हो सकता है! चलो कल एम्बेसी में चलकर इस दरमियान अफ़ग़ानिस्तान में जहाँ-जहाँ घूमकर तुमने जो-जो पुरानी आर्कियोलॉजिकल जगहें देखी हैं उनके बारे में अपने एम्बेस्डर साहब से एक टेस्टीमोनियल ले लेना और तभी चिट्ठियों के बारे में भी एक बार फिर से दरियाफ़्त कर लेंगे।"

इस मौक़े पर उनकी टेस्टीमोनियल माँगने की यह सलाह मुझे क़तई बेतुकी लगी,

कुनमुनाकर बोला :

अपने मुँह मियाँ मिट्ठू बनकर एम्बेसडर साहब से अपने ही लिए 'ऐप्रीसिएशन लेटर' माँगना कुछ जमता नहीं! तुमको ठीक लगता हो तो उनसे जो लिखवाना हो लिखा लो।"

मेरी बात सुनी-अनसुनी करके उन्होंने अपने अन्दाज़ में झटक दिया :

"कैसे स्टूडेंट हो इतिहास के, अपने ही काग़ज़-पत्तर दुरुस्त नहीं कर पाते। कुछ समझते तो हो नहीं। 'जिसने की शरम, उसके फूटे करम'। और ये जो हवाई जहाज़ का किराया यूनिवर्सिटी से एडवांस लेकर आए हो उसके यू.सी. (यूटिलाइजेशन सर्टिफिकेट) का पेट भरने के लिए भी 'एम्बेसडर साहब' के रुक्के की ज़रूरत होगी ही। यहाँ से जाने से पहले उनसे मिलने की फॉर्मेल्टी पूरी करनी है सो अलग। तुम्हारी चिट्ठियों के जवाब की तलाश में भी वहाँ जाना तो है ही। एक टिकट में तीन खेल।"

फिर, कुछ कहने की गुंजाइश नहीं रही। असल में इतिहास-पुरातत्त्व की पढ़ाई में मुझे सबसे ज़्यादा अड़बंग लगता है तारीख़ों और रेफरेन्सेज का रट्टा लगाना। कितना भी घिस्सा लगाते रहो कुछ न कुछ गड्डमड्ड हो ही जाती है और कुढ़कर बचपन में पढ़ी वो कविता बरबस याद आने लगती—'हिस्ट्री जॉगफी बड़े बेवफा, रात भर पढ़ो सबेरे सफा'। इसी मिज़ाज के चलते नई-नई जगहें घूमने और वहाँ के देखे-सुने-पढ़े का लेखा जुटाने में जितनी दिलचस्पी रहती है उतनी तारीख़ें और दस्तावेज़ सँजोने में नहीं। लेकिन श्याम इस मामले में पूरे मुंशी जी हैं, कोई कसर नहीं रखते, जहाँ कहीं भी जाते हैं, वहाँ के अफ़सरान से अपनी कारसाजी के काग़ज़ात नक्की कराने में कभी नहीं चूकते।

सुनते ही थे, इश्क़ में...

अगले दिन श्याम तेहरान जाने की तैयारियों में लगे रहे और मैं थकान मिटाते हुए अनमने मन से कुछ पढ़ने-लिखने में। श्याम ने एक चक्कर बाज़ार का अभी लगाया। लौटकर बताने लगे ग़ाज़ी स्टेडियम में उनके सीने पर से जीप निकालने वाले की बदमाशी के बारे में। ऐन सीने पर लाकर गियर लगाया या कैसे पहिया चढ़ाया कि झटके की वजह से तब तो नहीं लेकिन अब थोड़ी-थोड़ी टीस उठ रही है। कल के दिन मैं भी आराम करूँगा तुम अपना लिखने काम समेट लेना। फिर इस बीच एम्बेसी के इनफार्मेशन सर्विस की मार्फ़त मिली लोकल अख़बार में पश्तो में छपी जलालाबाद की ख़बर और उसका अंग्रेज़ी तर्जुमा दिखलाने लगे। मतलब

हम 30 अप्रैल तक भी चिट्ठियों की दरयाफ़्त करने नहीं जा सके।
आज एम्बेसी जाने पर, जैसे ही महामहिम श्री एस.के. सिंह, राजदूत, भारत सरकार के ऑफ़िस में अपने नाम की पर्ची भिजवाई, तुरन्त अन्दर आने का बुलावा आ गया। सिंह साहब हमें, और स्पेशली श्याम जी को, देखते ही खिल गए। श्याम ने बेतकल्लुफ़ी से टेस्टीमोनियल के लिए कहा और उन्होंने तुरन्त ही उसके लिए हामी भर ली। जब तक हम लोगों की ख़ातिरदारी में चाय-बिस्किट और चर्चा का दौर चला उनके पी.ए. ने सरकारी पैड पर टाइप किए हुए टेस्टीमोनियल पर उनके सिग्नेचर भी करा लिए। हमारे चलने तक उसकी मेरी प्रति के साथ बीएचयू के वी.सी., डीन और हेड साहब को पृष्ठांकित कॉपियाँ भी दस्ती (मतलब बाई हैंड), मेरे हाथ में थमा दी गईं।

एम्बेसडर साहब के कमरे से निकलते हुए श्याम जी चहककर बोले—"देखा, कितनी आसानी से सब हो गया, तुम तो बिना मतलब शरमाते रहते हो।" मगर मेरा मन उनकी बातों में नहीं तुम्हारी चिट्ठियों में अटका रहा। याद दिलाने पर ऑफ़िस से उसकी पड़ताल करने गए, लेकिन फिर वही जवाब सुनकर बची-खुची उम्मीद पर भी पानी फिर गया। एकबारगी ऐसा डुब्ब हुआ कि फिर किसी काम में मन नहीं लगा, एकदम गुमसुम, सुन्न होकर रह गया।

धर्मशाला में लौटकर श्याम ने चुटकी ली : "सुनते ही थे, इश्क़ में आदमी होशो-हवास खो देता है। सही कहते हैं लोगबाग, यह भी एक रोग ही होता है।"

और कोई वक़्त होता तो जवाब देता 'तुम पहलवानी तक ही सोचो। बातें करने में क्या, कोई भी कर ले। अजीब बात है, जिसने शराब चखी तक न हो वो भी उसके नशे की बात करने लगता है।' उस समय उन्हें कोई जवाब नहीं दिया मगर देर तक उनके कहे के बारे में सोचता रहा, 'है तो सचमुच यह अब तक अजाने रोग जैसा ही। ऐसा भी हो सकता है कभी, पहले कभी एहसास नहीं हुआ। बार-बार किसी का चेहरा घुमड़ते रहना, किसी का लेटर पाने की ऐसी बेकरारी, मिलने की गहरी हसरत, सोच के साथ रह-रह कर उठती हरारत जैसी सिहरन, भारी-भारी सा माथा, उनींदी पलकें और हल्का-गहरा अवसाद, बन्द आँखों में नींद नहीं गहरा कुहासा-सा और बेमतलब का आलस। और कैसी होती है बीमारी! मन करता है आगे का सब प्रोग्राम रद्द करके तुरत-फुरत वापस तुम्हारे पास पहुँच जाऊँ।

नवाँ खत

रास्ते में : काबुल से तेहरान
3 मई, 1977

फ़िरंदरी जादू

सुबह हम जिस बस से काबुल से तेहरान के लिए चले उसमें कुछ अफ़ग़ान, कुछ ख़ारिजी और मोने सिखों के जत्थे के साथ एक-दो पग्गड़धारी सिख भी सवार हुए। ख़ासी आरामदेह सीटें मगर मेरी लम्बाई के लिहाज़ से तनिक-सा अंड़सने वाली। बस चलते ही श्याम सिखों के पास सरककर उनसे पंजाबी में मुख़ातिब हुए "तुसां किदर ने रहण वाले ओ? कुदर गछने ओ?" फिर क्या था, अपने देश की बोली-बानी सुनकर जत्थे वालों ने बिरादरी में शामिल कर लिया। श्याम जी यही तो चाहते थे, उनके साथ मशग़ूल हो गए ईरान-तूरान की उड़ाने में।
धीरे-धीरे बढ़ती चढ़ाई पर 40-45 किमी. चलने के बाद, काबुल से औसतन 1500 फ़ीट की ऊँचाई पर (समुद्र तल से 2225 मीटर; 7300 फ़ीट), समतल हरियाली घाटी में बसा एक गाँवनुमा शहर आया। जौ, गंदुम, आलू, फलियों, धान, मकई, ज्वार, गाजर, बरसीम जैसी फ़सलों वाले खेतों के बीच मिट्टी के मकान, खेतों की मेंड़, मकानों के किनारे और बस्ती के सिरों पर पापलर के ऊँचे दरख़्तों के साथ बेर, बेल, बादाम, नाशपाती और शहतूत के मझोली ऊँचाई वाले पेड़ और खूबानी, चेरी, अखरोट, सेब, आड़ू, अंगूर के बाग़ों की तरोताज़ा कर देने वाली हरियाली। घाटी में बहती नदी और शहर के नाम—'दरिया-ए मैदान' और 'मैदान शहर', उनके मैदानी मिज़ाज के मुताबिक़।

नए सफ़र में मिले नए लोग, नए मंज़र और नई ज़मीन देखते, और एक ज़माने से सुन-पढ़ रहे रास्ते में आने वाले ग़ज़नी और कन्दहार जैसे शहरों को अपनी नज़र से देखने के ख़यालों से, कल तक डूबा जा रहा रीता-रीता सा अन्तर्मन एक बार फिर से नई रवानी से भर गया। क़ुदरत के मोहक मंज़र, अनदेखी जगहें,

अजनबियों से मिलने-जुलने और गहरी जिज्ञासा फिरंदरी अनमन मन को साधकर चित्त चैतन्य करने का वैसा ही जादुई असर रखती है जैसा आहत तन पर शीतल औषधीय लेपन।

सूखे पहाड़ पर बढ़ते, ऐसे ही पेड़-पौधों, खेती-पानी वाले छोटे-छोटे नखलिस्तान जैसे चप्पों पर कच्चे मकानों वाली छोटी आबादियाँ, और कुछ ही फ़ासले पर लहराते चश्मे की सँकरी घाटी के हरियाले चप्पों के आगे आया 'शेख-आबाद', और उसके आगे मैदान शहर से 40 किमी. की दूरी पर आई ख़ुशगवार आबोहवा, पहाड़ी हरियाली, किलकिलाती धाराओं और बाग़ानों के लिए जाना जाने वाले 'सैयद आबाद' (सैदाबाद, सैयदाबाद) की आबादी।

तब तक, बातचीत से मन भर जाने पर बगल वाली सीट पर लौटकर श्याम ने बताया :

> "सब के सब पंजाब के रहने वाले हैं। रोज़गार के लिए यूरोप जा रहे हैं। पंजाब के किसी एजेंट ने इनसे अच्छी रक़म लेकर यूरोप में अपने कॉन्टैक्ट के ज़रिए इनके काम का बन्दोबस्त पहले से ही कर रखा है। तेहरान के गुरुद्वारे में रुककर आगे जाएँगे। कुछ भी हो हैं बहुत जिगर वाले, वरना इतनी दूर जाकर रोज़ी-रोज़गार का जुगाड़ करना सबके बस का नहीं।"

थोड़े-थोड़े फ़ासले पर मिल रही आबादियों के साथ वाली बसावटें मिलनी बन्द हो गईं, सड़क एकदम सूखे वीरान इलाक़े से निकलती गई। मैंने श्याम को बताया ग़ज़नी शहर नज़दीक आ रहा है। गुजरात वाला सोमनाथ मन्दिर तोड़ने-लूटने वाला मोहम्मद ग़ज़नवी यहीं का रहने वाला था। ग़ज़नवी का नाम सुनकर वे चौंक गए—

> "इतनी दूर से आया था। इतनी दूर के रास्ते में कोई उसे हरा ही नहीं पाया! लेकिन था बहुत बदमाश। मन्दिर भ्रष्ट करने के लिए उसे कभी माफ़ नहीं किया जा सकता।
>
> "ग़ज़नवी ही नहीं पृथ्वीराज चौहान को हराने वाले मोहम्मद ग़ोरी का ग़ोर इलाक़ा भी यहाँ से उत्तर-पश्चिम में कोई 200 किमी. दूर होना चाहिए।"

इतिहास-भूगोल की बातों को हमेशा मज़ाक़ में उड़ाने वाले श्याम की आँखों में पहली बार क्यूरिऑसिटी (दिलचस्पी) की चमक दिखी—

> "बाबू! बहुत जानकारी है तुम्हें यहाँ के बारे में। अफ़ग़ानिस्तान आते टाइम ये कभी नहीं सोचा था कि इन इलाक़ों में भी जाना होगा। ऐसी

क्या ख़ूबी है यहाँ के मुसलमानों में जो इंडिया में नहीं!

"इस मसले की तह में जाने के लिए गहरे पैठना पड़ेगा। तब के इंडिया की बाउंड्रीज, अन्दरूनी सियासती-सोशल हालात, आबोहवा, बहुत से पहलुओं पर पूरी ऑब्जेक्टिविटी से ग़ौर करना पड़ेगा, उतनी तफ़सील से फिर कभी बात करेंगे। फ़िलहाल, थोड़े में, इस्लाम आने के पहले से यहाँ रह रहे बाशिन्दों के मज़हब, रवायत और मोटा-मोटी कुछ और बातों पर एक उड़ती नज़र डाल लेते हैं।"

फिर बिना हिले-डुले वे मेरी बात सुनने में डूबे रहे।

मोहम्मद ग़ज़नवी वाला शहर-ए-ग़ज़नी

रास्ते में : काबुल से तेहरान,
अफ़ग़ानिस्तान

अपनी बातों में श्याम का बढ़ता हुआ इंट्रेस्ट देखकर उन्हें अपनी बातों में उलझाए रखने की नीयत से, मैंने तरतीब से बताने की पेशबन्दी करते हुए, उन्हीं से सवाल किया :

"अच्छा तो सबसे पहले आप ये बताइए कि जब आप भारत की बात करते हैं तब उसकी किन भौगोलिक सीमाओं की बात करते हैं? मतलब तब इस तरफ़ के आज के कौन-कौन से देश इसमें शामिल रहे होंगे?"

श्याम छूटते ही बोले, "अरे वही वाली सीमा जिसमें चन्द्रगुप्त मौर्य के राज्य में पाकिस्तान-अफ़ग़ानिस्तान के ये सब इलाक़े शामिल रहे होंगे।"

"अच्छा तो फिर चलिए चन्द्रगुप्त के वक़्त से ही बात शुरू की जाए। उसके पहले यहाँ फ़ारस के शहंशाह दारा की छत्रपी रही। उसके पहले से जो आदमी यहाँ रहते रहे ज़्यादातर आगे भी वही रहे। कुछ चले गए और कुछ आ गए मगर कोई ख़ास फ़रक़ नहीं पड़ा होगा आबादी की तादाद में, रहन-सहन और इबादत के तौर-तरीकों में। मगर उनकी सोच और उनके मज़हब में जो बड़ा और साफ़ फ़रक़ आया दिखता है वह है चन्द्रगुप्त के ग्रैंडसन (पौत्र) अशोक के राज में यहाँ किए गए बौद्ध-धर्म के प्रचार की शक्ल में।"

श्याम का ध्यान सामने दिखने लगे ग़ज़नी शहर की ओर जाते देख, भारत की पुरानी सीमाओं का ज़िक्र छोड़कर, पहले उन्हें उस शहर के बारे में बता देना बेहतर लगा।

"बीते ज़माने में कभी यहाँ एक छोटा-सा बाज़ार हुआ करता था। कुछ लोग इसका तब का नाम गंज बताते हैं। फ़ारसी भाषा में 'गंजक' या 'गज़का' के मायने होते हैं—बाज़ार। लगता है इसी लफ़्ज़ से बना होगा ग़ज़नी। शायद लखनऊ में हज़रत अमज़द अली शाह के नाम के 'हज़रत' के साथ लगा 'गंज' भी 'गंजक' की घिसाई से बना होगा, मतलब हुआ 'हज़रत गंज' या 'हज़रत का बाज़ार'।

"छब्बीस सौ साल पहले यह इलाक़ा फ़ारसी साम्राज्य में मिला लिया गया। कुछ लोग सिकन्दर की हुकूमत में शामिल होने के बाद इसका नाम बदलकर 'सिकन्दरिया' रखे जाने की बात करते हैं लेकिन आज के ग़ज़नी नाम और सिकन्दरिया में कोई तालमेल नहीं दीखता। मानने वाले इसे राजा 'गज' के नाम पर रखे गए गजगढ़ से 'ग़ज़नी' बनने की बात बताते हैं। ग़ज़नी नाम के मायने 'नगीना' या 'रत्न' भी कहे जाते हैं।

'गंज' लफ़्ज़ के बारे में इतना सुनते-सुनते श्याम चिहुँककर बोले—"हम तो हमेशा बोलते रहे 'हज़रतगंज का बाज़ार'। इस नज़रिए से तो कभी कहीं पढ़ा नहीं और किसी ने बताया भी नहीं कि हज़रतगंज का मतलब हुआ—हज़रत-बाज़ार, और ऐसे में 'गंज' के बाद 'बाज़ार' लगाने की कोई ज़रूरत नहीं। अब समझ में आई बात, मोहनलालगंज के मायने हुए मोहनलाल का बाज़ार, और गोसाईंगंज—गोसाईं की बाज़ार।"

"इसीलिए कहते हैं थोड़ा-सा पढ़-लिख भी लिया कीजिए महाराज।" मौक़ा देखकर उनको छेड़ा लेकिन वे चुप लगा गए तो अशोक के ज़माने के बारे में चल रही बात फिर से शुरू कर दी :

"इस्लाम के आने से पहले इस इलाक़े में रहने वाले लोग बौद्ध और हिन्दू सहित अनेक धर्मों का पालन करते रहे। क़रीब तेरह सौ साल पहले बौद्ध-स्थलों पर घूम-घूमकर पढ़ और लिख रहे ह्वेनत्सांग (644 ई.) ने 'जगूड़ा' नाम की जिस जगह का ज़िक्र किया है उसकी पहचान ग़ज़नी के उस ज़माने के नाम से भी बताई जाती है। सुनते हैं अभी हाल ही में, यहाँ की गई खुदाई में उसी ज़माने की महापरिनिर्वाण मुद्रा में लेटे हुए महात्मा बुद्ध की कई मीटर लम्बी एक मूर्ति मिली है। उसके बाद (सातवीं शताब्दी के आख़िरी चतुर्थांश (683 ई. के आसपास) में अरब से आए मुसलमानों की मार्फ़त पहले-पहल आया इस्लाम, जिसे अपनाकर आगे बढ़ाया सफ़्फ़ारी हुक्मरानों ने। हज़ार बरस पहले सबुक्तिगिन, मुहम्मद ग़ज़नवी के पिता ने इसे ग़ज़नवी हुकूमत की राजधानी बनाया, जिनका

राज चला क़रीब दो सौ साल (ई. सन् 977-1163)।"

अभी इतना ही सुना पाए थे कि बीच में टोककर पूछे गए श्याम के सवालों ने खटाखट भाग रही मेरी बातों की रेल दूसरे डायरेक्शन की पटरी पर मोड़ दी "रॉकी! ये महापरिनिर्वाण क्या बला है? और, यहाँ के बारे में ये इतनी जानकारी कहाँ से जुटाई? चलने से पहले इतना पढ़ पाने का मौक़ा कहाँ से पाया?" और, फिर तो ग़ज़नी आने तक का रास्ता उनके जवाबों में निकल गया।

"लालच, घृणा और भ्रम आदि से मुक्ति पाने के बाद शरीर त्यागने को 'परिनिर्वाण' और महात्मा बुद्ध के 'परिनिर्वाण' को 'महापरिनिर्वाण' कहा जाता है। अपने आख़िरी वक़्त में बुद्ध, कुशीनगर के पास एक वन में, शाल के पेड़ों के नीचे लेटे हुए थे। इसलिए उनकी उसी मुद्रा में बनाई गई मूर्तियों को 'महापरिनिर्वाण मुद्रा' में निरूपित मूर्तियाँ कहा जाता है।"

"जहाँ तक जानकारी की बात है, बी.ए. और एम.ए. के कोर्स की पढ़ाई में यही सब तो पढ़ा, टहल-टहलकर रट्टा मारा, लिख-लिखकर क़लम-काग़ज़ घिस डाले तब न डिग्रियाँ कमाईं, नक़ल थोड़े ही की थी! फिर, पश्चिम एशिया पढ़ाने वाले गुरुजी पढ़ाते समय जितनी जगहों के बारे में बताते, दर्जे में ही चलकर उनकी लोकेशन समझाते चलते, जैसे कि 'आप अफ़ग़ानिस्तान से आगे चलेंगे तो आपके लेफ्ट आएँगी एलबुर्ज़-पहाड़ियाँ। अच्छी तरह समझ लीजिए, बिना भूगोल के इतिहास हवा में टँगा रह जाता है।' ऐसे में कोई भी पाठ पढ़ने से पहले नक़्शा देखने-बनाने और जिन जगहों के बारे में पढ़ रहे हों उनको प्लाट करने की आदत बन गई। उसी रियाज़ की बदौलत यह सब मालूम है। रही-सही कसर पूरी कर रहे हैं काबुल से जुटाए फोल्डर।"

नक़्शा बनाने का ज़िक्र करते हुए याद आया एक मज़ेदार वाक़िया भी लगे हाथ उन्हें सुना दिया—

"बी.एच.यू. वाले डॉक्टर पुरुषोत्तम सिंह से तो मिले ही हो आप भी! वही तो एम.ए. में पढ़ाते थे हमें 'वेस्ट एशियन आर्कियोलॉजी'। 'फाइनल एक्ज़ाम्स' के दरमियान जिस दिन उनके पर्चे का नंबर आया, कक्ष-निरीक्षक 'आन्सर शीट्स' (उत्तर पुस्तिकाएँ या कॉपियाँ) बाँट रहे थे, 'क्वेश्चन पेपर' मिलने में अभी कुछ देर थी। कॉपी पर रोल नंबर और बाक़ी डिटेल्स लिखने के बाद मैंने परचा मिलने का इन्तिज़ार किए बिना कॉपी के पहले पेज पर वेस्ट एशिया का नक़्शा बना लिया और उस पर ख़ास-ख़ास जगहें प्लाट करनी शुरू कर दीं।

"कॉपियाँ बाँट लेने के बाद फ़ुरसत मिलने पर निरीक्षक मुझे परचा मिलने से पहले ही लिखता देखकर ऑब्जेक्शन करने लगे कि 'क्वेश्चन पेपर' मिलने से पहले ही क्या लिखने लगे? तब तक अपना पेपर होने की वजह से, एक्ज़ामिनेशन रूम का मुआइना करने आए गुरुजी उन्हें मुझसे हुज्जत करते देख मेरी टेबल पर आ गए। मामला समझने पर मेरी कॉपी पलटकर देखी और मुस्कुराते हुए सुपरवाइज़र्स की ओर मुख़ातिब होकर बोले 'गोचने दीजिए, नक़्शा ही तो है।' असल में वे मेरी इस नक़्शेबाज़ी की आदत से ख़ूब वाक़िफ़ और उसके क़ायल होने की वजह से अक्सर सभी स्टूडेंट्स के सामने, खुलेआम सुनाते हुए, कहा करते थे, 'बहुत दिनों से किसी स्टूडेंट को अस्सी से ऊपर नंबर देने की हसरत है। अगर इसकी कॉपी मेरे पास आ जाए तो बिना पढ़े इतने नंबर चेप दूँ।"

"तब फिर कितना नंबर मिले थे उस पेपर में?" श्याम ने छूटते ही पूछा। फिर, बस की धीमी होती रफ़्तार के साथ तनिक ऊँची आवाज़ में यह फ़िक़रा कसने से भी बाज़ नहीं आए, "और जब इतना सब जानते ही हो तब यहाँ आने की इतनी आफ़त काहे मचाए थे।"

"यही तो प्रॉब्लम है तुम्हारे साथ। इतनी देर चुप रहकर सुनते रहे यही क्या कम है। जहाँ तक नंबर मिलने की बात है डॉक्टर सिंह वो विषय पढ़ाते तो थे लेकिन कॉपियाँ जाँचने के लिए परचा बनाने वाले डेकन कॉलेज के एक धुरंधर विद्वान के पास गईं। मुझे भी बड़ी 'क्यूरिऑसिटी' थी इस परचे में मिलने वाले सम्भावित नंबरों को ले लेकर। रिज़ल्ट निकलने पर दौड़कर गए सेन्ट्रल ऑफ़िस में 'टैब्युलेशन शीट' देखने। देखकर मुँह उतर गया। पलटकर डॉक्टर सिंह को बताया 'साठ पार एक, मतलब कुल इकसठै नंबर मिल पाए हैं गुरुजी!' वे ठट्ठा मारकर हँसते हुए बोले, 'अरे भाई! आपको पता नहीं, देव साहब की टेंट से नंबर निकलवा लेना कोई मामूली बात नहीं, जेतना मिला है ओके अस्सीऐ समझिए।'

"रही बात इतिहास-भूगोल की तो उनकी जानकारियाँ भी बहुत दूर तक नहीं ले जा सकतीं। उनके ज़रिए घटनाओं, फैक्ट्स और उनसे जुड़ी जगहों का ढाँचा बनाया जा सकता है लेकिन इतना ही काफ़ी नहीं होता। उनमें जान डालने के लिए उन्हें महसूस करने और थोड़ी-सी कल्पना की ज़रूरत होती है, और उसके लिए वहाँ के नदी-पहाड़, हवा-पानी, पेड़-पौधों, पशु-परिंदों और लोगों को अपनी

आँखों देखना पड़ता है। वरना लिखे हुए के साथ लगी तसवीरों और नक्शों से एक 'स्टैटिक पोर्ट्रेट' ही बन सकता है, उनके जीते-जागते स्वरूप की संरचना नहीं की जा सकती। पठान लम्बे-चौड़े लड़ाके ही नहीं दिखते, अलग-अलग नाक-नक्श लम्बाई-चौड़ाई वाले दिलदार दोस्त, अच्छे-बुरे भी होते हैं। सबकी आँखों का रंग एक-सा नहीं, किसी का भूरा, काला, किसी का कंजा और किसी-किसी का नीला भी होता है। तोते की टोंट जैसी या मोटी नाक की बहुतायत के बीच सुतवा नाक वाले भी मिलते हैं। इनसे पता चलता है कभी यहाँ आए मध्य एशिया, मंगोलिया, ईरान, ग्रीस, अरब और हिन्द से आए लोग कैसे दीखते रहे होंगे।"

तब तक, ग़ज़नी शहर के बीच से गुज़रते हुए हमें दिखने लगे कच्ची मिट्टी और कच्ची मिट्टी की ईंटों से बनी ऊँची चहारदीवारी में लगे छोटे दरवाजों से अन्दर जाने पर बड़े-बड़े अहातों में एक या दो मंज़िले मकान। सड़क के दोनों किनारे ऐसी ही दीवारों वाली छोटी-छोटी दुकानें। कुछ दुकानों के बाहर बल्लियों पर टिके तिरपाल या प्लास्टिक के छाजन बढ़ाकर उनके नीचे या यूँ ही खुले में ज़मीन पर ढेर लगाकर बेचने के लिए रखे फल, अनाज और दूसरे सामानों के ढेर। दो आवासीय ब्लॉक्स के बीच से भीतर जाती सब-लेन्स। ग़ज़नी दरिया की वादी में बसी बसावट।

हमारी बस ग़ज़नी बस-स्टॉप पर ठहरी तो कमर सीधी करने की ग़रज़ से नीचे उतर गए। सात हज़ार फ़ीट से कुछ ऊपर की ऊँचाई पर होने के बाद भी बाहर उतनी ही गरमी महसूस हुई जितनी अपने यहाँ अप्रैल के शुरुआत में होती है। जबकि सर्दियों में यहाँ कड़ाके की ठंड पड़ने की वजह से बहुत से लोग कन्दहार चले जाते हैं। कुछ खाने को सोचा मगर दुकानों में पक रहे सीख़ कबाब और भेड़ के गोश्त की गमक ने क़दम रोक लिए। थोड़े से सूखे मेवे ख़रीदकर वापस बस में अपनी जगह आ बैठे।

लम्हों ने ख़ता की थी...

रास्ते में : काबुल से तेहरान,
अफ़ग़ानिस्तान

काबुल से चलकर ग़ज़नी तक, कोई डेढ़ सौ किमी. का रास्ता, चार घंटे में पार हुआ, मगर मेरा मन आगे बढ़ने से पहले ग़ज़नी का क़िला, ऊँची-ऊँची दो

फ़तह-मीनारें, 'टेपे सरदार टीले' की खुदाई में मिले लेटे हुए बुद्ध और और भी जितना कुछ देख सकें देख आने की हसरत में गुलाटी खाता रहा। श्याम से बताने पर बोले, "ये सब पहले से बताते तो वैसा प्रोग्राम बनाया होता लेकिन इस तरह देखने के लिए अफ़ग़ानिस्तान में ही कई महीने बिताने पड़ेंगे। फिर कभी सोचना।" मोटोर आगे चलने के आधे-पौने घंटे बाद, उम्मीद के उलट श्याम से ग़ज़नी के बारे में कुछ और बताने की गुज़ारिश सुनकर, अचरज होने के बावजूद, ज्ञान बघारने और गपियाते हुए रास्ता काटने का मौक़ा तुरन्त लपक लिया :

"यार! ग़ज़नवी और ग़ोरी को पानी पी-पी कर गरियाने की जगह उनके बारे में कुछ और नज़रिए से सोचने की ज़रूरत है। जैसा आप भी मानते हैं, इस इलाक़े को चन्द्रगुप्त मौर्य की हुकूमत वाला 'ग्रेटर इंडिया' मानकर सोचा जाए तो मगध या बिहार के राजा का यहाँ तक हमला करके, अपने राज्य की सीमा बढ़ा लेना अपनी अन्दरूनी बात लगती है। इसी तरह अशोक का उड़ीसा, उड़ीसा के खारवेल का मगध पर, समुद्रगुप्त के दक्षिण भारत सहित दूसरे राज्यों पर, तमिलनाडु के चोल राजाओं के उत्तर भारत, और बाद के दौर में कश्मीर के राजा का कन्नौज, दिल्ली के राजा का चन्देलों, महाराष्ट्र के राष्ट्रकूटों का कन्नौज पर किए गए आक्रमणों को भी आपसी मामला मानकर हम संतोष कर लेते हैं। लेकिन उसी बृहत्तर भारत के एक खित्ते में बसे ग़ज़नी या ग़ोर शहरों के रहने वालों के पूरब के इलाक़ों पर किए गए हमले देश के बाहर से बाहरी लोगों के हमले लगने लगते हैं।

"मतलब बहुत साफ़ है, जब तक यहाँ के लोग सनातनी और बौद्ध-पंथ मानते रहे वे हमारे ही भाई-बन्द रहे, और जैसे ही इस्लाम क़ुबूल किया पूरी तरह से ग़ैर हो गए। ग़ौर से देखा जाए तो मसला मज़हब का कम सियासती ताक़त हासिल करने का ज़्यादा लगता है। इधर ग़ज़नवी, इस्लाम के नाम पर लोगों को 'मोटीवेट' करके मिली ताक़त का इस्तेमाल अपनी हुकूमत की सरहदें बढ़ाने में लगा, और उधर उसे रोकने के लिए हिन्द के राजाओं ने काबुल-शाही के साथ मोर्चा बनाया, दोनों में हुई जंग का नतीजा निकला मोर्चे की शिक़स्त और हिन्द के राजाओं पर हुए कई हमलों में। फिर, यहीं पड़ोस में क़ायम ग़ोरी सल्तनत के मोहम्मद ग़ोरी ने पृथ्वीराज चौहान सहित कई हिन्दवी राजाओं को एक के बाद एक परास्त किया। अगर ये हमले मज़हबी मक़सद से हुए होते तो शायद मुहम्मद ग़ोरी के ख़ानदानियों ने हम-मज़हब ग़ज़नवी हुकूमत पर हमला करके ग़ज़नी शहर को नहीं उजाड़ा होता। दूसरी तरफ़ एक

ही धर्म को मानने वाले पृथ्वीराज और जयचन्द और दूसरे राज्यों में आपसी युद्धों की नौबत भी नहीं आती।"

इतना सुनकर श्याम का अब तक मुश्किल से धराया धीरज का बाँध ढह गया, ताव में भरकर बोले :

"तुम्हारे बराबर मैंने इतिहास नहीं पढ़ा लेकिन कुछ भी हो ये लोग थे बहुत क्रूएल। कितनों को काट डाला, ग़ुलाम बनाया और मन्दिरों को तोड़ डाला। आज़ादी के दौर में भी कितनों को कितनी बेदर्दी से मार डाला। हमारा परिवार भी तो इनकी ज़्यादतियों की वजह से अपने गाँव से बेदख़ल होकर दर-दर भटका। जिस पर बीतती है, वही समझता है उसका दरद।"

श्याम की ओर से ऐसे रिएक्शन का पहले से ही अन्देशा था इसलिए उनकी बात पूरी होने के बाद तनिक-सा थमकर जितना हो पाया उतनी नरमी से बात आगे बढ़ाई :

"आपके परिवार ने जो भोगा वह भी मज़हब के नाम पर हुई सियासत का ही नतीजा है। वरना जैसी उर्दू मुस्लिम बोलते थे वैसी ही आपके पिता भी, ऊँचे तुर्रे वाली जैसी दस्तार पश्तून बाँधते हैं उससे मिलती-जुलती दस्तार चढ़ाए ठसक से बैठे मूँछें ऐंठे उसी रंग-रूप वाले अपने पिताजी का फ़ोटो याद कर लीजिए। फ़रक़ था तो बस मज़हबी और यहाँ तो बँटवारा ही मज़हब के सियासती इस्तेमाल से हुआ। अपवादों को छोड़कर, कितने ही हिन्दू राजा, ज़मींदार, तअल्लुक़ेदार कमोबेश अपनी सियासती ताक़त बरक़रार रखने के लिए या तो मुस्लिम हुक्मरानों के साथ या उनके ताबेदार रहे। तब मज़हब उस ज़द तक फ़ैसलाकुन नहीं रहा, जैसा बँटवारे के समय उसके मुक़म्मल सियासती इस्तेमाल की वजह से हुआ।

"दरिंदगी की बात भी दूर तक नहीं जाएगी। किसी भी तरह की क्रूरता की हिमायत नहीं की जा सकती। लेकिन किसी भी वजह से होने वाली जंग में ज़्यादतियाँ होती ही हैं। ऐसे में लड़ने वाले और बेगुनाह दोनों मरते और अत्याचार भुगतते हैं। ऐसे कृत्यों को वाजिब नहीं ठहराया जा सकता। इसीलिए पुराने ज़माने से अब तक जंग के दरमियान और उसके बाद भी बूढ़ों-बच्चों, बेगुनाहों, औरतों, शरणागतों, चिन्तकों-फ़क़ीरों जैसे आम लोगों पर ज़ुल्म और ज़्यादतियाँ रोकने के लिए 'जेनेवा कन्वेंशन' जैसी 'नीतियाँ' एक ज़माने से बनाई जाती रही हैं। फिर भी, गिने-चुने राजाओं के

अलावा हर दौर के कुछ हुक्मरानों ने इन्हें तोड़ने से गुरेज़ नहीं किया।

"जंग के दरमियान मौर्य सम्राट अशोक की सेनाओं के हाथों मारे गए कलिंग (उड़ीसा) के हज़ारहाँ सैनिक रहे हों या मुस्लिम सिपहसालारों के क़त्लेआम, इनके बारे में इतिहास की बोतलों को जितना खँगालेंगे उनमें से उतने ही जिन्न-जिन्नात निकल-निकलकर सिर पर सवार होते जाएँगे। सियासत और हुकूमत के तालमेल के दाँव हमेशा से चलते रहे हैं, चलते रहेंगे। लेकिन इनमें ग़ज़नी-ग़ोरी के क़त्लेआम के साथ मन्दिर तोड़े जाने जैसे मज़हबी एंगिल जुड़ जाने पर इनके नतीजे कहीं ज़्यादा क़ातिल हो जाते हैं। इसमें मज़हब का घोल जितना कम घुलेगा उतना ही मज़हबी झगड़ा भी कम होगा। मक़सद, हुकूमत हासिल करने तक का रहने पर कुछ ग़नीमत रहती है। इस सिलसिले में अगर 'इबादतगाह' न तोड़े जाएँ, आस्था और परम्पराओं की इज़्ज़त की जा सके, औरतों-बच्चों-मासूमों पर ज़ुल्मो-सितम न किए जाएँ तो हार-जीत के बाद भी आपसी रिश्तों में इतनी तीखी कड़ुवाहट घोलने से बचा जा सकता है। वरना जैसे आप सोमनाथ, काशी, मथुरा, अयोध्या नहीं भूल पाए और उधर यरुसलम को लेकर चल रही कटा-जुज्झ भी नहीं रुक रही। कोई किसी से कम नहीं, जब जिसका मौक़ा आएगा, उलट-पलटकर मारता-मरता रहेगा। वे इतने पराए और नाक़ाबिले बर्दाश्त न हुए होते अगर ग़ज़नवी और दूसरे हमलावरों की जंगी मुहिम में सोमनाथ और दूसरे मन्दिर नहीं तोड़े जाते और औरतों और बेगुनाहों पर बेपनाह ज़ुल्म न ढाए गए होते। काश! ये बात, कम-से-कम अब भी लोगों की समझ में आ जाए। वरना फिर-फिर अर्ज़ करते रहेंगे 'लम्हों ने ख़ता की थी सदियों ने सज़ा पाई'।"

पूरी बात सुनकर श्याम ने अपना कोई रिएक्शन नहीं दिया, न हाँ में और ना ही न में, कुछ भी नहीं बोले। यह सोचकर कि उन्हें ये सब कुछ अच्छा नहीं लग रहा, बात का रुख़ घुमा देना बेहतर लगा :

"ख़ाली कुछ नाम, तारीख़ें और हार-जीत का ब्योरा इतिहास नहीं होता और न जगह की ख़ुसूसियत। उस ज़माने में ग़ज़नी फ़ारसी अदब का एक बहुत ही नायाब सेंटर भी रहा। बहुत से स्कॉलर्स, फ़िलॉस्फ़र और शायर रहा करते थे यहाँ। फ़िज़िक्स, गणित, इतिहास, प्रकृति विज्ञान, और संस्कृत और ग्रीक सहित कई ज़ुबानों के जानकार। मशहूर फ़ारसी आलिम अलबरूनी (973-1050 ई.), ज़िन्दगी का बड़ा हिस्सा बिताकर

यहीं दफ़न हुए। उनकी लिखी 'तारीख़ अल-हिन्द' (1017 ई.) तब के हिन्द के इतिहास की मुक़म्मल किताब मानी जाती है।

अलबरूनी के पहले इस सरज़मीं पर रहने वाले शायर फ़िरदौसी (940-1020 ई.) या फ़िरदौसी ने यहाँ तीस साल (977-1010 ई.) रहकर लिख डाला दुनिया के सबसे लम्बे महाकाव्यों में गिना जाने वाला 'शाहनामा' (द बुक ऑफ़ किंग्स या सुलतानों की किताब)। इसमें क़रीब 50,000 अशआरों (शेरों) में इस्लाम के आने से पहले के फ़ारस-साम्राज्य के ऐतिहासिक, सांस्कृतिक, पारसी धर्म और मिथकीय विवरण दर्ज हैं। ईरान, अफ़ग़ानिस्तान, टर्की, अर्मीनिया, जॉर्जिया और दागेस्तान में इसे 'राष्ट्रीय महाकाव्य' का दरजा हासिल है।

"एक दास्तान के मुताबिक़ सुलतान महमूद ग़ज़नवी ने फ़िरदौसी से 'शाहनामा' के हर एक शेर के लिए सोने की एक गिन्नी देने की पेशकश की। फ़िरदौसी ने काम पूरा होने पर सारी रक़म एक साथ लेने की शर्त पर यह पेशकश मंजूर कर ली। इस रक़म को वे अपने वतन के बाँधों की मरम्मत पर ख़र्चना चाहते थे। तीस साल के बाद 'शाहनामा' लिखने का काम पूरा हो गया तो सुलतान ने अपने वादे के मुताबिक़ एक दरबारी के हाथ उन्हें देने के लिए 60,000 गिन्नियाँ भिजवाईं लेकिन उसने उन्हें चाँदी के सिक्कों से बदलकर फ़िरदौसी को भिजवा दिया। उस वक़्त फ़िरदौसी हमाम में थे। सोने की गिन्नियों की जगह चाँदी के टुकड़े आने की जानकारी मिलने पर उन्होंने वे टुकड़े हमाम का रख-रखाव करने वाले, एक नाश्ता बेचने वाले और सिक्के लेकर आने वाले ग़ुलाम में बाँट दिए। दरबारी की मार्फ़त अपने भेजे सिक्के इस तरह बाँट दिए जाने की ख़बर पाकर महमूद ने नाराज़ होकर फ़िरदौसी को सज़ा देने की धमकी दी। इस बारे में महमूद को एक तंज़ भरा ख़त लिखकर फ़िरदौसी खोरासन भाग गए। उसके बाद असलियत सामने आने पर महमूद ने अपने दरबारी को सख़्त सजा दी और फ़िरदौसी के लिए नए सिरे से 60,000 गिन्नियों का तोहफ़ा भिजवाया। लेकिन जैसे ही यह तोहफ़ा लेकर जा रहा कारवाँ फ़िरदौसी के शहर (तूस) के दरवाज़े पर पहुँचा, उधर से एक मातमी जुलूस उसी दरवाज़े से बाहर आया। दिल का दौरा पड़ने से शायर का इंतकाल हो चुका था।"

महमूद की शख़्सियत के ये पहलू आमतौर पर हिन्द में जाने-सुने नहीं जाते।

कंधारी अनार ले लो, अंगूर चमन वाले!

रास्ते में : काबुल से तेहरान,
अफ़ग़ानिस्तान

'शाहनामा' (शहंशाहों की किताब) के ज़िक्र के साथ उससे क़रीब सवा सौ बरस बाद उससे मिलती-जुलती, बारहवीं शताब्दी में कल्हड़ की संस्कृत में लिखी, 'राज-तरंगिणी' (राजाओं की नदी; 1148 ई.) याद आ गई। इसके आठ तरंगों या अध्यायों में कुल 7,826 श्लोकों में कश्मीर के राजाओं का इतिहास बयान किया गया है। इस सिलसिले में इससे भी क़रीब एक हज़ार साल पहले की एक और रचना भी याद आती है। उसे पूरी तरह से इस परम्परा में भले ही न रखा जा सके मगर उसमें भी कम-से-कम एक वंश के राजाओं का उल्लेख तो मिलता ही है, और वह है कालिदास रचित 'रघुवंशम'। इसमें अयोध्या में सूर्य वंश की स्थापना करने वाले वैवस्वत मनु के वंश में जन्मे सुख्यात राजा दिलीप के पुत्र रघु के वंशजों की यशोगाथा, उन्नीस चैप्टर्स (सर्गों) में बाँटकर, संस्कृत भाषा में 1567 श्लोकों में लिखी गई है। इसी वंश में जन्मे दशरथ पुत्र श्रीराम की महिमा कौन नहीं जानता।

श्याम एक बार फिर मेरे बगल से उठकर काफ़ी देर पंजाबी जत्थे में गप्पें मारते रहे। रास्ते के साथ चल रहे पहाड़ियों और आबादियों के एक-से मंज़र अब पहले की तरह दिलचस्प नहीं लग रहे थे। दक्षिण की ओर बढ़ते, माहौल ज़्यादा रूखा और रास्ता हल्की ढलान पर उतरता महसूस हुआ। चलती बस के हिचकोलों के साथ ऊँघते रहे। जब तक श्याम दुबारा लौटकर बगल में आए, एक झपकी लेकर मैं एक बार फिर से तरोताज़ा हो गया। उनके लौटने पर हमारी बातों का एक दौर और चला।

इस बार हमारी बातों के फोकस में रहा आगे आने वाला 'कन्दहार शहर'। उन्हें लग रहा था कि हम लोग हिन्द से कितनी दूर अनजान इलाक़े में आ गए हैं। और जब उन्हें बताया कि इस शहर का नाम तो हम लोग अपने यहाँ अक्सर सुनते रहते हैं लेकिन उसकी तरफ़ ध्यान नहीं देते, तब वे मेरी ओर सवालिया लहजे में देखते हुए बोल पड़े—"वो कैसे?" आसन बदलकर, मैंने उन्हें जो बताया, उसके बारे में पता नहीं तुझे भी पता है या नहीं, मगर पुरानी दिल्ली के पुराने बाशिन्दे ज़रूर जानते होंगे :

> "मौसम आने पर अपने यहाँ के छोटे-बड़े शहरों-क़स्बों के गली-कूचों में अनार और अंगूर की रेहड़ी लगाकर या झाबों में भरकर फेरी लगाने वाले यहीं के शहरों के नाम पर ही तो बेचते हैं ये फल, कितनी लय

में पुकार-पुकार कर—

कंधा-ऽ-ऽ- ऽ-ऽ-री अना ऽ-ऽ- र ले ऽ-ऽ-लो ऽ-ऽ!
कंधा-ऽ-ऽ- ऽ-ऽ-री अना ऽ-ऽ- र ले ऽ-ऽ-लो ऽ-ऽ!
ले ऽ-ऽ-लो ऽ-ऽ, ले ऽ-ऽ-लो ऽ-ऽ
मी ऽ-ऽ- ठे अना ऽ-ऽ- र ले-ऽ लो-ऽ,
कंधा-ऽ-री अना-ऽ-र ले-ऽ लो-ऽ!

...

अंगू-ऽ-र, चम-ऽ-न वाले- ऽ-!
मी ऽ-ऽ- ठे अंगू-ऽ-र ले-ऽ लो-ऽ!

"न फेरी वाला जानता है और न ख़रीदार कि 'कंधार' और 'चमन' असल में हैं किस मुल्क में!

"यूँ तो 'इंडियन सब-कांटिनेंट' में अनार बहुत जगह और बहुत तरह का होता है। रावलपिंडी के पास वाले आपके बाप-दादों के गाम 'छानी' में भी होता होगा तभी आपके पिताजी ने आपके यमुना नगर वाले घर के दरवाज़े पर ही अनार की पौध लगाई है। जितने प्यारे लाल रंग के फूल और फल, उतने ही रसीले दाने। डालियों पर लटककर इनके रसपान में लीन रहने वाले लाल रंग की टोंट वाले सुग्गों को इनका रस इतना प्रिय है कि उन्हें दाड़िम-प्रिय भी कहा जाने लगा। लेकिन जितने बढ़िया और मीठे अनार कन्दहार के आसपास होते हैं उतने और कहीं नहीं, इसलिए अनार कहीं के भी हों, उन्हें बेचा जाता रहा कन्दहार के अनार के नाम पर। फिर, कन्दहार पता नहीं कब कंधार और कन्दहार के अनार 'कंधारी अनार' कहलाने लगे।

"इसी तरह एक ज़माने से बड़े ही नामचीन रहे 'चमन' के अंगूरों की शोहरत इस क़दर फैली कि कहीं का भी अंगूर हो बेचा जाता है 'चमन के अंगूर के ज़ायके' के नाम पर। 'चमन' लफ़्ज़ के मायने होते हैं बाग़ और मीठे रसदार अंगूर के बग़ीचों के लिए मशहूर बलूचिस्तानी इलाक़े में अफ़ग़ानिस्तान की सरहद पर पाकिस्तान में इसी नाम का कोई शहर भी है, और उसके नाम से बिकता है अपने यहाँ का अंगूर, इससे किसको लेना-देना। अंगूर और अनार-दाने के शरबत अधर-रस मानकर पीने के ख़यालों और उन पर गीत गाने से आगे बढ़ ही नहीं पाते। लेकिन बहुत दूर के समझे जाने वाले ये शहर असल में हमारे दिलों के कितने

नज़दीक हैं। बहुत पुरानी बात नहीं, पुरानी दिल्ली के बल्लीमारान और दूसरे शहरों-मोहल्लों में फेरी लगाते 'पहाड़ वाला, पहाड़ वाला' की पुकार सुनकर लोग समझ जाते कि फलों से भरे टोकरे सिर पर उठाए अफ़ग़ानी काबुली वालों का फेरा चल पड़ा है।"

श्याम के लिए ये बातें बिलकुल नई और दिलचस्प रहीं। अब तक मुँह बाए सुनते रहने के बाद बोले :

"यार! सचमुच हम लोग इस मामले में कितना कम जानते हैं। यहाँ के बारे में कुछ और डिटेल में बताओ, जानकारियाँ बढ़ेंगी और रास्ता भी कटेगा। एक टिकट में दो खेल, लल्लन टॉप।"

मैंने अपनी डायरी खोलकर आहिस्ते-आहिस्ते समझाते हुए इस तरह बताया :

"सबसे पहले 'कन्दहार' नाम की ही बात कर ली जाए। लोक-परम्परा में यहाँ उपजने वाले मीठे कन्द या क़न्द, जैसे तरबूज़, खरबूज़ के वास्ते से इसका यह नाम पड़ा माना जाता है। पुराने ज़माने में 'गांधार सूबे' का एक हिस्सा होने की वजह से इसे 'गांधार' का बिगड़ा नाम भी बताते हैं। फिर, कहीं की भी बात करिए सिकन्दर महाशय का नाम बीच में कूदे बिना मानता नहीं। गौरांग महोदय इसे भी उसका बसाया एक और 'एलेक्ज़ेंड्रिआ' बताते हैं जो 'सिकन्दरिया', फिर 'इस्कंदर', 'स्कंदर', और आधा 'स' भी निकलकर सिर्फ़ 'कन्दर' रह गया। वैसे विदेशी लोग नाम दर्ज करते हुए कोलकाता को कलकत्ता जैसा दर्ज करते रहे हैं, क्या पता किसी ने बोला हो कन्दहार और उन्होंने सुन पाया हो 'कन्दर'। सिकन्दर के पहले इस इलाक़े पर फ़ारसी शाहों की हुकूमत चलती रही, उस वक़्त भी इसका कोई नाम तो रहा ही होगा। वैसे सिकन्दर की बसाई सिकन्दरिया की पहचान जिस जगह से की जाती है उसके पास ही पाँच हज़ार साल पुरानी मुंडीगाक की बसावट के निशानात पाए गए हैं।

"दक्षिण-मध्य-पश्चिमी एशिया की ओर जाने वाले रास्तों के मेल पर बसे होने की वजह से इस पर क़ब्ज़ा करने की जद्दोजहद हमेशा चलती रही। सिकन्दर के ऊपर सिधार जाने के बाद आज से कोई 2300 साल पहले (305 बी सी) में यहाँ राज कर रहे सैल्युकस की टकराहट हुई, सिंध नदी के किनारे चन्द्रगुप्त मौर्य से, इसका नतीजा रहा वह सुलहनामा जिसके तहत सैल्युकस ने अपनी पुत्री या एक यवन राजकुमारी का चन्द्रगुप्त से ब्याह कर, हिन्दूकुश के इस पार के हेरात, कन्दहार, काबुल

घाटी और बलूचिस्तान के ये इलाक़े, चन्द्रगुप्त को सौंप दिए। बदले में चन्द्रगुप्त ने उसे पाँच सौ युद्धक हाथी भेंट किए। मौर्य साम्राज्य के बारे में चन्द्रगुप्त के दरबार में रहने वाले सैल्युकस के राजदूत मेगास्थनीज़ ने बहुत अच्छी जानकारी लिख छोड़ी है।

चन्द्रगुप्त के बेटे बिन्दुसार और अशोक के दरबार में भी सैल्यूकियन राजदूत भेजे जाते रहे। अशोक के हुक्म पर, बौद्ध-धर्म के प्रचार के लिए, आज से 2,260 साल के आसपास यहाँ के ग्रीक और ईरानी बाशिन्दों के लिए 'ग्रीक' और 'अरेमिक' में लिखवाया गया द्विभाषी अभिलेख कन्दहार के पास की 'चालीस-जीना पहाड़ी', मतलब चालीस सीढ़ियों वाली पहाड़ी, की एक चट्टान पर लिखा मिला है। इसके अलावा ग्रीक भाषा में लिखवाया गया अशोक का एक और अभिलेख इस पहाड़ी से डेढ़ किलोमीटर दक्षिण में पुराने कन्दहार या शहर-ए-कोना से भी मिला है। इस तरह यहाँ पहले से चल रही पारसी और दूसरी पूजा-परम्पराओं के साथ बौद्ध पंथ-परम्परा भी चल पड़ी। बाद में इस इलाक़े पर इंडो-ग्रीक राजाओं, ख़ासकर मिनेंडर (आज से 2,000 साल के आसपास, 165-135 ई. पूर्व के बीच) और फिर कुषाणों के राज (अगले कोई 300 बरस तक) में बौद्ध-मत का बोलबाला बढ़ता ही गया।"

जहाँ इतना पढ़ा, दम साधकर थोड़ा-सा और...

हेरात शहर के नज़दीक,
चायख़ाने से
4 मई, 1977

अर्ग़नदाब दरिया के किनारे बसे कन्दहार शहर की सड़क किनारे की कच्ची मिट्टी की दुकानों में और ठेलों पर बिक रही भेड़ ऊन, सूती और रेशमी कपड़े, अनाज, ताज़े और सूखे फलों और तम्बाकू पर निगाह फेरते बस-अड्डे तक पहुँचते शाम का धुँधलका घिर आया। काबुल के मुक़ाबले आधी ऊँचाई पर बसे होने और रेगिस्तान से सटे होने की वजह से बस से उतरते ही अपने यहाँ के मई-जून के महीने जैसा गरमागरम भभका लगा। चायख़ाने के मटकों का गन्दा पानी पीकर प्यास बुझाने की कूवत 'चमड़े का पेट रखने वाले अफ़ग़ान' भले ही रखते हों, हमारे लिए फूँक-फूँककर किसी तरह चाय के घूँट सुड़कते हुए हलक़ से उतारने के अलावा कोई चारा नहीं था। आगे के रास्ते में कोई अच्छा स्टापेज नहीं आता

इसलिए पंजाबी-जत्थे और दूसरे हमराहियों ने यहीं से खा-पीकर चलना बेहतर समझा।

रात घिर चुकने के बाद, कन्दहार से आगे चलने पर पता चला कि बिना टोका-टोकी के चुपचाप सुन रहे श्याम के जिस सबर को मैं अपनी बातों में उनकी दिलचस्पी समझता रहा उसकी वजह कुछ और ही है। दरअसल मेरे बामियान जाने के बाद, काबुल में अपने हठयोगी कारनामों का एक और प्रोग्राम दिखाते समय उनके सीने पर से भारी-भरकम जोंगा जीप निकालने वाले की बदनीयती से झटका दे देने से उनकी पसली में लगी चोट अब टीसने लगी थी। लेकिन जब तक दर्द बढ़ा नहीं उन्होंने इस बारे में बताने की ज़रूरत नहीं समझी। छोटी-मोटी तकलीफ़ तो वो बताते नहीं इसलिए उनसे यह जानकर मुझे चिन्ता होने लगी। फिर भी, उन्होंने कहा, "चिन्ता की कोई बात नहीं बाबू! थोड़ा दर्द है ठीक हो जाएगा।" उसके बाद वे अपनी सीट में गुड़मुड़ाकर सोने की कोशिश करने लगे।

हल्के उतार पर अँधेरी सड़क पर चलती बस की खिड़की से बाहर भागती नज़र आती सफ़ेद ज़मीन देखते थोड़ी देर सोचते रहे काबुल से हेरात वाला सीधा और छोटा रास्ता छोड़कर पुराने ज़माने से ही कन्दहार होकर जाने वाला यह लम्बा रास्ता क्यों पकड़ा गया होगा!

अँधेरे में ही सही, नक़्शे पर मार्क किए हेलमंद दरिया पार करते उसकी एक झलक पा लेने की हसरत पूरी करने की भरसक कोशिश के बाद भी आँख लग गई। फिर जागते, सोते, ऊँघते हुए कहाँ चलते रहे कोई अन्दाज़ा नहीं रहा। फिर कुछ देर बाद नींद उचटने पर चुपचाप अँधेरे में आँखें गड़ाए तुम्हारी ओर ध्यान जाने के साथ तुममें ही खो गया। सोते-सोते श्याम की नींद टूटने पर, वे मुझे इतनी रात तक जागते और खिड़की के बाहर एकटक ताकते अपने आप में गुप्प देखकर बोले, "यार! फिर चले गए न उसी के पास। ऐसा कैसे और कब तक चलेगा?" मैंने कहा, "नहीं, ऐसा कुछ नहीं, यूँ ही बस में चलते मुझे नींद नहीं आती।" वे फिर से ऊँघते-ऊँघते बोले, "अब इतना तो भाँप ही लेते हैं आपको।" वे सो गए, मैं सोचने लगा 'किसी के बोल सुनने, किसी को देखने, उससे मिलने की इतनी गहरी ख़्वाहिश में खो जाना और जाने कितना कैसा अव्यक्त एहसास। बड़ा मुश्किल है अपने ही भावों को पूरा-पूरा समझकर किसी को समझा पाना। जहाँ तक नींद नहीं आने की बात है, आप आँखों के पट से हटो तब न नींद के लिए जगह बने, 'या में दो न समाएँ।'

उजाला होने पर सड़क के किनारे एक ढाबेनुमा चायख़ाने पर बस रुकने के साथ सवारियों में हुई हलचल से हम भी उठ बैठे। श्याम का हाल पूछने पर मालूम हुआ अभी दर्द गया नहीं है। कुछ सवारियाँ बस से उतरकर हमारी तरह वहीं चायख़ाने

के सामने पड़ी खाटों पर लेट गईं और कुछ दिशा-मैदान के जुगाड़ में सामने की सपाट ज़मीन पर सही ठिकाना और आड़ नहीं खोज पाईं तो जहाँ मिला वहीं बेधड़क फ़ुरसत पाने लगीं।

बीते चौबीस घंटे में खाने के नाम पर कुछ मेवे और पीने के नाम पर चाय से अब और कितनी देर काम चलता, हम दोनों के हाल बेहाल होने लगे। पता चला अब हेरात शहर आने ही वाला है, उसके आगे ईरान का बॉर्डर नज़दीक है। उर्दू बोल लेने वाले एक ड्राइवर से काबुल से कन्दहार न जाकर सीधे हेरात जाने वाले छोटे रास्ते से न चलने की दुश्वारियों की जानकारी मिली।

> "हिन्दूकुश के ऊँचे-ऊँचे पहाड़ों के बीच से बहुत ऊँचाइयों से गुज़रने वाले उस बेहद ख़स्ताहाल रास्ते पर 'चग़चरान' जैसे एक छोटे शहर के अलावा कोई बड़ी आबादी नहीं। ऊपर से जाड़ों में कई-कई फ़ीट मोटी बर्फ़ से ढक जाने पर आगे जाने का कोई चारा नहीं रहता और गर्मियों में भी हालात अच्छे नहीं रहते। जबकि जिस रास्ते से हम आए हैं उस पर मैदानी शहर, ग़ज़नी, कन्दहार और लश्कर गाह जैसे बड़े-बड़े शहर बसे हैं। अलावा इसके कन्दहार के कुछ पहले से हेरात तक की ऊँचाई कम और आबोहवा औसतन ख़ुशगवार रहती है।"

इतनी ज़्यादा जियोग्राफी, हिस्ट्री और रास्तों पर मगज़मारी भरा यह डिस्क्रिप्शन तुम्हें रूखा लग सकता है मगर है बड़े काम का, अगर यह लेटर पढ़ते हुए एक बार यहाँ के नक़्शे पर भी ठीक से देख सको तो समझ में आने के साथ थोड़ा मज़ा भी आएगा और जानकारी बढ़ेगी सो अलग से।

ड्राइवर साहब से मिली जानकारी के बाद भूखा तन भी ख़याली उड़ान भरने में रुकावट नहीं डाल सका। सारा माजरा इस तरह खुलता चला गया :

> 'अच्छा! तो जे बात है! कन्दहार इलाक़े के इतने सरनाम होने के पीछे। उत्तर के बर्फ़ीले हिन्दूकुश से ज़्यादा और नीचे सटे हुए तपते रेगिस्तान से कम गर्मी वाली आबोहवा। हेलमंद, अर्ग़ंदाब और दूसरी धाराओं की वादियों में खेती लायक़ ज़मीन, फल-फूल से भरपूर इलाक़ा। अपने तजुर्बों से हासिल इन ख़ूबियों को नज़र में रखकर ही सात हज़ार बरस पहले इधर आए लोगों ने आज के मुंडिगाक में बस जाने का इरादा बनाया होगा। फिर एक बार बसने के बाद यह इलाक़ा हमेशा आबाद रहा। अगले 2000 बरस में एक शहर की शक्ल अख़्तियार कर चुकी इस बस्ती और तुर्कमेनिस्तान, बलोचिस्तान और सिंधु घाटी की बस्तियों से इंटरेक्शन भी होने लगा। इसी दौर में आसपास और पड़ोस में ही 'देह-

मोरासी घोंडाई' और 'सैद कला टेपे' की आबादियाँ भी बढ़-चढ़ गईं।

कोई 4400 साल पहले ईरान के शहर-ए-सोख़्ता से यहाँ तक फैली हेलमंद घाटी की सभ्यता के एक बड़े केन्द्र के रूप में भी 'मुंडिगाक' का बड़ा नाम है। ठंड और गर्मी, दोनों मौसमों के माफ़िक़ इनके मकान कच्ची मिट्टी और फिर धूप में पकाई मिट्टी की ईंटों से बनते रहे। तब से बनने वाले चूल्हों, कुओं, ताँबे और कांसे के सामानों, पत्थर और हड्डियों के टूल, मिट्टी की आकृतियाँ, भेड़-बकरी पालने और गेहूँ के इस्तेमाल की रवायत कमोबेश उतार-चढ़ाव के साथ आज तक जारी है। आज के कन्दहार के उत्तर-पश्चिम से उत्तर-दक्षिण में महज़ 55, 25 और 15 किमी. की दूरी पर बसी रही इन आबादियों की विरासती खाद-पानी पर बसाया गया 'कन्दहार शहर' आज भी अपनी अलग ही पहचान का बुलंद परचम फरफरा रहा है।'

यह ब्योरा कुछ बड़ा होता जा रहा है लेकिन जहाँ इतना पढ़ा, दम साधकर थोड़ा-सा और पढ़ लो। उस दिन की भूखी-प्यासी तपस्या से बनी समझ बड़े काम की रही :

आज से क़रीब 2500 बरस पहले फ़ारस के शहंशाह दारा (प्रथम) ने पश्चिम में भूमध्यसागर के किनारे बसे 'सार्दिस' से पूरब में 'सूसा' तक एक राजमार्ग तैयार कराया। इस रास्ते पर तेज़ी से ख़बर ले जाने और लाने वाले ख़बरियों और आने-जाने वाले कारोबारियों और दूसरे सफ़रियों के काफ़िलों की हिफ़ाज़त के पुख़्ता इंतज़ामात कराए। उस समय भारत में चट्टोग्राम (चटग्राम या चटगाँव, बांग्लादेश) से काबुल तक उत्तरपथ पर आवाजाही चल रही थी। बच रहा काबुल और सूसा के बीच का आज के पूर्वी ईरान और पश्चिमी अफ़ग़ानिस्तान का इलाक़ा। यह रास्ता सूसा-इलाक़े से पूर्वी ईरान में हेलमंद-घाटी में बसे शहर-ए-सोख़्ता तक, और वहाँ से बरास्ते मुंडीगाक (कन्दहार) एक ओर काबुल और दूसरी ओर चमन (बलोचिस्तान) होकर सैंधव-घाटी के समकालीन स्थलों से तो आज से क़रीब 4500 साल पहले से ही जोड़ता रहा।

इन्हीं रास्तों पर बाद के हख़ामनी शहंशाहों, फिर सिकन्दर, और उसके बाद मौर्यों के फ़ौजी-दस्ते और उस दौर के काफ़िले चलते रहे होंगे। डेरियस (दारा) के वक़्त में सूसा से काबुल तक के इस रास्ते को किस नाम से जाना जाता रहा, यह पता नहीं। चन्द्रगुप्त मौर्य के राज्य में शामिल इसके काबुल से पूर्वी ईरान तक के हिस्से का क्या नाम रहा होगा यह भी पता नहीं चलता। लेकिन कन्दहार के पास मिले अशोक

के अभिलेखों के बरअक्स यह अन्दाज़ लगता है कि जिस तरह उसने अपने दूसरे अभिलेख प्रमुख राजमार्गों के पड़ोस में लगाए थे, उसी तरह ये अभिलेख यहाँ से गुज़रने वाले अपने राज्य में शामिल इस राजमार्ग के आसपास ही लिखवाए होंगे। मार्गों के किनारे बाग़ लगवाने, कुएँ खुदवाने और विश्राम-स्थल बनवाने के उसके अभियान के तहत यहाँ भी ऐसा हुआ होना बहुत स्वाभाविक है। इसलिए मौर्यों के शासन-काल में क़रीब 100 साल (320-232 ई. पूर्व) तक काबुल से आगे, उसके राज्य में शामिल, इस मार्ग को तत्कालीन 'राजमार्ग' और 'उत्तरापथ' का एक्सटेंशन (विस्तारित हिस्सा) कहना बहुत वाजिब होगा।

यह सब लिख चुकने के बाद, बगल वाली खाट पर ख़ामोश लेटे श्याम की ओर ध्यान गया। उनके चेहरे की रंगत से उभर रही उनकी पसली की टीस ने चिन्ता में डाल दिया। हाल पूछने पर वे इतना ही बोले कि कुछ ख़ास नहीं, मेरा लिखना ख़त्म होने का इन्तिज़ार कर रहे हैं। मन-ही-मन तय किया, तेहरान पहुँचकर डॉक्टर की सलाह लेना बेहतर होगा। साथ की सवारियाँ खाना-पीना पूरा करके बस में बैठती दिखीं। लिखा-पढ़ा समेटकर अब मैं भी उठ रहा हूँ। यहाँ से आगे जल्दी ही ईरान बॉर्डर क्रॉस कर तेहरान की राह पकड़ लेंगे। आज बस इतना ही, आगे का हाल आगे लिखेंगे।

हमेशा तुम्हारा,
रॉकी

दसवाँ ख़त

लाइब्रेरी/कल्चरल सेंटर,
इंडियन एम्बेसी,
सहबाए शोमाली रोड,*
निकट पहलवी स्क्वायर,**
तेहरान, ईरान
6 मई, 1977

प्रिय...,

ढेर सा प्यार!

यह चिट्ठी तेहरान पहुँचकर, शानदार पहलवी स्क्वायर के पास सहबाए शोमाली रोड की एक शान्त और हरी-भरी कॉलोनी के सलीक़े से बने मकानों के बीच लोकेटेड, 'इंडियन एम्बेसी' की लाइब्रेरी/कल्चरल सेंटर के एक कमरे से लिख रहा हूँ। एम्बेसी के ज़रिए फ़िलहाल हमारे ठहरने का बन्दोबस्त यहीं हुआ है। सामान रखकर, लाइब्रेरी से लगे किचेन में चाय बनाकर पीते हुए थोड़ी देर आराम करने के बाद, श्याम यहाँ के 'केयरटेकर' के साथ खाने के लिए कुछ लेने गए हैं। हेरात के आगे के सफ़र का हाल लिख लेने की नीयत से मैं उनके साथ नहीं गया।

सड़क के किनारे वाले ढाबे से पिछला ख़त लिखने के बाद श्याम के हाल और भूख से मन उचाट हो गया। इधर-उधर देखने या पढ़ने में भी मन नहीं लगा। आगे आया ईरान की ओर का अफ़ग़ानिस्तान का आख़िरी बड़ा शहर 'हेरात'। बाएँ बाज़ू में हरियाली घाटी और पल्ली ओर पहाड़ियों का सिलसिला। सड़क किनारे और गेहूँ-जौ के खेतों के किनारे पापलर के पेड़, विलो, शहतूत, अंजीर,

* कूचा-ई-सहबाए शोमाली (Sahbaye Shomali street) अब बरादरान मोज़फ़्फ़री रोड, तेहरान, ईरान।

** पहलवी स्क्वायर अब मैदान-ई-वली अस्र, पहलवी रोड, तेहरान, ईरान।

पिश्ते और करौंदे के झाड़। सड़क के अगल-बगल कच्ची मिट्टी और कच्ची ईंटों के एकमंज़िला मकान, दुकानें, चायख़ाने और होटल। दुकानों में बिकते कपड़े, बाल्टियाँ, जूते-चप्पल, लोकल क्राफ्ट और दूसरे सामान, चायख़ानों में फ़र्श पर बिछी क़ालीन। सड़क पर टहलते कुछ विदेशी सैलानी, हिप्पी और अफ़ग़ान। एक सिरे पर दीखती नीली टाइल वाली मीनारों, मिट्टी की दीवारों वाले क़िले और नीली टाइल वाली मस्जिद पर नज़र फेंकते शहर से आगे निकल गए।

ये तो यहाँ आकर पढ़ा कि 'हेरात' नाम पड़ा है 'हरेयु-रुद' (रेशमी पानी) 'हरी दरिया' की वादी में बसे होने की वजह से। वैसे 2600 बरस पहले 'हरैवा' नाम से भी पुकारे गए इस शहर को वक़्त-वक़्त पर कई तरह से पुकारा जाता रहा, जैसे 'अरेइआ', 'हरोइवा'। इस शहर से होकर निकलने वाले रास्ते इसे जोड़ते हैं तुर्कमेनिया में मरी, ईरान में मशहद, अफ़ग़ानिस्तान में मज़ार-ए-शरीफ़, बामियान, कन्दहार और काबुल से। मोटे तौर पर आज से 3500 साल पुराने पारसी धर्म-ग्रन्थ 'अवेस्ता' में अंगूरी शराब के लिए मशहूर इस शहर में देखने लायक़ कई इमारतों में शामिल हैं क़िले, मीनारें, मस्जिदें, दुकानें। सभी इलाक़ों की तरह इस ख़ित्ते की तारीख़ में भी दर्ज हैं तरक़्क़ी और गिरावट के कई चैप्टर। मगर सात सौ साल पहले इसकी गिनती होती रही आलिमों और फ़नकारों के हैसियत वाले शहरों में। तभी तो रूमी जैसे ज़हीन शायर ने दिल खोलकर लिखा :

> अगर कोई पूछे कि सबसे ख़ुशगवार शहर कौन-सा है तो मैं जवाब दूँगा 'हेरात'। क्योंकि दुनिया समुद्र जैसी है, जिसमें खोरासान* है एक मोती वाले सीप जैसा, और सीप के बीच में शोभित है मोती जैसा शहर 'हेरात' —'पर्ल ऑफ़ खोरासान।'

जिस जगह हमने मीनारें देखी थीं वहाँ कभी मुसल्ला-कॉम्प्लेक्स (एक संकुल) हुआ करता था। इस कॉम्प्लेक्स में कोई पाँच सौ साठ बरस पहले और उसके बाद बने मदरसे, मस्जिद और दूसरी इमारतें अब काफ़ी कुछ खँडहरों में तब्दील हो चुकी हैं। इनकी इस हालत के पीछे है ब्रिटिश और रूसी साम्राज्यों के बीच 1885 में हुई टकराहट। ब्रिटिश फ़ौजों को लगा कि उधर से आने वाले रूसी हमलावर इन इमारतों में अपना अड्डा बना सकते हैं, इसलिए इनमें से कई को गिरा दिया गया। फिर, रही-सही कसर पूरी कर दी ई. सन् 1932 में आए ज़बरदस्त ज़लज़ले ने।

अफ़ग़ानिस्तान की सरज़मी और वहाँ के बाशिन्दों के आपसी रिश्तों को समझने के लिए सबसे ज़्यादा ग़ौर करने लायक़ है, पूरब से पश्चिम तक माथा उठाए खड़ा

---

* आज के उत्तर-पूर्वी ईरान, उससे सटे हुए अफ़ग़ानिस्तान और मध्य एशिया के कुछ हिस्से खोरासान में शामिल थे। खोरासान लफ़्ज़ के मायने हैं—'सूरज का देश'।

कोह-ए-हिन्दूकुश। इसके बिना इस मुल्क की मौजूदा रवायत के वजूद के बारे में सोचा भी नहीं जा सकता। इन पहाड़ों पर बरसने वाली बर्फ़ में बसते हैं यहाँ के बाशिन्दों समेत सभी जीवों की जीवनी-शक्ति जल के स्रोत, जिनके पिघलने पर बहने वाली नदियों के सहारे ही आबाद रहे हैं यहाँ के सारे शहर, जैसे हरी-रूद वादी में हेरात और चग़चरान, हेलमंद-दरिया की वादी में कन्दहार, ग़ज़नी-दरिया की वादी में ग़ज़नी, काबुल घाटी में काबुल और जलालाबाद, कुंदूज़-वक्षु घाटी में कुंदूज़ और वादी-ए-बल्ख़ में बल्ख़। वरना अकेले इन वादियों में होने वाली 30 से 18 सेमी. औसत बरसात के सहारे यहाँ की हरियाली, खेती, बाग़बानी कुछ भी नहीं हो पाती।

हेरात से आगे पन्द्रह-बीस किमी. बढ़ते-बढ़ते आहिस्ता-आहिस्ता घटती हरियाली, मटमैली, भूरी, रूखी ज़मीन में खोती चली गई। डेढ़ से दो घंटे लगे होंगे अफ़ग़ानिस्तान-ईरान बॉर्डर के आख़िरी क़स्बे 'इस्लाम क़ला' की पोस्ट पर पहुँचने में। कभी इस क़स्बे का 'काफ़िर कोट' नाम ज़ाहिरी तौर पर इस्लाम के आने के बाद 'इस्लाम क़ला' हो गया। ख़ासा वक़्त लगा इमीग्रेशन की फॉर्मेलिटी पूरी करने में। वहाँ से आधे-पौन घंटे में ईरानी साइड में 'तयबाद' बॉर्डर-पोस्ट पर वही कवायद दोहराकर पासपोर्ट पर 04 मई, 1977 की तारीख़ वाला एन्ट्री का ठप्पा ठोंकवाया। फिर वहाँ से मशहद शहर की ओर बढ़ लिए, दोनों तरफ़ ऊँची-नीची पहाड़ियों के बीच से। सड़क किनारे की आबादियों, मकानों और लोगों के लिबास, साफ़-सफ़ाई और सभी मायनों में अफ़ग़ानिस्तान के बरअक्स बढ़े-चढ़े दिखे। तोरबत-ए-जाम होते हुए तीन-साढ़े तीन घंटे का सफ़र तय करके मशहद पहुँचने और वहाँ से तेहरान के लिए चलते रात गहरा गई। आबादी के लिहाज़ से ईरान के इस दूसरे बड़े शहर, वहाँ की इमारतों और अपने लखनऊ के बाशिन्दों में से बहुतों से इसके रिश्ते के बारे में सुना का सुना रह गया, कुछ भी देखे बिना पाला छूकर बढ़ लिए।

अब हम पश्चिम में, अज़रबैजान से कैस्पियन सागर के नीचे से होकर पूर्वी ईरान तक फैली, क़रीब 970 किमी. लम्बी एलबुर्ज़ की पहाड़ियों के बीच से चढ़ती-उतरती पहाड़ियों पर चलने लगे। बाहर अँधियारे में पीछे भागती हुई छाया के सिवा कुछ दिखाई नहीं दिया। लेकिन ज़ेहन में समाए इस इलाक़े के ख़याली अक्स की बदौलत देखता रहा, उत्तरी हिस्से का बर्फ़ीला जमाव और एलबुर्ज़ से निकली नदियों की हरी-भरी वादियाँ, और दक्षिण में कुछ ही पेड़ों के साथ सूखे पहाड़ी ढलाव के नीचे शुरू हो रहा रेगिस्तान। सड़क के रास्ते तेहरान आने के पीछे की एक वजह, अरसे से पल रही, इस इलाक़े को देख पाने की गहरी हसरत भी रही। लेकिन, कितने अरसे से आँखों में बसे इन इलाक़ों को आँखों से देख पाने के

दिल में बसे अरमान दिल ही में दबे रह गए।

उजाला होने के बाद भी काफ़ी देर तक सोते रहे। फिर, दमग़ान शहर के आसपास, तेहरान से क़रीब 340 किमी. पहले, एक रोड-साइड रेस्टोरेंट पर बस रुकने पर उठ गए। साफ़-सुथरे रेस्टोरेंट से लगे टॉयलेट भी अच्छी हालत में दिखे। रवायती लिबास, थोड़ा रूखी आवाज़ और सख़्त सपाट चेहरे वाले अफ़ग़ानों के मुक़ाबले पश्चिमी पहनावे और नफ़ासत से बोलते, नाज़ुक सूरत वाले ईरानियों में साफ़ फ़रक़ दिखा। उनके चेहरे, चाल और नज़ाकत के लहजे लखनऊ में रहने वाले शिया लोगों से मिलते-जुलते पहचाने हुए से लगे।

बिना कुछ खाए-पिए चलने के हमारे फ़ाक़े के अब तक अड़तालीस घंटे से भी ज़्यादा निकल जाने के बाद कुछ भी खा-पी लेने का मन करने लगा था। ऐसे में रेस्टोरेंट में चावल सर्व होते देख एक-एक प्लेट का ऑर्डर कर दिया। इतने बारीक़ और लम्बे चावल के दाने हमने पहले कभी देखे नहीं थे, हमें लगा अपने देहरादूनी चावल की 'एक्सपोर्ट क्वालिटी' होगी लेकिन पूछने पर पता चला ईरानी अज़रबैज़ान के खेतों में उपजता है। हालाँकि चावल की प्लेट में पड़े लाल गोश्त के टुकड़े देखकर मुझसे तो एक चम्मच भी नहीं निगला गया।

इस बीच श्याम और केयरटेकर लौट आए, राज़मा की सब्ज़ी और नानबाई की दुकान से लाई ताज़ा गरमागरम खस्ता नान लेकर। फिर, कहाँ का पढ़ना और कहाँ का लिखना। सब परे ढकेलकर बिना हाथ धोए सकेलने लगे।

अलबुर्ज़ पहाड़ों में सोया ज्वालामुखी 'दमवंद'

'दमग़ान' के जिस रेस्टोरेंट में हमने चावल समझकर ऑर्डर किया था वह असल में बिरयानी निकली जिसमें दो-चार टुकड़े भी गोश्त नहीं होते तो फिर उसे बिरयानी ही क्यों कहते। मेरी तरह उसे न खा पाने की कोई परेशानी नहीं हुई, लक्कड़-पत्थर-काँच सब कुछ हज़म कर जाने वाले श्याम को, अपनी ही नहीं मेरी प्लेट की बिरयानी भी दबादब दबा गए। मुँह-हाथ धोकर टेबुल पर वापस लौटने पर उनसे कहा, "दूसरे शहरों की तरह 'दमग़ान' भी बस एक शहर नहीं है। एक बार तेहरान में डेरा पड़ जाए, फिर इत्मीनान से एक चक्कर यहाँ का ज़रूर लगाऊँगा।" वे हँसते हुए बोले, "अभी तो भूख से मरे जा रहे थे और अब घूमने की सूझ रही है। ऐसी क्या ख़ूबी है इस शहर में कि तेहरान तक पहुँचे भी नहीं और शनीचर महाराज सवार होने लगे तुम्हारे चरणों पर।"

"अरे यार! तुम नहीं समझोगे! कितना तो पढ़ रखा है यहाँ के 'टेपे

> हिसार' या 'टप्पा हेसार' के बारे में। 'टेपे' मायने टीला, और 'हिसार' माने क़िला, मतलब क़िले वाला टीला। यहाँ की गई खुदाई से एक बड़े हिस्से में आज से क़रीबन सात हज़ार साल से चार हज़ार साल तक लगातार बसावट रहने के सुबूत पाए गए हैं। यहाँ के लोग कच्ची मिट्टी की ईंटों वाले मकान में रहते थे। 'फायर-आल्टर' की मौजूदगी की वजह से मन्दिर मानी गई, आज से क़रीब 4400-4170 साल के बीच किसी समय बनी, एक इमारत में जले हुए शव और तीर के अगले सिरे पर लगने वाले नुकीले ऐरो-हेड (फलक, तीराग्र) मिले हैं। इसके ऊपर आयताकार कमरों से रिचुअलिस्टिक सामग्री भी मिली है। यहाँ के बाशिन्दों का गुज़ारा होता रहा गेहूँ, जौ, दलहन, और छीमियों की खेती, अंगूर, जैतून जैसे फलों और गाय-गोरू और भेड़ पालने के अलावा, नदियों-धाराओं की मछलियों, पंछी और वन्य जीवों का शिकार, फल-फूल जुटाने से।"

हमारी बातों के बीच में ही आगे चलने की तैयारी होने लगी लेकिन बस में बैठकर भी वार्ता चलती रही :

> "इस इलाक़े के क़ुदरती रिसोर्सेज पर ग़ौर करके ही लोग यहाँ बसे होंगे। दाएँ दिख रही हरियाली वादी की नदियों-धाराओं में मछलियाँ, वनों में फल-फूल, लकड़ी, पंछी और वन्य जीव जैसे हिरन, बारहसिंघा, सूअर और ज़मीन में फ्लिंट, लेड (सीसा) जैसे खनिज भरपूर। और उधर बाएँ रेगिस्तान के इस सिरे पर ताँबे, सोने, फ़ीरोज़े, रेगिस्तानी हिरणों और जंगली गधों के झुंड के झुंड बहुतायत में, जो उनकी रोज़-बरोज़ की ज़िन्दगी में बहुत काम आते रहे। आमतौर पर कच्ची क़ब्रों में दफ़न इनके मृतकों के साथ मिलीं आज से कोई चार हज़ार साल पहले और उसके बाद के चाक पर बने बर्तनों पर की गई पेंटिंग्स में फूल-पत्ती, बारहसिंघा, ऐंठी सींगों वाले जंगली बकरे/बकरियाँ, चिड़ियाँ और सुन्दर डिज़ाइनें देखने लायक़ हैं। यहाँ के लोग ताँबे के बर्तन, ख़ंजर-चाक़ू-तीर के फलक, कील-पिन-सूई, कुंडल-माले की लटकन-कंगन जैसे गहने, बरछे-भाले-त्रिशूल-आईने, और आख़िरी दिनों में चाँदी-सोने-शीशे का भी इस्तेमाल करते थे। पश्चिम और मध्य एशिया की तब की आबादियों से इनके मेल-जोल और लेन-देन की बात भी बताई जाती है।"

इतना बताकर जैसे ही थोड़ा-सा दम लेने के लिए रुका, खिड़की से बाहर चकर-मकर ताक रहे श्याम मेरा इम्तिहान लेने के अन्दाज़ में बोले, "अच्छा, जब इतना

जानते हो तो सामने चल रहे पहाड़ों, उनके बीच चमचमाती बर्फ़ वाली उस चोटी और पहाड़ों के बारे में भी जानते होगे?" उन्हें तनिक भी अन्दाज़ा नहीं था कि यह सब भी बता सकता हूँ। वे ताज्जुब में पड़ गए जब मैंने उनके सवालों के सिलसिलेवार जवाब अपनी डायरी से पढ़कर उन्हें सुनाए :

> "पश्चिमोत्तर ईरान के अज़रबैज़ान से निकलकर उत्तर-पूर्वी ईरान के बॉर्डर तक 60-130 किमी. की चौड़ाई में फैले सामने दिख रहे ऊँचे पहाड़ पश्चिम में, कैस्पियन के नीचे-नीचे, और उसके पूरब में 'वेस्टर्न-सेंट्रल-ईस्टर्न अलबुर्ज़' कहलाते हैं। चमचमाती बर्फ़ से ढका, क़रीब 5600 मीटर (18405 फ़ीट) ऊँचाई वाला, ईरान का सबसे ऊँचा, फ़िलहाल सोया हुआ ज्वालामुखी है 'दमवंद पहाड़'। ईरानी लोक-कथाओं में इसकी ख़ास जगह है। इन पहाड़ों के बर्फ़ीले जमावों के पिघलने और मतलब भर बरसात के पानी से भरकर पूरब से पश्चिम के क्रम में बहने वाली नदियों में से मशहद के पूरब से गुज़रने वाली 'कशफरूद' अफ़ग़ानिस्तान की 'हरीरूद दरिया' में मिलती है, बकिया सब, अतरेकरूद, गोरगनरूद, लार, हरज़, शहरूद और सफ़ेदरूद सीधे या आपस में मिलकर कैस्पियन सागर में समा जाती हैं। इनमें से ईरान की दूसरे नंबर की सबसे लम्बी नदी सफ़ेदरूद की लम्बाई भी कुल 670 किमी. ही है। इनकी वादियों और पहाड़ी ढलानों पर जुनिपर, पिस्ते, चिनार, बादाम, बाँज और सनौवर जैसे पेड़ों वाले वनों की हरियाली रहती है। सफ़ेदरूद-वादी में ऑलिव (जैतून) ऑयल वाले पेड़ भी होते हैं। वनों में रहते हैं जंगली बकरे, लोमड़ियाँ, हिरन, सूअर, भालू, तेंदुए, भेड़िए, बाज़, बतख, कठफोड़वा, गिद्ध वग़ैरह।"

इतना पढ़कर, डायरी बन्द करके, अपनी राय भी बताई—

> "इस पहाड़ के बाएँ हाथ पर रेगिस्तान होने की वजह से उसे पार करके आना बहुत कठिन रहा होगा इसलिए पुराने ज़माने में सिंध घाटी से मुंडीगाक और शहर-ए-सोख्ता से आगे 'टेपे हिसार' की ओर आने वाला रास्ता उत्तर रुख़ चढ़कर, थोड़े फेरबदल के साथ, मशहद से क़रीब ढाई सौ किमी. आगे, जिस रास्ते से हम आ रहे हैं उसी में मिल जाता होगा।"

भले ही मेरा लेक्चर अब श्याम के लिए अझेल होने लगा होगा, मेरा मन अफ़ग़ानिस्तान, ईरान और इंडिया के भूगोल के कम्पेरिज़न समझाने को अफनाया जा रहा था। मगर उन्हें इस आपदा से बचा लिया सामने दिखने लगे तेहरान शहर

की रौनक़ ने, जिसे देखकरइतनी दूर के सफ़र में पस्त सवारियों के तन-मन जाग गए। कोई अपने ऊँघ रहे हमराहियों को हूलकर तेहरान दिखाने लगा तो कोई दोनों हाथ उठाकर अँगड़ाई लेते हुए कमर सीधी करने लगा। ख़ासी चौड़ी, अच्छी सार-सँभाल वाली सड़कों के किनारे करीने से लगे दरख़्तों और बग़ीचों के बीच से गुज़रते, कारों-बसों-मोटरसाइकिलों की ट्रैफ़िक के साथ रुकते-बढ़ते दोपहर बाद बस-अड्डे तक पहुँच गए।

सत् श्री अकाल, सत् श्री अकाल और फिर मिलने की मुरादें जताने के बाद पंजाबी जत्थे वालों ने गर्मजोशी से मुस्कराकर हाथ मिला-मिलाकर गुरुद्वारे की राह पकड़ी। श्याम ने सामने के एक खोमचे पर मूँगफली की तरह बिक रहा पिस्ता ख़रीदकर, सामान सँभालते हुए, बड़ी ही संजीदगी से अपनी जासूसी की बदौलत मिली ताक़ीद के मुताबिक़ आगाह किया, "यहाँ की टैक्सियों में कोई उलटी-सीधी बात मत करना। सारे ड्राइवर 'सवाक' के एजेंट होते हैं जो भी बोलो उसकी रपट ऊपर वालों तक पहुँच जाती है।" उनके मुँह से यह सुनकर सोचने लगा कि ख़ुद तो बिना सोचे-समझे कुछ भी बोलने से बाज नहीं आते और आगाह कर रहे हैं मुझे।

लो बाँच लो अपनी चिट्ठियाँ

पहले से ही फ़ारसी में लिखवाकर लाए 'इंडियन एम्बेसी' का पता टैक्सी वाले को थमाकर उसमें सवार हो लिए। नए मिज़ाज के शहर, लोग, ट्रैफ़िक की रौनक़, नीली, सफ़ेद, पीली, लम्बी और मध्यम साइज़ की कारें, टैक्सियाँ, डबल डेकर बसें। बैकग्राउंड में दिख रहे पहाड़ देखते, सड़क पर मुड़ते चलते ठिकाने पर पहुँचकर सामान सहित मैं बाहर ही रुक गया। श्याम जी भीतर गए। हमारे आने की पहले ही आ चुकी जानकारी के मद्देनज़र एम्बेसी का एक मुलाज़िम हमारी अगवानी के लिए तैयार मिला जो हमें एक दूसरी टैक्सी से लाइब्रेरी तक पहुँचा गया। लाइब्रेरी के केयरटेकर के साथ बाहर जाकर श्याम के ज़ायकेदार नान और राज़मा लाने और सब कुछ छोड़कर खाने की बात पहले ही लिख चुका हूँ। तीन दिन के भूखे, भर पेट खाए, फिर, भर नींद सोए, ऐसा कि अगले दिन देर तक सोते रहे। देर से उठे, पहले दिन लाए बिस्कुट के साथ आराम-आराम से चाय पी। कहीं नहीं गए, बस आराम करते रहे, जाने कितना आलस समाया था, न लिखा न पढ़ा। श्याम भी रेकॉर्डतोड़ चुप रहे, रह-रह कर आँखें मूँदकर लेट जाते। सो-सो कर इतना थक गए कि रात में ठीक से नींद नहीं आई। श्याम को भी नींद नहीं आई, भोर में ही उठ गए।

थोड़ा पढ़ने के बाद श्याम के साथ ख़रामा-ख़रामा चलते, कॉलोनी के छोटे-बड़े, ख़ूबसूरत और सफ़ाई से रखे गए मकानों के बीच से पास की दुकान से खाने का सामान लेने गए। पहले तो लगा दुकान में कोई है ही नहीं, थोड़ी देर बाद दुकान-मालिक नमूदार हुए, उसके साथ आई एक बला की हसीन लड़की, देखा तो देखते ही रह गए। होश में आने पर कनखी से देखा, कहीं श्याम तो नहीं देख रहे, लेकिन वे दुकानदार को इशारों-इशारों में कुछ समझाने में मशग़ूल नज़र आए।

श्याम जी एम्बेसी से ईरान और तेहरान में देखने लायक़ जगहों की जानकारी और 'रिलेटेड अवेलेबल लिटरेचर' और फोल्डर भी जुटा लाए थे। इसके अलावा वे वहाँ से कुछ और भी लाए थे लेकिन कल उसके बारे में सुन्न खींचे रहे। दुकान से लौटने के बाद अपने बैग से कल ही लाए चार लिफ़ाफ़े थमाते हुए मुस्कुराकर अपने जाने-पहचाने मसखरे अन्दाज़ में बोले, "लो बाँच लो अपनी चिट्ठियों का पुलिन्दा। काबुल नहीं, न सही, यहाँ तक तो पहुँच ही गईं।"

उनकी बात पर भरोसा नहीं हुआ, "हर समय हर बात में मज़ाक़ ही सूझता है तुम्हें। काबुल भेजी गई चिट्ठियाँ यहाँ कैसे आ जाएँगी? फिर सारे लिफ़ाफ़े खुले हुए क्यों हैं? उसकी भेजी चिट्ठियाँ होतीं तो खोल के पढ़ थोड़े ही लेते।"

यह सुनकर वे झट से बोले, "अच्छा, ऐसी बात है तो लिफ़ाफ़ों पर अपने नाम और तेहरान एम्बेसी के पते की लिखावट पर एक बार ग़ौर कर लीजिए हुज़ूर! फिर कोई शक बाक़ी नहीं रहेगा। जहाँ तक लिफ़ाफ़ों के खुले होने की बात है तो एम्बेसी में आने वाली हर चिट्ठी आपको देने से पहले पढ़कर जाँच-परख ली जाती है कि कहीं उसमें कोई ऐसी-वैसी जानकारी तो नहीं लिखी है जो देश की सिक्योरिटी और पॉलिसी के ख़िलाफ़ हो। उन्हें तुम्हारी 'लव स्टोरी' से कोई लेना-देना नहीं। फिर भी, लिफ़ाफ़े देने वाला अफ़सर मुस्कुरा ज़रूर रहा था। और बताओ भला ऐसी खुली चिट्ठियाँ देखकर किसका मन नहीं करेगा एक बार पढ़ लेने का?"

सचमुच तुम्हारी ही लिखावट में लिखे तेहरान के पते और लिफ़ाफ़ों में तुम्हारी और तुम्हारी माँ की चिट्ठियाँ देखकर मन खिल गया। इनमें से एक भी काबुल से रिडायरेक्ट होकर नहीं आई हैं बल्कि सब की सब तेहरान के पते पर ही भेजी गई हैं। उड़ती नज़र से देखकर अकेले में पढ़ने की नीयत से चुपचाप बैग में रख ली। श्याम भी बोले, "आराम से पढ़ लेना। अभी तो चलो शहर और म्यूज़ियम देख आया जाए। लाइब्रेरी में बन्द रहकर तुम्हारा पढ़ना-गोचना देखते-देखते पक गए हैं।"

‘वेस्टर्न कल्चर’ का रंग

अन्दर की ख़ुशी ने शहर की ख़ूबसूरती सराहने की क़ूवत बढ़ा दी। ज़ेहन में घूमती तेरी शक्ल और नज़रों में नए शहर के दिलकश नज़ारे। उत्तर दिशा में शहर से ऊपर उठते पहाड़ों के पीछे बैकग्राउंड पर छाया बर्फ़ीला दमवंद पहाड़। दोनों बगल सतर दरख़्तों की क़तारों वाली चौड़ी सड़कों के फूल-पौधों वाले गोल चौराहों पर घूमते-उमड़ते ट्रैफ़िक में धीरे-धीरे बढ़ती कारों और बसों की क़तारें, और जिधर से भी जगह मिले घुसकर बेतहाशा दौड़ती स्कूटर-मोटरसाइकिलों पर सवार मौज़ूँ लड़के फुटपाथ पर चढ़कर बेधड़क निकल जाते, और फुटपाथ पर चल रहे हम जैसे लोग अचानक उन्हें अपने सामने या पीछे से आते देख चौंक-चौंककर सँभलते-हिचकते चलते।

जींस-शर्ट, हाफ शर्ट जैसी वेस्टर्न ड्रेस में बड़े-बड़े बालों वाले कमसिन सजीले लड़के। एक ही स्कूटी पर सवारी करते मर्द-औरत और बच्चे। लटके-झटके वाली ड्रेस्ड हेयर स्टाइल, स्कर्ट-ब्लाउज़, जींस और ब्रा-लेस सफ़ेद क़मीज़ या टी-शर्ट में हाई-हील पर ठसकती चलतीं काले चश्मे वाली हसीनाओं के लरजते रेले। मानो गली-कूचों से रह-रह कर फूटते दिलकश आबशार मचलते चल रहे हों। बस अपलक उन्हें ही देखते रहने का मन करता लेकिन इंडियन ज़ेहनियत आँखें झुका देती। अन्दर से ‘गिल्ट का ख़याल’ (अपराधबोध) भी उभरता कि ऐसी देखा-देखी तेरे साथ दग़ा तो नहीं। लेकिन करता भी क्या, बार-बार उन्हें देखने की चाहत बनी रहती। फूल से नाज़ुक रसभरे लाल अनार जैसे अधर, गुँधे आटे-सा मुलायम जिस्म, तीखे नाक-नक्श, सुर्ख सेब की झलक वाले रुख़सार, मिसरी-सी मीठी फ़ारसी ज़ुबान, समझ में आए न आए रबाब के शीरी सुरों-सी माहौल में तिरती हुई। श्याम की छोटी आँखें भी फैलकर खुली रह गईं।

सूट-बूट, पैंट-क़मीज़ टाई या ‘बो’ और कोट जैसी ‘वेस्टर्न ड्रेस’ में सजे ‘क्लीन शेव्ड’ ईरानियों के बीच चलते शलवार-जामा पहने, कमर पर चौड़े कमरबंध और सिर पर सफ़ेद सरबन्द या मुड़बन्द वाली रवायती लिबास में, सलीके से छँटी-सँवरी दाढ़ी वाले इक्का-दुक्का, अधेड़ों के चेहरों में मुझे ‘रूमी’, ‘फ़िरदौसी’ और ‘अलबरूनी’ की शक्लों की झलक मिलती। टखनों तक लटकते लम्बे कपड़े, ढीली क़मीज़ जैसे पहनावे पहने कुछ आदमी और मोहतरमाएँ। कहीं-कहीं सिर पर बँधे रूसरी (स्कार्फ) से लटकते चाँदी के सिक्के, सोने के लॉकेट और हिजाब। मतलब पुरानी रवायत की कुछ धुँधली-सी लकीरें जहाँ-तहाँ दिख जातीं, लेकिन पूरे कैनवस पर ‘वेस्टर्न कल्चर’ का रंग कहीं ज़्यादा पुरज़ोर। ‘वेस्टर्न कन्ट्रीज’ की तरह ‘मिस ईरान’ और ‘मिस टीन एज इंटरनेशनल’ कम्पटीशन्स जीतने वाली, तेरे जैसी परकटी परियों, 1975 की ‘मिस टीन एज इंटरनेशनल टाइटिल’ जीतने वाली

'शोहरेह निकपोर' या 1968 और 1977 की 'मिस ईरान' की 'टाइटिल विनर' 'रीटा जब्बेली' और 'अफसान: बनी अर्दलान' की पत्रिकाओं के कवर और अन्दर के पन्नों पर दिलकश अन्दाज़ में छपी तसवीरें बड़े चाव से पलट-पलटकर देखी जाती हैं। तुमने तो कई 'वेस्टर्न कन्ट्रीज' भी देखे हैं लेकिन लगता है तेहरान के फ़ैशन और हुस्न के आगे शायद ही ठहर पाएँ।

सबसे पहले हमने 'शहयाद टावर' का रुख़ किया। सड़क पर गुज़रती हरी-नीली रंग की डबल-डेकर बसें, लाल-पीली सफ़ेद कारें, इक्का-दुक्का साइकिल सवार, खुले और बन्द डाले वाले ट्रक, स्कूटर। दोनों तरफ़ क़रीने से लगी दरख़्तों की बाड़ के बीच से चलते हुए, पहुँच गए शहर के पश्चिमी सिरे पर ऊँचे शानदार सफ़ेद पत्थरों से चिने टावर के सामने। चौड़ी सड़कों से घिरे बहुत बड़े अहाते में तराशे गए सफ़ेद पत्थरों के फुटपाथ, छोटी नहरें, फव्वारे, उनके किनारे बैठने के लिए चौकोर चौकियाँ, खुली जगहों में घास का फैलाव और फूलों की क्यारियाँ, आगे सीढ़ियों से चढ़कर ऊँचा चबूतरा और उसके ऊपर बुलंद टावर। आते-जाते सैलानियों के ग्रुप, कुछ ईरानी, कुछ हिप्पी, जगह-जगह के लोग। उन्हीं के बीच में टहलते काबुल से हमारी बस में आए पंजाबी जत्थे वालों को देखते ही श्याम का चोला मगन हो गया और वे उन्हीं के साथ गप्पें मारते घूमने लगे। इतनी ज़ोरदार इमारत देखते हुए मेरा मन कुलबुलाने लगा यह जानने के लिए कि किसने, कब और किससे तामीर कराया है इसे। वहीं एक किनारे बैठकर साथ लाई बुकलेट और गाइड-बुक निकालकर पढ़ने लगा।

फ़ारसी में इसे 'बोर्ज-ए शहयाद' कहते हैं, इसके तहख़ाने में एक म्यूज़ियम भी है। बुर्ज की ऊँचाई 45 मीटर, पूरी तरह से तराशे गए संगमरमर से बना। ईरान के मौजूदा शाह, मोहम्मद शाह रज़ा पहलवी, ने 1971 में ईरान में शाही राज्य के क़ायम होने के 2500 साल पूरे होने पर, हुसैन अमानत नाम के आर्किटेक्ट से पुराने ईरानी आर्किटेक्चर की डिज़ाइन की बुनियाद पर 1971 में बनवाया। इसे बनाने में 'इस्फ़हान सूबे' से लाए गए पत्थर, नई तकनीक, कम्प्यूटर और तेल की भारी कमाई में से क़रीब छह मिलियन डॉलर इस्तेमाल किए गए। इसके लिए सुझाए गए 'दरवाज़े-ए कुरोस' (साइरस का दरवाज़ा), 'दरवाज़े-ए शहंशाही' (शाही दरवाज़ा), 'शाहयाद आर्यमेहर' नामों को नकार कर आख़िर में 'शाह मोहम्मद रज़ा पहलवी' के सम्मान में 'शहयाद' (शाह की यादगार) रखा गया। म्यूज़ियम में डिस्प्ले किए गए 'ईरानी हिस्ट्री' की नुमाइंदगी करने वाले सोने और एनेमल के टुकड़े, पेंटेड पॉटरी, पेंटिंग्स वग़ैरह। अभी तक शाह को दूसरे राजाओं की तरह एवैं ही ले रहा था लेकिन यह सब जानकर उनके बारे में जितना अब तक लिखा-पढ़ा था उससे ज़्यादा सिलसिलेवार जानने की दिलचस्पी जाग गई।

प्रेम-पत्रों से आगे : सूसा-पर्सिपोलिस

घूम-टहलकर वापस आने पर सबसे पहले तुम्हारे लेटर्स, बैग से निकालकर, जल्दी-जल्दी पढ़ डाले। अभी उनके बारे में सोच ही रहा था कि श्याम आ धमके और कहने लगे, "अब तो ख़ुश हो ना! उसकी चिट्ठियाँ भी आ गईं, हमें भी कुछ पढ़कर सुनाओ प्रेम-पत्रों में क्या-क्या लिखा है हुज़ूर!" ऐसे में क्या करता, तुम्हारे लेटर्स में लिखा सब कुछ तो उन्हें सुनाता नहीं, संकोचवश पहला लेटर कुछ काट-छाँटकर इस तरह सुनाया।

> "डियरेस्ट रॉकी! दिस इज़ माई थर्ड लेटर, हाऊ सैड यू हैव नॉट रिसीव्ड माई लेटर्स सो फार व्हेरियाज़ आई हैव गॉट टू ऑफ़ योर्स ऑलरेडी।"

इतना पढ़ते ही श्याम जी ने टोक दिया, "यार! पूरी चिट्ठी अंग्रेज़ी में ही लिखी है क्या?" जब उनसे बताया कि तीन तो पूरी की पूरी अंग्रेज़ी में ही हैं और एक में अंग्रेज़ी-हिन्दी दोनों की खिचड़ी। तो बोले, "ख़ास-ख़ास बातें हिन्दी में बता दो लेकिन गिटिर-पिटिर वाले हिस्से छुपाना नहीं।" उनके यह कहने से मेरा काम आसान हो गया, जो चाहा वो सुनाया, बकिया गोल कर गया।

> "हाँ तो उसने लिखा है कि ये मेरा तीसरा लेटर है। 'हाऊ सैड' अभी तक आपको मेरा कोई लेटर नहीं मिला है, जबकि मुझे आपके दो लेटर मिल चुके हैं। नेवर दि लेस, आप जहाँ कहीं भी जाइए वहाँ से लिखना ज़ारी रखिए जिससे मुझे हर तीसरे दिन एक लेटर मिल जाए वरना आपके लेटर का इन्तिज़ार करना बहुत इरिटेटिंग लगता है। मैं भी जवाब दूँगी।
>
> "श्याम को मिल रही इतनी ज़्यादा सक्सेस एक अच्छी ख़बर है। उन्हें हमारी तरफ़ से कांग्रेचुलेट कर दीजिए। आपकी बहुत याद आती है, बनारस जाने से पहले आप हर हाल में मिलकर जाइएगा।
>
> "सभी लोग आपको शुभकामनाएँ और प्यार भेज रहे हैं। कॉलेज की स्ट्राइक में हुए लाठी-चार्ज में लाठियाँ खाकर भाई घर आ गया है, उसके हाथ पर आँसू गैस का एक गोला भी लगा है।
>
> "जल्दी से आइए। आपको प्यारा-सा कोल्ड मिल्क और कस्टर्ड और कद्दू भी खिलाएँगे क्योंकि आप बराबर लिख जो रहे हैं। बहुत बुरा लगता है जब पोस्टमैन बिना कोई चिट्ठी डाले चला जाता है।"
>
> योर्स

इतना सुनाकर श्याम को दूसरी बातों में उलझाने की नीयत से ईरान में जहाँ-जहाँ घूमना है उसकी लिस्ट बनाने की बात शुरू कर दी। वैसे तो शायद ही वो इतनी आसानी से टरक जाते लेकिन उन्हें इतने सीधे-सादे लव लेटर में मज़ा नहीं आया। बोले, "हाँ बिलकुल ठीक कह रहे हो, अपने मतलब की जगहों की मनचाही लिस्ट बना लो, फिर नहीं कहना ये रह गया वो नहीं देखा।"

> क्या-क्या देखें क्या-क्या छोड़ें। इतना कुछ है देखने को, बस देखते रहें, देखते ही रहें महीनों तक। 'अलबुर्ज़ पहाड़' तो आते हुए रास्ते में थोड़ा-थोड़ा देख आए, 'टेपे हिसार' के लिए एक-दो दिन उधर। उत्तरी कुर्दिस्तान में 'शानीदार की गुफाएँ' (शानीदार केव्स) जहाँ से मिले हैं 60-65 हज़ार साल पुराने हंटर-गैदेरर समुदाय के प्रस्तरयुगीन लोगों के कंकाल, पत्थर के हथियार वग़ैरह और खेती से ठीक पहले क़रीब दस हज़ार साल के आसपास पुराने निशानात। तेहरान के पास में 'सुलोदजी' और 'इस्फ़हान' के नॉर्थ में 'टेपे सियाक' के आठ से तीन हज़ार साल पुरानी बस्तियों के साथ कोई पाँच हज़ार साल पुराना 'ज़िग्गुरात'। वेस्टर्न ईरान में नॉर्थ-साउथ ओरिएंटेशन में फैले 'जैग्रोस पहाड़' के दामन में दस हज़ार साल या उसके कुछ बाद के, भेड़-बकरी पालने वाले खेतिहरों के ठिकानों के बारे में कितना तो पढ़ा है, कुर्दिस्तानी हिस्से में केरमनशाह के पास 'टेपे आसिआब', 'सरब', 'टेपे गूराँ', 'गंज दारेह' (ख़ज़ाने वाली घाटी), जैग्रोस की तलहटी के मैदान में सुसा जैसी ख़ास-ख़ास जगहें। कहते हैं ऊपर वाला, सच्चे दिल और दिल की गहराई से माँगी गई हर मुराद पूरा करता है और श्याम जी भी कह ही रहे हैं इसलिए जितनी जगहों के बारे में लिखे-पढ़े थे सब के सब विश-लिस्ट में शामिल कर लिए।

जब तक मैं अपनी डायरी और 'गाइड बुक' उलट-पलटकर लिखता रहा, उतनी देर श्याम की बेचैनी बढ़ती रही। लिखना रुकते ही मेरी लिस्ट पर बातें करने लगे। सबसे पहले एक-एक कर सब जगहों की लोकेशन, तेहरान से उनकी दूरी और जाने-आने में लगने वाले दिनों का कैलकुलेशन करने पर निकले कई महीने के जोड़ ने उफनाती उमंग पर पानी छिड़क दिया। श्याम बोले, "बहुत मेहनत कर डाली मगर एक बार फिर से सोच लो कौन-सी जगह सचमुच देखने लायक़ है। किताब में पढ़े और मौक़े पर देखने में बड़ा फ़र्क़ होता है।"

श्याम के कहे पर दुबारा सोचकर मैंने कहा—

"तुम्हारे कहने में दम है। पहले जहाँ पुरातत्त्विक खुदाई कराई गई है,

इस समय वहाँ टेपे-टप्पे-टीले ही तो बच रहे हैं जिन्हें देखकर लोकेशन समझना कम फ़ायदे वाला नहीं, फिर भी, चलो ऐसी जगहों पर चला जाए जहाँ ज़मीन के ऊपर भी कुछ देखने लायक़ हो। लगे हाथ उनके नज़दीक वाली मशहूर जगहों का फेरा भी लग जाएगा। ऐसा करते हैं कि बकिया फिर कभी देखा जाएगा, अभी एक चक्कर लगा लेते हैं तेहरान से केरमनशाह, टेपे गूराँ होकर सूसा से शीराज़ के पास पर्सिपोलिस, नक़्श-ए-रुस्तम, वहाँ से इस्फ़हान और बरास्ते टेपे सिआक होकर वापस तेहरान।"

रूट-मैप देखकर श्याम बोले, "इतने में भी कई हज़ार किमी. चलना होगा। कुछ और कम नहीं हो सकता क्या? क्यों नहीं सीधे सूसा और आसपास घूमकर लौट आएँ?"

"बहुत काट-छाँटकर बनाई है ये लिस्ट। अब इससे कम क्या होगा। और कहीं जाएँ न जाएँ शीराज़ तक गए बिना दिल नहीं भरने वाला और वहाँ तक जाने में बकिया की जगहें रास्ते के थोड़ा ही दाएँ-बाएँ पड़ेंगी।" सिर हिलाते हुए मैंने उनकी सलाह सिरे से नकार दी।

मगर वे भी ऐसे कैसे मान जाते—"इतना सब जान-पढ़ चुके हो इनके बारे में। फिर, ऐसी भी क्या ख़सूसियत है इन जगहों में जो वहाँ जाने की इतनी ज़िद है आपकी! और ये 'ज़िग्गुरात' क्या होता है?" तब उन्हें एक-एक कर बताया :

"इस इलाक़े में मन्दिर के कम्पाउंड में, ऊँची ज़मीन पर नीचे से ऊपर की ओर घटते अनुपात में अंडाकार, चौकोर या आयताकार टेरेस पर टेरेस उठाकर बनाई गई ऊपर से सपाट सतह वाली बड़ी और बुलंद इमारत को 'ज़िग्गुरात' कहते हैं। माना जाता है कि धरती से इनके ऊपर चढ़कर स्वर्ग के नज़दीक पहुँचा जा सकता है।

"जहाँ तक 'शहर-ए-सूसा' की बात है, जैग्रोस की निचली पहाड़ियों में 'कारून नदी' के किनारे बसे नियर-ईस्ट के सबसे मशहूर शहरों में से एक रहा यह शहर, मोटे तौर पर आज से साढ़े चार हज़ार साल पहले से बुलंद पर रहा। इसके पहले भी क़रीब छह हज़ार साल से यहाँ बसावट रही। यहाँ की खुदाई से मिले सुबूतों में शामिल हैं एक बड़ा और ऊँचा चबूतरा या मन्दिर, उस पर चढ़ावे में चढ़ाए गए बर्तन, बसावट को घेरती माटी की छह मीटर मोटी दीवार, ताँबे के उपकरण, वग़ैरह। और भी कई ख़ूबियों से भरा यह तारीख़ी शहर आज भी आबाद

है। पेरिस के एक म्यूज़ियम में रखा, यहाँ से मिला कोई 2500 बरस पुराना तीर-कमान साजे योद्धाओं का चित्र-फलक देखने लायक़ है।

"और शायद तुम्हें न मालूम हो कि सिकन्दर महान और अपने चन्द्रगुप्त मौर्य से पहले, आज से 2550 से 2330 साल के बीच, कोई ऐसा फ़ारस-साम्राज्य भी क़ायम रहा है जिसके किसी राजा ने यूरोप तक धावा मारा। पहाड़ी इलाक़े में पुलवर नदी की वादी में उनका बसाया 'पर्सिपोलिस' शहर भी 'सूसा' की तरह अपने ज़माने के दुनिया के सबसे शानदार शहरों में शुमार रहा। इसे बसाया गया था एक-बीस मीटर ऊँचे एक लाख पचीस हज़ार वर्गमीटर में बनाए गए बहुत बड़े टेरेस या चबूतरे पर। इस पर पचीस सौ अठारह बरस पहले दारा ने एक महल बनवाया। चबूतरे के पश्चिमी हिस्से में उसने शुरू किया 'अपादन' नाम की विशाल इमारत का निर्माण जिसे तीस साल बाद पूरा कराया उसके बेटे ने। उन्नीस मीटर (62 फ़ीट) ऊँचे बहत्तर खम्भों पर टिके छाजन वाले, 60×60 मीटर नाप के इस विशाल हॉल के बचे हुए तेरह खम्भों के टॉप पर बैठाई गई बैल, शेर, गाय और हुमा की मूर्तियाँ याद दिलाती हैं तबसे क़रीब सवा दो सौ साल बाद अपने पटनहिया बाबू मौर्य सम्राट अशोक महान जी के बनवाए प्रस्तर-स्तम्भों पर बैठे शेर, हाथी, बैल की। इतना ज़रूर है कि अशोक बाबू के लगवाए पिलर अधिक से अधिक 35 फ़ीट तक ऊँचे लेकिन बनावट, फिनिशिंग, चमकदार पॉलिश व लेप और उनके शीर्ष पर प्रदर्शित हाथी, सिंह, वृषभ और अश्व जैसे मोटिफ (अभिप्राय) की वजह से अपनी अलग पहचान रखते हैं।"

राख से पैदा होने वाली 'हुमा'

आज जुमे की हफ़्तावार छुट्टी होने की वजह से लाइब्रेरी-एम्बेसी सहित सारे सरकारी, ग़ैर-सरकारी काम-काज बन्द हैं। पहले तो पढ़ते-लिखते रहे फिर श्याम से बातें करते-करते कल वाले टॉपिक पर आए तो श्याम ने इधर-उधर देखते हुए कहा, "पहले चलकर कुछ खाने का जुगाड़ कर लिया जाए। रास्ते में तुम्हारी कहानियाँ भी सुनते चलेंगे।" बाहर निकले तो लोग जुमे की नमाज़ के लिए मस्जिदों की ओर जाते दिखे। श्याम ने पूछा—"यार! ये गाय-बैल-शेर तो ठीक हैं, मगर ये 'हुमा' क्या बला है? इसके बारे में तो कभी नहीं सुना!"

"क्या यार! लखनऊ में रहने वाला 'हुमा' से नावाक़िफ़ हो ये तो बड़ा जुलुम है। फ़ारस और उसके पड़ोसी मुल्कों की लोक-परम्परा में 'हुमा'

या 'होमा' नाम के एक ऐसे मिथकीय परिन्दे का ज़िक्र मिलता है जो अपने बड़े-बड़े डैने फैलाकर हमेशा आसमान में इतने ऊपर उड़ता रहता है कि किसी को दिखाई नहीं देता। उसके पंजे/ पैर नहीं होते, वह धरती पर कभी नहीं उतरता। एक जिस्म दो जान, अर्धनारीश्वर की तरह नर-मादा एक ही जिस्म में। एक वक़्त में दुनिया में एक ही का वजूद रहता है। हड्डियाँ खाकर जीता है और जब मरता है तो अपने जिस्म से निकली आग में जलकर ख़ाक हो जाता है, और फिर उसी राख से दूसरा जिस्म पैदा करके फिर से ऊँचे आसमान में उड़ने लगता है। दिल से बड़ा मेहरबान होता है यह परिंदा, जिस इनसान पर उसकी छाया पड़ जाए, उसके सिर पर बादशाही ताज सजना तय मानिए। फ़ारसी-उर्दू अदब भरा पड़ा है उसके मेटाफोरिकल (लाक्षणिक) ज़िक्र से।"

यह सुनकर श्याम ने एक वाजिब सवाल उठाया—"अच्छा! लेकिन जब किसी ने देखा नहीं तो इसकी मूर्ति कैसे बनाई गई?" "वैसे ही जैसे हम बिना देखे भूत-प्रेत और भगवान् की मूर्तियाँ बना लेते हैं।" इस जवाब पर वे चुप रह गए। तब मैंने पर्सिपोलिस के बारे में लाइब्रेरी में चल रही चर्चा का छूटा सिरा थाम लिया :

"दारा के बेटे क्षयार्षा (ज़रक्सीज; Xerxes) के दौर में (519-465 ईसा पूर्व; आज से 2500 साल के आसपास) टेरेस पर चढ़ने के लिए सीढ़ियाँ बनकर तैयार हुईं और 'गेट ऑफ़ नेशन्स' जैसी शानदार इमारत के अलावा, शेर, बैल और फूलों की सजावट वाली टाइल से और सीढ़ियों के फलकों पर राजा सहित आम लोगों को उनके पारम्परिक लिबास में दर्शाया गया। इमारतें बनने का यह सिलसिला बाद में भी चलता रहा। समय-समय की बात है। ऐसे राजाओं के इतने बड़े साम्राज्य के इतने नामी शहर के इस मशहूर महल को लगभग तेईस सौ तीस बरस पहले सिकन्दर की सेना ने तहस-नहस कर दिया। कुछ लोग मानते हैं कि इस तरह क़रीब डेढ़ सौ साल बाद सिकन्दर ने ग्रीस पर फ़ारस के हमले का बदला ले लिया।

"पर्सिपोलिस से दस-बारह किमी. उत्तर में है 'नक़्श-ए-रोस्तम' या 'नक़्श-ए-रुस्तम' मतलब 'महान वीर या पहलवान की शक्ल'। यहाँ एक चट्टान पर नक़्श है तीन हज़ार बरस से भी पुरानी एक आकृति। इसके बाद चट्टान की खड़ी कगार को भीतर तक काटकर बनाए गए फ़ारस राजघराने के राजाओं के चार बड़े-बड़े मक़बरे हैं जिनके बीच में कटा दरवाज़ा उस कक्ष में ले जाता है जहाँ पत्थर के ताबूतों में सो रहे हैं महान राजाओं के माटी में तब्दील हो चुके शरीर। दारा (प्रथम)

के मक़बरे की पहचान उस पर लिखे अभिलेख से की गई है। बाक़ी उसके उत्तराधिकारियों के होने चाहिए।

"दरवाज़ों के ऊपर सतह पर उभारकर की गई नक़्क़ाशी में सबसे ऊपर नक़्श हैं एक के ऊपर एक क़तार में साम्राज्य के अलग-अलग देशों के अलग-अलग वेशभूषा वाले सैनिकों द्वारा दोनों हाथों से ऊपर उठाए गए मंच पर, पेडस्टल पर खड़े तीरन्दाज़ राजा के ऊपर आसमान से रहमत बरसाते देवता और उनके नीचे चौकोर लकड़ी की धरनों या बड़ेरों जैसे मोटिफ़ की क़तार। मक़बरों के नीचे बाद के फ़ारसी-सासानी राजाओं की रिलीफ में सबसे मशहूर है सत्रह सौ बरस से कुछ पुरानी वह नक़्क़ाशी जिसमें घुड़सवार शापुर-प्रथम के सामने रोम के राजा वेलेरियन को घुटने टेककर सरेंडर करते दिखाया गया है।"

इन जगहों के बारे में समझकर श्याम अनख गए, "मतलब ये कि तुम एक बार फिर खँडहरों में घूमने का प्लान बना रहे हो। मैं नहीं आने वाला तुम्हारे चक्कर में। चला-चलाकर थका दोगे और देखने को मिलेगा बस यही सब टूटा-फूटा वीराना। पता नहीं कहाँ से पता लगाए रहते हो ऐसी जगहों का। कहानी सुनने तक तो ठीक है लेकिन ऐसी जगहों पर सिर मारने में मुझे कोई इंट्रेस्ट नहीं। नहीं कुछ सूझा तो जलालाबाद से उजाड़ वीरान हड्डा दिखाने लिवा ले गए, अब यहाँ भी वही सब, मुझे नहीं देखना अब और कोई हड्डा-गड्ढा। तुम्हारा इन्तिज़ाम करा देंगे तुम्हीं चले जाना।"

श्याम की ओर से इतना करारा झटका खाने की उम्मीद नहीं की थी। बाक़ी रास्ते में उनसे कुछ नहीं बोला। ग़नीमत यह रही कि दुकान में दिखी कल वाली लड़की फिर दिखाई दे गई तो मन बदल गया। लौटते रास्ते एक बार फिर से उन्हें समझाने की कोशिश की, दारा और अशोक के लेखों, शीराज़ शहर की ख़ूबसूरती, वहाँ के दिलकश बाग़-बग़ीचों और शीराज़ी कबूतरों का ज़िक्र करके, लेकिन वे नहीं माने तो नहीं ही माने। लाइब्रेरी में आकर यह प्रोग्राम बना कि वे तो पहले जाएँगे एम्बेसी, फिर दोपहर बाद शहर देखा जाएगा, तब तक मुझे जो पढ़ना-लिखना है निपटा लूँ। उनके जाने के बाद यह ख़त पूरा करने में लगा हूँ। पूरा हो जाए तो कल पोस्ट करने का इरादा है।

श्याम को इस सब्जेक्ट में कोई इंट्रेस्ट हो या नहीं, मुझे लगता है इंडिया की अर्ली रॉक कट-आर्ट पढ़ने वालों को यहाँ से अपने पुराने रिश्तों की पड़ताल कई पहलुओं से करनी चाहिए। जैसे, इंडिया में चट्टान को काटकर बनाई गई 'बराबर की गुफाएँ' सबसे पुरानी क़रीब 273-232 ई. पूर्व के बीच (आज से 2373 से 2332 साल के

आसपास) बनी मानी जाती हैं जबकि यहाँ फ़ारस में इस कला की शुरुआत उससे कहीं पहले से दिखाई देती है। और पर्सिपोलिस की महल की बुनियाद से पत्थर के बक्से में मिले सोने-चाँदी के पत्तरों पर लिखे और नक़्श-ए-रुस्तम के मक़बरे पर लिखे दारा के अभिलेख एक बार फिर सम्राट अशोक की याद दिला देते हैं। अशोक के अभिलेखों में उसे 'देवानाम पिय पियदसी राजा अशोक' (देवताओं को प्रिय प्रियदर्शी राजा अशोक) और बौद्ध-धर्म के बारे में लिखा गया है और यहाँ उससे दो सौ वर्षों से भी पहले दारा को 'राजाओं का राजा' और 'देवताओं के देवता अहुरमज़्दा' और उसके साम्राज्य के बारे में इस तरह लिखा गया है :

> महान राजा दारा, राजाओं का राजा, कई मुल्कों का राजा, हिस्टास्प्स का पुत्र, फ़ारस का राजा, राजा डेरियस कहते हैं, "देवताओं में महानतम देवता अहुरमज़्दा का बख़्शा मेरा यह साम्राज्य शक प्रदेश से सोगदिया, वहाँ से कुश और सिंध से लीडिया तक क़ायम है। अहुरमज़्दा मेरी और मेरे राजघराने की हिफ़ाज़त करें।
>
> 'महान देवता अहुरमज़्दा, जिसने इस धरती को बनाया, जिसने विस्तृत आसमान की रचना की, जिसने आदमी को बनाया, जिसने आदमी के लिए प्रसन्नता बनाई, जिसने डेरियस को राजा, अनेक राजाओं का राजा, बहुतों का मालिक बनाया। मैं महान राजा डेरियस हूँ, राजाओं का राजा, सभी तरह के आदमियों वाले देशों का राजा, दूर-दूर तक विस्तृत इस धरती का राजा, हिस्टास्प्स का पुत्र, एक पारसी, एक पारसी का पुत्र, एक आर्य, आर्यों का वंशज।" राजा डेरियस कहते हैं, "अहुरमज़्दा की मदद से मैंने परसिआ (फ़ारस) के बाहर जिन देशों पर क़ब्ज़ा किया और राज किया, जो मुझे भेंट देते हैं, मैं जो कहता हूँ करते हैं, जो मेरे नियमों का कड़ाई से पालन करते हैं वे इस प्रकार हैं : मेडिआ, एलम, पार्थीआ, आरिआ, सोगदिआ, कोरसामिआ, ड्रंगिआना, अराकोसिआ, सत्तागदिआ, गांदार (गांधार), इन्दुस (हिन्दुस), होमा पीने वाले सीथियन, नुकीली टोपी वाले सीथियन, बेबीलोनिआ, असीरिआ, अरबिआ, मिस्त्र, अर्मेनिया, कप्पादोसिआ, लीडिआ, यवन (ग्रीक), समंदर के पार के सीथियन (शक), थ्रेस, पेटासोस पहनने वाले गयवन, लीबिया, न्यूबिआ, मका और कॅरिआ।"
>
> राजा डेरियस कहते हैं, "जब अहुरमज़्दा ने धरती का तहलका देखा, तो उसका भार मेरे ऊपर रखकर मुझे राजा बनाया। मैं राजा हूँ। अहुरमज़्दा की कृपा से मैंने इसे इसकी जगह पर शान्त कर दिया है। यहाँ के

लोगों से जैसा मैं कहता हूँ वैसा वे मेरी अपेक्षा के अनुसार करते हैं।"

अब आप सोचेंगे कि राजा डेरियस कितने मुल्कों पर राज करता था? ताज पहने हुए उन लोगों के बुतों को देखो तो तुम्हें पता चल जाएगा कि एक फ़ारसी मर्द का भाला कितनी दूर तक गया, तब तुम्हें पता चल जाएगा कि एक फ़ारसी मर्द ने यक़ीनन फ़ारस से बहुत दूर तक जंग लड़ी।

राजा डेरियस कहता है, "यह सब जो कुछ हो सका, वह सब मैंने अहुरमज़्दा की ख़्वाहिश से किया है। जब तक मैंने यह सब किया अहुरमज़्दा ने मेरी मदद की है। अहुरमज़्दा मुझे, मेरे राजघराने और इस ज़मीन को दुश्वारियों से बचाए रखने की मेहरबानी करें, मैं अहुरमज़्दा से दुआ माँगता हूँ कि वे मुझ पर यह मेहरबानी बख़्श दें। ऐ इनसानो, अहुरमज़्दा का जो हुक्म है उसे आपको अपनी बेइज़्ज़ती नहीं मानना चाहिए, सच्चाई का रास्ता मत छोड़ो, बग़ावत मत करो।

ये तो रहीं हिस्ट्री और आर्कियोलॉजी की बातें लेकिन शीराज़ शहर में मेरी दिलचस्पी का सबब, उसकी तारीख़, बाग़-बग़ीचों या गली-कूचों से क़तई अलहदा, निजी और जज़्बाती, मगर श्याम ने उन्हें सुनने में कोई दिलचस्पी नहीं दिखाई। इस ख़त के लिए इतना ही काफ़ी है। आगे का हाल अगले ख़त में। तब तक के लिए—

ढेर से प्यार के साथ...

तेरा...

ग्यारहवाँ ख़त

लाइब्रेरी/कल्चरल सेंटर,
इंडियन एम्बेसी,
सहबाए शोमाली रोड,
निकट पहलवी स्क्वायर, तेहरान, ईरान
7 मई, 1977

प्रिय...,

ढेर सा प्यार!

आज म्यूज़ियम देखने के लिए निकलने से पहले साथ लाए रिसालों में मगज मारकर तेहरान के बारे में लिख डाला। इत्तिफ़ाक़ देखो वहाँ भी लोकल पंजाबियों-सिखों का एक ग्रुप मिल गया और श्याम जी उनसे गप्पें मारने में मशगूल हो गए। फ़ुरसत पाने पर उन सबकी नज़रें मुझ पर इनायत हुईं। लेकिन इससे पहले कि वे कुछ बोलते मैंने कल से तब तक जितना कुछ पढ़ा-लिखा था, बिना साँस लिए सुना डाला :

> "अलबुर्ज़ की तलहटी में क़रीबन 1100 मीटर की ऊँचाई पर आज के तेहरान की जगह कभी बाग़-बग़ीचों वाला एक गाँव बसा जो तेरहवीं शताब्दी तक बाज़ार वाले क़स्बे, फिर नगर, और फिर महानगर में तब्दील हुआ। सन् 1786 में क़ाजार राजघराने के आग़ा मोहम्मद शाह ने इसे अपनी राजधानी बनाया। मगर आज का तेहरान शहंशाह मुहम्मद रज़ा पहलवी का तेहरान है। मुहम्मद रज़ा पहलवी जन्मजात ईरानी, मुल्क के बादशाह, सर्वेसर्वा, ईरानी रवायत के फ़ख़्र से भरे, तहज़ीब, तबीयत और तौर-तरीकों में यूरोपियन, अंग्रेज़ी, फ्रेंच, जर्मन और पर्सियन बोली-बानी में दानिश। ऊँचे क़द के सुदर्शनीय शख़्सियत के मालिक, यूरोपियन पहनावे या फ़ौज़ी लिबास में नज़रें बाँध लेने वाले। जगह-जगह चस्पाँ उनकी तसवीरें, क़द से बड़ा आभामंडल।

"पैदाइश के साथ वालिद की ख़ुशक़िस्मती जाग जाने की वजह से उन्हें 'ख़ोशग़दम'—(शगुन का पंछी) कहा गया, और माँ ने ऐलान कर दिया कि ऊपर वाले ने उन्हें ख़ास मक़सद से ज़मीन पर भेजा है। ग्यारह साल की उम्र में फ्रांसीसी ज़ुबान में बुनियादी तालीम हासिल करने स्विट्ज़रलैंड भेजे गए, 1936 में लौटकर ईरान की मिलिटरी अकादमी में दाख़िला, 1938 में सेकेंड लेफ्टिनेंट, फिर कैप्टेन। सेकेंड वर्ल्ड वार के दरमियान 1941 में ईरान की हुकूमत सँभाली। 1953 के बाद, 'साइरस महान' की क़ायम की हुई पहली फ़ारसी हुकूमत की तरह एक बार फिर ईरान को महान और दुनिया की ताक़तवर सभ्यता बनाने के अपने ख़्वाब को पूरा करने के लिए पश्चिमी तर्ज़ पर इंडस्ट्रियल और फ़ौजी तरक़्क़ी, इकोनॉमिक और सोशल सुधारों को तेज़ी से बढ़ाया। 'शहयाद टावर' के अलावा और भी बुलंद इमारतें मुकम्मल कराईं जिनमें सबसे ख़ास लगता है फ्रेंच और फ़ारसी आर्किटेक्टर के मिले-जुले असर वाला उनका महल।

"इस्लाम से इतर ईरान की इमेज बनाने के इरादे से सोच-समझकर मुकम्मल ईरानी इतिहास का जश्न मनाने पर ख़ास ज़ोर दिया। सन् 1971 में, फ़ारसी हुकूमत के पहले शहंशाह साइरस महान की गद्दीनशीनी के पचीस सौवें साल को धूम-धाम से मनाते हुए 'ईरानी कैलेंडर' की शुरुआत उसी दिन से फिक्स कर दी। उसके नक़्शे-क़दम पर चलते हुए सभी रीति-रिवाजों और मज़हबों को मानने वालों को बराबरी का और औरतों को वोट देने का हक़ दिया। बड़ी तादाद में स्कूल, कॉलेज और विश्वविद्यालय खुलवाए। 1967 की सालाना ताजपोशी-रस्म में साइरस महान की तरह शहंशाह (राजाओं के राजा) का ख़िताब अपनाया। शहर में लगाए गए बड़े-बड़े इश्तिहारी पोस्टरों में दिखाए गए आसमान में उड़ते हवाई जहाज़ों के पीछे हवा में उड़ रहे बहुत ऊँचे क़द के शहंशाह के सामने साइरस महान की उनसे कहीं छोटी-सी तसवीर के पीछे दीखती है अपने आपको उनसे भी बढ़कर पेश करने की हसरत। जहाज़ उड़ाने और कारों के शौक़ीन, तमाम सियासती तरंगों पर चढ़ते-उतरते आज की तारीख़ में हर दिल अज़ीज़।

"1975 में तेल के दाम दूने से ज़्यादा बढ़ाकर हासिल अकूत आमदनी के बूते अमेरिका, इंग्लैंड और फ्रांस से भी बढ़कर तालीम, तन्दुरुस्ती और हथियारबन्द फ़ौज पर अरबों-खरबों ख़र्च किए। नतीजतन ईरान की राष्ट्रीय आमदनी चार सौ गुना से भी ज़्यादा और फ़ौज दुनिया की

पाँचवीं सबसे मज़बूत फ़ौजों में शुमार हो गई। इतना ही नहीं, तेल का दाम बढ़ने से जहाँ एक ओर ईरान की इकोनॉमी में धमाकेदार उछाल आया वहीं दुनिया भर के देश इस मामले में धड़ाम हो गए। यहाँ तक कि ब्रिटेन और फ्रांस को ईरान से एक-एक बिलियन अमेरिकी डॉलर का क़र्ज़ा लेने की नौबत आ गई। शहंशाह साहबान कहने लगे कि :

'दस साल में ईरान, यूरोप के रहन-सहन की बराबरी कर लेगा और बीस साल में अमेरिका से आगे होगा। पुरानी रवायत के बाबत अपनापन रखते हुए ईरान ने आधुनिकता को अपनाया है। अब हम मालिक हैं और हमारे पुराने मालिक हमारे ग़ुलाम। हर दिन हमारे दरवाज़े पर आते हैं मदद माँगने। उन्हें कैसे मदद की जा सकती है। क्या हमें हथियार चाहिए? क्या हमें 'न्यूक्लियर पावर स्टेशन' चाहिए? हमें केवल कहने की देर है और वे हमारी इच्छाएँ पूरी कर देंगे।' "

मेरे बोल लेने तक सुन रहे श्याम के साथ वाली मंडली के तेहरान में ही लम्बे अरसे से रह रहे एक बुज़ुर्ग इधर-उधर देखकर फुसफुसाते हुए बोले :

"जी! ऊपर-ऊपर से जैसा बता रहे हो वैसा ही लिख्या है पुत्तर! लेकिन असलियत ऐसी है नहीं। आज ईरान की गिनती दुनिया के सबसे अमीर मुल्कों में होती है और शाह इसके सबसे मज़बूत नुमाइंदे। बावज़ूद इसके इज़राइल को 'रेकग्निशन' देना, यहूदियों-ईसाइयों-पारसियों वग़ैरह को दी गई मज़हबी आज़ादी और हमख़याली, शाही ख़ानदान के करप्शन, सवाक के ज़रिए होने वाले ज़ुल्म-ओ-सितम, औरतों को मिल रही छूट जैसे उनके क़दमों से मुस्लिम मुल्ला-मौलवियों और अवाम में नाराज़गी भी कम नहीं। कहने को फ़ारसी के तरफ़दार लेकिन लिबास और बोली से यूरोपियन। उनके बाल-बच्चों तक का फ़ारसी छोड़ फ्रेंच और दूसरी यूरोपियन ज़ुबान में बात करना, शाह की रंगीन-मिज़ाजी, हसीनाओं पर हद से आगे बढ़कर दीवानगी, उन्हीं के रंग में रँगी नई नस्ल की आज़ादख़याली, लिबास और मग़रिबी तहज़ीब (वेस्टर्न कल्चर) में दिलचस्पी पुराने लोगों को हजम नहीं हो रही। नतीजतन एक बड़े तबक़े और सियासतदानों में बग़ावती तेवर भी साफ़ नज़र आते हैं। इन्हीं वजहों से शाह पर कई हमले भी हो चुके हैं। फिर भी, अपनी ख़ुदपसन्दगी में डूबे शाह साहब की आँखों पर चढ़ा हुकूमती गुमान का चश्मा उन्हें कुछ देखने नहीं दे रहा।"

इतना बोलकर तनिक-सा ठहरकर बुज़ुर्गवार ने एक बार फिर पास-पड़ोस का

मुआयना किया। फिर और भी धीमे सुरों में आगाह किया, "आप लोगों को अपने मुल्क का समझकर यह सब बता तो दिया मगर किसी से भी इसकी चर्चा नहीं करना वरना वाहे गुरुजी भले ही बचा लें 'सवाक' वालों को सुराग लग जाने पर जेल जाने में कोई शुबहा नहीं रहेगा।"

पंजाबी जत्थे से 'सत् श्री अकाल' के बाद हम तेहरान का नेशनल म्यूज़ियम देखने गए।

'नेशनल म्यूज़ियम ऑफ़ ईरान : म्यूज़ियम ऑफ़ एनशिएंट ईरान' और 'म्यूज़ियम ऑफ़ इस्लामिक आर्किओलॉजी एंड आर्ट ऑफ़ ईरान' देखने गए पर्सिपोलिस और दूसरी आर्किओलॉजिकल साइट्स से लाकर यहाँ एक्ज़िबिट किए गए प्रस्तरयुगीन 'हंटर गैदेरर', 'फ़ूड प्रोड्यूसर' और ताँबे-काँसे और लौह युग के उपकरण, पत्थर के पिलर के टॉप पर एक-दूसरे की ओर पीठ करके बैठाए गए बड़ी-बड़ी नुकीले सींग वाले बैल, फूल-पत्ती, पशु-परिंदों या लतरों जैसी सुन्दर चित्रकारी वाले हज़ारों साल पुराने मिट्टी और ताँबे-काँसे के बर्तन या सोने-चाँदी की ऐन्टिक्स, और बेहतरीन यूरोपियन और फ़ारसी पेंटिंग्स, देखा-परखा तो सब लेकिन कोई ख़ास दिलचस्पी नहीं रही। वहाँ से निकलकर बाहर के दालान और बाग़ों में फ़व्वारों के पास मौजूद सैलानियों और ईरानियों के अक्स जज़्ब करने में भी बहुत देर दीदा नहीं लगा। श्याम टहलते रहे और मैं एक बेंच पर टिककर सोचता रहा कब लाइब्रेरी में लौटकर अकेले में जल्दी से तेरी चिट्ठियाँ पढ़ सकूँ।

शीराज़ी कबूतर

रास्ते में उसी दुकान पर खाने का सामान लेने रुके। आज भी सामान दे रही उसी लड़की को, लाख कोशिश के बाद भी, भर आँख देख लेने से अपने आपको रोक नहीं सका। लाइब्रेरी में आकर खा-पीकर इन्तिज़ार करता रहा कि श्याम सो जाएँ तब तुम्हारी चिट्ठियाँ निकालकर पढ़ूँ, लेकिन आज वे सोने की जगह बात करने के मूड में आकर कहने लगे—

> "यार! बुरा मत मान जाना मेरी कल की बात का। कल बताया नहीं, उस समय मेरी पसली में फिर से टीस उठ रही थी। अब आराम मिल गया है। अब बताओ शीराज़ शहर में क्या देखना है आपको, और वहाँ से आपके ऐसे भी क्या इमोशंस जुड़े हैं?"

मुझे उम्मीद नहीं थी कि कल उन्होंने मेरी बातों पर कोई ध्यान भी दिया होगा, याद रखने की तो बात ही कहाँ। आश्चर्य भी हुआ, आमतौर पर उनको रूखे

लगने वाले, इस टॉपिक में उनकी दिलचस्पी देखकर। मगर और कुछ न कहकर सिलसिलेवार बताने लगा :

"शीराज़ नाम के ईरानी शहर के बारे में पहली बार कब सुना कुछ याद नहीं। लेकिन वहाँ के कबूतरों के बारे में बहुत बचपन से ही सुनते रहे। बात कुछ यूँ हुई कि होश सँभालते ही अपने घर में पले दर्जनों कबूतरों और तोता, मैना, ललमुनिया, खरगोश, गिनीपिग से खेलने का ख़ूब मौक़ा मिला हमें। तब हम लोग सीतापुर ज़िले के बिसवाँ क़स्बे की चीनी मिल वाले परिसर में रहते थे।

"मेरे बाबाजी, जिनसे तुम भी मिल ही चुके हो, जब-तब किसी न किसी काम से लखनऊ जाते रहते और अक्सर नक्खास के बाज़ार से नए-नए कबूतर और तरह-तरह की चिड़ियाँ ख़रीद लाते। नतीजतन सुबह-शाम हमारा आँगन कबूतरों की गुटर-गूँ, सुग्गों की टेऊँ-टेऊँ और चिड़ियों की चहचहाहट से गुलज़ार रहता। सुबह सारे दरबे और पिंजरे खोलकर दाना छिड़क दिया जाता। कबूतर और सुग्गे दाना चुगकर भिनसारे में ही दूर-दूर तक जाने कहाँ उड़ जाते और शाम को अपने आप वापस लौट आते। 'बोल मेरे पट्टू सीताराम, सीताराम' का पाठ पढ़ते-पढ़ते हमारे तोते सीताराम-सीताराम के साथ दिन भर पुकारे जा रहे हमारे और परिवार के दूसरे सदस्यों के नाम भी रट-रटकर जब-तब टटकारते रहते।

"स्कूल की छुट्टियों के दिन, अपने घर पर जुट आए मोहल्ले के बच्चों के साथ, हम लोग कबूतरों की उड़ान और करतब देखा करते। ज़्यादातर कबूतर आसमान में उड़ते कभी पंख फैलाकर यूँ ही मस्त लहराते हुए, कुछ ऊपर तक उड़कर कलाबाज़ी खाते हुए नीचे आते। गोल पूँछ वाला 'लक्का', ज़मीन पर लौटने वाला 'लोटन', सिर पर झब्बेदार 'चोटी वाले' और आसमान में उड़ते-उड़ते टिकुली जैसे दिखने वाले 'टिकुलिया'। उड़ते-उड़ते आँखों से ओझल हो जाने वाले कबूतरों का नाम अब याद नहीं रहा। शाहजहाँपुर से लाए गए कबूतर झक्क सफ़ेद बेदाग़ खुले आसमान में तेज़ी से दूर तक उड़ान भरते। कोई काला, कोई भूरा, कोई चितकबरा तरह-तरह के रंग वाले। बड़ा मज़ा आता उन्हें दाना चुगाने में, वे भी हमसे इतना परच गए थे कि बेझिझक हमारे कंधे और सिर पर आ बैठते और हथेली से भी दाना चुगने में नहीं झिझकते। हम उनके साथ खेलते और कभी-कभी तो अपने बस्ते में छुपाकर स्कूल ले जाते और वहाँ उन्हें हवा में उड़ा देते, हमारे हाथ से छूटकर वे पहले

तो ऊपर उड़ते फिर हमारे घर की ओर मुड़ जाते। स्कूल से लौटने पर हम उन्हें आँगन में गुटगुटाते देखकर बहुत ख़ुश होते।"

हमारे बचपन और कबूतरों की इतनी लम्बी कहानी से क्या रिश्ता हो सकता है ईरान के शीराज़ शहर का यह सोचकर श्याम कुलबुलाने लगे। नहीं रहा गया तो उन्होंने पूछ ही लिया : "जाने क्या सुनाने लगे आप। इस कहानी का शीराज़ से क्या मतलब?" "तुम भी ग़ज़ब कर देते हो भाई! बिना आगे-पीछे के कॉन्टेक्स्ट का समाँ बाँधे, बिना माहौल बनाए भी कोई क़िस्सागोई हो सकती है क्या। थोड़ा-सा सबर रखिए, आगे-आगे अभी आते हैं शीराज़ पर।" उन्हें समझाते हुए आगे की बात ज़ारी रखी।

"कॉलोनी में रहने वाले हारून और ऑडिटर साहब के घर में पले हुए और दूर के मोहल्लों के पालतू कबूतर भी अक्सर झुंड में उड़ते दीखते तो हम उन्हें पकड़ने के लिए अपने कबूतरों को उनसे बड़ी तादाद में हवा में उड़ा देते। सभी के कबूतर एक साथ उड़ते रहते और अक्सर हमारे कबूतरों का झुंड बड़ा होने की वजह से, लौटते वक़्त उनके कबूतर भी हमारे कबूतरों के साथ हमारे आँगन में उतर जाते, और फिर हमारे कबूतरों के साथ दाना चुगते-चुगते दरबे में चले जाते। अनचाहे ही सही हारून और ऑडिटर साहब के कबूतर तो उन्हें वापस करने पड़ते लेकिन दूर से आए कबूतरों के पंख बाँधकर उन्हें अपने पालतू कबूतरों में शामिल कर लेते।

"ऑडिटर साहब के सफ़ेद कबूतर बहुत ही सुन्दर थे और उनकी एक छोटी-सी बेटी भी थी शब्बो उतनी ही सुन्दर और मासूम। कभी-कभी हम उनके यहाँ खेलने जाते। एक दिन उसे फुसलाकर एक कबूतर माँग लाया लेकिन लाते समय बड़े भइया और कुछ और लड़कों ने देख लिया, फिर तो मेरे पीछे ही पड़ गए, बहुत दिनों तक जैसे ही देखते शब्बो-शब्बो पुकारकर चिढ़ाने लगते।

"उन्हीं दिनों बाबा लखनऊ से दो नए कबूतर ले आए, बाक़ी कबूतरों से ऊँचे और तन्दुरुस्त, भूरे-सफ़ेद रंग के, सिर पर चोटी और पंजों पर गद्देदार पंख। ऐसे कबूतर हमने पहले नहीं देखे थे। बाबा ने बताया 'बहुत ही नायाब शीराज़ी कबूतरों का जोड़ा है यह।' पन्द्रह दिन तक बँधे उनके पंख खुलने तक वे हमारे घर से परच गए। सुबह-सुबह दोनों साथ-साथ उड़कर दूर-दूर तक जाते, शाम ढलते लौट आते लेकिन दूसरे कबूतरों की तरह शाम को दरबे में नहीं जाते, बल्कि पूरी रात छत

के छज्जे पर बैठे रहते। दूसरे कबूतर बिल्ली देखकर डर जाते मगर ये कबूतर उस पर ही हमलावर हो जाते। दोस्तों ने भैया और मेरे नाम पर उनके नाम रख दिए, फिर वे क़स्बे में जहाँ कहीं भी उड़ते हुए दीखते वे कहने लगते शनी-रॉकी जा रहे हैं। सब कुछ के बाद भी, तब किसी ने नहीं बताया कि इनका असल मुकाम सीतापुर से क़रीब साढ़े तीन हज़ार किमी. दूर बसे शीराज़ शहर में है।"

"ये तो अब जाकर पता चल पाया है कि शीराज़ से मुक़ामी ताल्लुक़ रखने की वजह से इन्हें बिसवाँ में रहने वाले शायर 'बिस्वानी शायर' की तर्ज़ पर 'शीराज़ी कबूतर' कहा जाता है। इसी तरह तब हमें नहीं मालूम था कि हमारे सफ़ेद कबूतर अफ़ग़ानिस्तान के जलालाबाद से आकर शाहजहाँपुर में बसे पठानों (पश्तूनों) की बस्ती से ख़रीदकर मँगाए गए हैं। इसीलिए शीराज़ के नामचीन शायरों, बग़ीचों या शहर की और किसी ख़ासियत में नहीं, एक बार वहाँ के कबूतरों को देख पाने की हसरत है।

"कम-से-कम पिछले पाँच हज़ार साल में समुद्री और ज़मीनी रास्तों से पश्चिम एशिया, मध्य एशिया, यूरोप और अफ्रीका से जुड़कर हिन्दुस्तान के इतने गहरे नाते जुड़ और रच-बस चुके हैं कि हमें पता ही नहीं चलता। आमतौर पर हमें कहाँ मालूम है कि हमारे यहाँ के क़िस्से-कहानियों में सुने जाने वाले बाबुल, रूम, कुस्तुन्तुनिया, बल्ख़-बुख़ारा और टिम्बकटू जैसे शहर और इलाक़े आज के इराक, टर्की, अफ़ग़ानिस्तान, उज़्बेकिस्तान और मोरक्को से नाता रखते हैं। असल में इन शहरों और मुल्कों को जोड़ने वाले रास्तों को समन्वय के मार्ग (रूट्स ऑफ़ कन्वर्जेंस) कहा जाना चाहिए।"

अब तक ऊँघने लग गए श्याम मेरी बात पूरी होने तक खर्राटे भरने लगे। उसके बाद मौक़ा पाकर मैंने अपने बैग से तुम्हारी चिट्ठियाँ निकालकर इत्मीनान से पढ़नी शुरू कीं।

आई डिड नॉट इक्स्पेक्ट

तेरे चौथे लेटर के बारे में श्याम को उस दिन कुछ नहीं बताया था। बताता भी कैसे, तुम्हारे ख़त न मिलने पर झुँझलाकर बामियान से तुम्हें जो उलाहना भरा ख़त लिखा था, इस ख़त में तुमने उसका जवाब उससे भी तल्ख़ लहज़े में दिया है।

वही वाला जिसमें तुमने तिलमिलाकर अंग्रेज़ी में कम हिन्दी में अधिक बिना डियर या डियरेस्ट सम्बोधन के अपने भीतर मथ रहे ग़ुस्से और प्यार के मिले-जुले भाव उगलते हुए, कहीं-कहीं तो बिना कॉमा-फुलस्टॉप लगाए ही लिखा है :

'दिस इज़ माई सिक्स्थ लेटर। आई हैव गिवेन रिप्लाई टु ईच एंड एवरी लेटर ऑफ़ योर्स। मैं अगर कोई फ़ैसला करती हूँ तो सोच-समझकर और उसे निभाना भी जानती हूँ। जब कभी कोई निर्णय करना हो तो उसे सोच-समझकर ही करना चाहिए। मगर आपने तो बड़ी जल्दी कानक्ल्यूजन ड्रा कर लिया कि मुझे अपना फ़ैसला ग़लत लग रहा है, यहाँ तक कि यह भी लिख दिया कि जोड़ने को तो इतना बड़ा स्नेह जोड़ लिया और अब दो लाइन में हाल भी नहीं लिख सकतीं, एट्सेटरा (etc.)। आपने एक बार भी यह नहीं सोचा कि किसी कारणवश मेरी चिट्ठी आप तक पहुँच नहीं रही हो। बस जल्दी से चिट्ठी में इतनी बड़ी-बड़ी बातें जो किसी के भी फीलिंग्स को हर्ट कर सकती हैं लिख डालीं। आई डिड नॉट इक्स्पेक्ट दोज़ लाइन्स फ्रॉम यू आई फेल्ट वेरी बैड। क्या इतना भी विश्वास न था मुझ पर कि एकदम से...वग़ैरह वग़ैरह।...ख़ैर जो होना था सो हुआ।...आई हैड गिवेन रिप्लाई टु यू आई डोंट थिंक आई कैन राइट आल दैट इन जस्ट वन लेटर। सो वी विल टाक व्हेन यू कम। यू मस्ट टच डेल्ही बिफोर गोइंग टू बनारस। सो हाउ इस तेहरान बेटर दैन काबुल। आई रोट सच लवली लेटर्स। इफ व्हाइल कमिंग बैक यू टच काबुल यू मस्ट फाइंड आउट इफ दे हैव रीच्ड ऑर नॉट, इफ नॉट देन आस्क समवन टु रीडिरेक्ट देम ऐट योर एड्रेस इन बनारस।

'एक बात और। आपने बिना मेरा नाम लिखे यूँ ही सीधे लेटर लिख दिया है। जैसे आप किसी बिना नाम के व्यक्ति को लिख रहे हों। बिना नाम लिखकर एड्रेस किया लेटर अच्छा नहीं लगता। इसलिए आगे से मेरा नाम लिखना मत भूलिएगा।'

यह लेटर पढ़कर करारे झटके के साथ मन-ही-मन बहुत अच्छा भी लगा। अपनों पर ही ज़्यादा ग़ुस्सा आता है। मगर इतना नाराज़ होने की भी दरकार नहीं। दोष मेरा नहीं तेरे लेटर्स का है जो वहाँ से उड़-उड़कर चले मगर जाने किधर उड़ गए। सोचकर देखो अगर तुम्हें मेरे लेटर्स नहीं मिले होते और डाकिया बिना डाक लाए रोज़-रोज़ घर के सामने से निकल जाता तब समझ में आ जाती 'एक बार भी न सोचने' और 'बार-बार सोचने' की साइकोलॉजी।

मेरी वो चिट्ठी पढ़कर तुम्हारा नाराज़ होना बहुत ऑब्वियस है मगर कैसे समझाएँ तुम्हें, क्यों और क्या सोचकर लिख दिया वह सब, और उसमें जो लिखा है उसके मतलब उससे बिलकुल ही अलग हैं। बहुत दिनों तक बेबस इन्तिज़ार के बाद भी तुम्हारे लेटर्स न आने से सुलगती झल्लाहट में झंखने के अलावा कुछ भी नहीं। जबसे वहाँ से चला, कहीं भी कुछ भी देखता-पढ़ता रहा, ऐसा कोई दिन और पल नहीं बीता जब तेरी तरफ़ से पूरी तरह से ध्यान हट पाया हो। इसीलिए जैसे ही थोड़ी-सी भी फ़ुरसत मिली सारा कुछ तुझसे साझा करने के लिए जगह-जगह से लिख-लिखकर एक के बाद एक तुम्हें भेजता रहा। वजह चाहे जो भी हों, इतने दिनों में उनका एक भी जवाब न पाकर भीतर-भीतर कैसी उलझन भरी तपिश होती रहती है उसे वही समझ सकता है जो ऐसे हाल से गुज़रा हो। कभी कोई ऐसा भी अवश और परवश हो सकता है, यह एक्सपीरिएंस न हुआ होता तो कभी इस मनोदशा को इमेजिन भी नहीं कर पाता।

एक झलक देखने, एक चिट्ठी पाने की इतनी बेताबी, सही-सही बयान नहीं हो सकती। ऐसे में जो कुछ भी लिख दिया, सही या ग़लत, उन लिखे हुए हर्फ़ों के मायनों को पलटकर उन्हीं में छुपे गहरे अनुराग और स्नेह को समझने की कोशिश करो। तुम्हारे लेटर्स में तुम्हारी राइटिंग में लिखे हाल-ख़बर से बढ़कर उनमें झलकते भावों के साथ साकार होते तुम्हारे चेहरे के हाव-भाव और जो नहीं लिखा है वह भी देख पा रहा हूँ, बार-बार उलट-पलट और पढ़कर। यूँ तो अपने बैग में रखा तुम्हारा फ़ोटो जब-तब देख ही लेता हूँ लेकिन अब तुम्हारे लेटर्स को पढ़ते हुए देखते समय वही फ़ोटो जीवंत होकर बोलने भी लग जाते हैं। शायद यह बात अभी तुम्हारी समझ में न आ रही हो, इंडिया पहुँचकर समझाने की कोशिश करूँगा।

और हाँ, जैसा कि तूने लिखा है तेहरान कुछ मायनों में काबुल से बेहतर है। लेकिन हर शहर की अपनी ख़ूबियाँ होती हैं। काबुल में घूमते हुए जहाँ पुराने ज़माने और ज़मीन से जुड़े सादे लोगों के बीच पहुँच जाने की फील होती है, वहीं तेहरान में अपने ज़माने से बहुत आगे बढ़ चुके लोगों के बीच आ जाने की अचकचाहट होने लगती है। एक ओर वेस्टर्न टच और दूसरी तरफ़ खाँटी काबुली रवायत का असर। तेहरान में पैंट-शर्ट, टाई-कोट, सूट-बूट, जींस-शर्ट, हाई-हील का ज़बरदस्त चलन और यहाँ शलवार, क़मीज़, सदरी, हिजाब की बहुतायत। तेहरान में हर बात में सलीक़ा और काबुल का बेतरतीब-बेपरवाह अन्दाज़। तेहरानी लोगों की मुलायमियत, नाज़ुक तहज़ीब में घुली फ़ारसी मिठास और काबुल के कर्रे करारे खरखरे लोगों की वैसी ही मर्दाना ज़ुबान। चकाचौंध वाले तेहरान में नफ़ीस और नई इमारतें, दुकानों, रेस्टोरेंट, होटल, चौड़ी सड़कों पर मोटर-कारों, बसों की भरमार और जागते हुए काबुल में पुराने चलन के चहारदीवारी से घिरे अहातों में एक या

दो मंज़िला मकान, सड़कों के किनारे वैसी ही दुकानें, खुले में बिकते फलों के ढेर, ठेलों और मोटरों-बसों के बीच घोड़ों-गधों वाली सवारियाँ भी। एक के 'पस मंज़र' (बैकग्राउंड) में बर्फ़ीला हिन्दूकुश और कोह-ए-बाबा और दूसरे के पीछे दिखता 'अलबुर्ज़ रेंज' के बीच ऊँचा बर्फ़ से ढका बुलंद 'दमवंद ज्वालामुखी'। दोनों शहरों का अलग-अलग अपना-अपना मिज़ाज और मज़ा।

सीधे बनारस जाने का कोई मतलब नहीं। इस बात में कोई शक-ओ-शुबहा नहीं होना चाहिए कि तुझसे मिले बिना कहीं नहीं जाने वाला। जल्दी से मिलने का बेसब्री से इन्तिज़ार है। और तुम्हारे लेटर्स के बारे में एक बात और। काबुल के पते पर भेजे गए तुम्हारे लेटर्स अब तक आए या नहीं यह जानने की कुलबुलाहट मेरे मन में भी बनी हुई है।

इतना ही तो नहीं लिखा होगा।

अगले दिन श्याम ने फिर तेरी चर्चा छेड़ दी, बोले आपने उस दिन एक ही चिट्ठी पढ़कर दूसरी-दूसरी बातों में घुमा दिया, और सुनाओ उसने और क्या-क्या लिखा है। मैंने मन-ही-मन मुस्कुराते हुए रात में अकेले में पढ़े झगड़े वाले लेटर को धीरे से बैग में ही किनारे दबाकर बाक़ी के दो, जिनमें कुछ ख़ास तो लिखा नहीं है, निकालकर बाँच दिए :

> "डियरेस्ट रॉकी! यस्टरडे आई रिसीव्ड योर ब्यूटीफुल कार्ड बट सैड टु हिअर दैट यू स्टिल हैव नॉट रिसीव्ड एनी ऑफ़ माई लेटर्स...अरे! मैं तो फिर अंग्रेज़ी में पढ़ने लगा। उसने लिखा है—
>
> "कल आपका भेजा सुन्दर कार्ड मिला लेकिन सैड टु हिअर दैट कि अभी तक आपको मेरा एक भी लेटर नहीं मिला। ये मेरा चौथा लेटर है। जितनी जल्दी आपका लेटर मुझे मिलता है उतनी जल्दी मैं आपको रेगुलरली लिखती रहती हूँ। मैं यह सोचकर लिखती और पोस्ट करती हूँ कि कम-से-कम ये वाला आपको मिल जाएगा। लेकिन फिर मुझे आपका अगला लेटर मिलता है कि आपको एक भी नहीं मिला। जबकि आपके लेटर मुझे तीन-चार दिन में मिल जाते हैं। और मेरे लेटर नहीं पहुँचे हैं।
>
> "हमने श्याम भैया को भी लेटर लिखे हैं। उनको सचमुच बुरा लगेगा। इसलिए बेहतर होगा कि आप उन्हें बताइए कि हमने उन्हें लेटर भेजे हैं लेकिन अनफॉर्चुनेटली उन्हें कोई भी नहीं मिले हैं। हमारी तरफ़ से उनकी सक्सेस के लिए बधाई दीजिए और कहिए कि हम लोग ईरान

में उनकी सक्सेस के लिए बेस्ट ऑफ़ लक विश करते हैं।

"तो आप ईरान पहुँच गए हैं, मस्ट बी ब्यूटीफुल। अपने दोस्तों से इसके बारे में बहुत सुना है।

"आप कब लौट रहे हैं, क्या पूरे दो महीने लगेंगे या आप पहले आ जाएँगे? मेरी जर्मन क्लासेस 19 मई तक फिनिश हो जाएँगी। फिर अगले दो महीने के लिए ख़ाली। फिर एडमिशन और पहली जुलाई को कॉलेज में।

"लेटर्स लिखने की जगह आप जहाँ भी जाएँ वहाँ से कार्ड भेजिए। मुझे पता चलता रहेगा आप कहाँ हैं। ऑफकोर्स आई विल आलसो राइट। आपको मिले या नहीं। काबुल के रास्ते वापस आना हो तो पता करिएगा मेरे लेटर पहुँचे कि नहीं।

"घर में सब ठीक है, भाई वापस चला गया है। विद बेस्ट विशेज़।"

योर्स

तीसरी : छोटी-सी चिट्‌ठी में बस इतना-सा लिखा है : 'ये मेरा सेवंथ लेटर है बट सो सैड कि आपको अभी तक एक भी नहीं मिला है जबकि मुझे आपके सारे लेटर्स मिल गए हैं। मुझे मालूम है मेरे लेटर्स न मिलने पर आपको कितना बुरा लग रहा होगा। बट ऑफकोर्स इतना बड़ा फ़ैसला बहुत कर लिया है, नेक्स्ट मोमेंट में भूलने के लिए नहीं। सो प्लीज़ अपनी सब ग़लतफ़हमियाँ दूर कर लीजिए और बनारस जाने से पहले ज़रूर आइए जिससे हम लोग यहाँ की बहुत सी हैपेनिंग्स पर बात कर सकें। कब आ रहे हैं?'

जल्दी आइए।

योर्स

मेरे सुना चुकने पर श्याम बोले, "इतना ही तो नहीं लिखा होगा। छुपा गए न गिट-पिट वाली बात। आगे-पीछे नहीं पढ़ा! ख़ैर कोई बात नहीं, जितनी आपकी राजी-ख़ुशी। पहले ही कह रहा था कि तुम नाहक परेशान हो रहे हो। कोई गुड्डे-गुड़िया का खेल थोड़े ही हो रहा है लेकिन तुम्हें तसल्ली कहाँ। झक चढ़ती है तो कुछ सुनते-मानते कहाँ हो। आपका मन तो लगा होगा उलट-पलटकर यही चिट्ठियाँ पढ़ने और लिखने-पढ़ने में इसलिए ऐसा करो कि आप यहाँ रुककर

जो मर्ज़ी हो करो। तब तक मैं एम्बेसी का एक चक्कर लगाकर आता हूँ। और हाँ, अगर अब तक और कोई चिट्ठी आ गई होगी तो वो भी ले आऊँगा।" वैसे तो वो कहीं भी जाने से पहले साथ चलने का इसरार करते थे और आज यहीं रहने को कह रहे हैं यह सोचकर उनका यह कहना अजीब-सा लगा। लेकिन आज सचमुच मेरा कहीं जाने के बजाय यह ख़त पूरा कर लेने का बहुत मन हुआ इसलिए कुछ कहा नहीं।

होनी वाला अज़दहा

एक बार फिर असमाई मन्दिर,
काबुल से

यह जानकर बड़ा अचरज होगा कि 16 मई, 1977 को ख़त का यह हिस्सा तेहरान से नहीं काबुल के असमाई मन्दिर से लिख रहा हूँ। और यह जानकर ऑब्विअस्ली तुम्हारा मन यह जानने के लिए चिहुँकेगा कि आख़िर तेहरान से आगे जाने का प्लान बदलकर वापस काबुल कैसे आ गया हूँ।

तेहरान में उस रात शीराज़ी कबूतरों की कहानी सुनते-सुनते श्याम के सो जाने के बाद तुम्हारी चिट्ठियाँ कई-कई बार उलट-पलटकर पढ़ता रहा, फिर, अगले दिन उनका जवाब लिखने की सोचते हुए, आधी रात के बाद मैं भी सो गया। सुबह-शाम को तुम्हारी दो चिट्ठियाँ पढ़कर सुनाने और मुझे लाइब्रेरी में छोड़कर श्याम के एम्बेसी चले जाने का हाल पहले ही लिख चुका हूँ। उसके आगे कुछ ऐसा हुआ कि न तो यह ख़त वहाँ पूरा कर पाया और न पिछला वाला पोस्ट करने की नौबत ही आ पाई। अभी तक अफ़ग़ानिस्तान से की गई ख़त-ओ-किताबत के बाद आख़िरी ख़त ईरान से भेजने की कोशिश नियति को ही मंजूर नहीं हुई।

दूसरे पहर एम्बेसी से वापस आने पर सुबह श्याम ने अपनी पसली में उठ रहे दर्द के बढ़ते जाने की वजह से तेहरान में अपने प्रोग्राम न दिखाने के साथ वापस इंडिया जाकर इलाज कराने का फ़ैसला सुनाया। इस बार साँप-सीढ़ी वाले खेल की ही तरह खटाखट नसेनी के ऊपर चढ़ते हमारे मनसूबों को 'होनी वाले अज़दहे' ने निगल लिया। एकबारगी यह सुनकर बड़ा झटका लगा। कहाँ तो ईरान मँझाकर इराक के एक ज़माने से सुन रहे बग़दाद, बाबुल, दज़ला और फ़रात नदियाँ, और आगे-आगे सीरिया, लेबनान, टर्की, मिस्र, ग्रीस जहाँ तक पहुँच पाएँ बस घूमते जाने और बस चलते चले जाने के मनसूबे और कहाँ तो इतनी जल्दी वापसी का फ़ैसला। फिर लगा, इस समय तो श्याम की सेहत का सवाल सबसे बड़ा है,

जान है तो जहान है। और सच बताऊँ, मन-ही-मन इस बात की ख़ुशी भी हुई कि जल्दी से तुमसे मिलना भी हो सकेगा। मुझे सोचता देख श्याम ने अपने पुराने अन्दाज़ में तसल्ली दिलाई :

> "फ़िकर मत करो। ज़रा ठीक हो जाने दो फिर निकल पड़ेंगे। दुनिया कहीं भागी थोड़े ही जा रही। अगली बार और तैयारी करके चलेंगे। और जिस जीप वाले ने जान-बूझकर मेरे सीने पर झटके से जीप चढ़ाई है ऊपर वाला उसे उसका ख़मियाज़ा भुगताकर रहेगा। अब चलो तैयार होकर कुछ ख़रीदारी भी कर ली जाए। वापसी पर लोगों के लिए कुछ न कुछ लेकर चलना चाहिए। आप भी ले लो कुछ उसके लिए जिसे इतनी चिट्ठियाँ भेज रहे हो। अब जब आगे नहीं जाना तो पैसे बचाकर भी क्या करना।"

उसके बाद हम लोग नए मूड में अपने-अपने बटुए में दबाए 'रिज़र्व फंड' वाले डॉलर भी निकालकर ख़रीदारी करने बाज़ार गए। 'केयरटेकर' की सलाह के मुताबिक़ तेरे लिए अपनी पसन्द का ईरान की मशहूर क्रॉकरी का एक सेट ख़रीदा। हल्के नीले रंग की प्यारी तश्तरियों के साथ प्याले और प्यालियाँ, नीली मीनाकारी वाली, निहायत नफ़ासत से बनीं। श्याम ने भी अपने लिए एक सेट अपनी पसन्द से ख़रीदा। हमेशा की तरह बाज़ार पहुँचकर उनके अन्दर का बच्चा उछलने लगा, ये भी ले लो और वो भी, मतलब का हो या नहीं फ़रक़ नहीं पड़ता। पिक्चर पोस्टकार्ड, झूमर और जाने क्या-क्या अटाँग-सटाँग। ख़र्चा करने, ख़रीदने और दोनों हाथ बाँटने में उन्हें खेल जैसा मज़ा मिलता है। चलने लगे तो मैंने कहा, "यार एक 'स्वीमिंग सूट' भी ख़रीदना है।" सुनकर थोड़ा चकराए फिर हँसे—"हाँ हाँ, क्यों नहीं, ज़रूर, उसके लिए ख़रीदोगे वरना एक दमड़ी भी फ़ालतू में निकालने से रहे तुम।" अब उन्हें क्या मालूम दिल्ली से चलते समय का तेरा-मेरा वादा।

श्याम ने बिना मुझे बताए दर्द के चलते एहतियातन हमारे पासपोर्टों पर सात मई को ही, तेहरान में स्थित अफ़ग़ानिस्तानी-सफ़ारत से अगले एक महीने के वीज़ा का ठप्पा लगवा लिया था। अगले एक-दो दिन में बची-खुची तैयारी करके 13 मई को सब सामान पैक किया और लाइब्रेरी वालों से विदा लेकर बस-स्टेशन, और वहाँ से शाम वाली बस से काबुल की ओर वापसी के लिए निकल पड़े। रात भर के सफ़र में सोते-जागते पुराने रास्ते पर बढ़ते हुए।

14 मई को ईरान की तरफ़ वाले 'तयबाद पोस्ट' से बॉर्डर पार करके हेरात के आगे उसी ढाबेनुमा चायख़ाने पर रुके जहाँ आते वक़्त रुके थे। आगे चलने पर

हमराहियों पर नज़र डाली। यूरोप से आ रहे 'हिप्पी ग्रुप' में लटपटाए लड़ीदार मैले बालों वाले लस्त-पस्त सैलानियों के बीच एक कमसिन मलूक लड़के के हाव-भाव देख रहे श्याम की मसखरी वाली मुस्की नकारकर बाहर देखते हुए कई दिनों से घुमड़ रहे ख़यालों में खो गया। यूँ ही काफ़ी दूर निकल जाने पर चुपचाप बैठे श्याम बुरी तरह उकता गए, तब बतियाने के फेर में छेड़ने लगे, "क्या यार! उसी की सोचते रहोगे या कुछ और भी! अच्छा ये बताओ जितना कुछ देखा है हम लोगों ने, वो कैसा लगा?" मेरा बात करने का मन नहीं किया सो टालने की कोशिश की, "देखा तो तुमने भी है भाई! फिर मुझसे क्यों पूछ रहे हो?" मगर वो ऐसे कहाँ मानने वाले थे, बोले, "मेरा मतलब है कि ईरान, अफ़ग़ानिस्तान और हिन्दुस्तान में क्या फ़र्क़ लगता है तुम्हें?"

असल में तुक्के से ही सही उनका यह सवाल मेरी सोच पर सटीक बैठ गया। उस वक़्त बाहर सरकती आ रही ज़मीन पर नज़र टिकाए इसी बारे में ग़ौर कर रहा था। इस बीच भौगोलिक नज़रिए से सोची अपनी राय उनसे साझा करना मौज़ूँ लगा :

> "देखो! दुनिया में आदमी के जीने के लिए जो पाँच तत्त्व सबसे ज़रूरी हैं उनमें से आकाश और हवा की कहीं कोई कमी नहीं, धरती (क्षिति) भी मिल जाती है, न मिले माटी वाली तो पत्थर और रेत वाली भी सही, आग जलाना उसने लाखों बरस पहले सीखा, मगर पानी सब जगह नहीं मिलता और उसके बिना जीवन भी नहीं।"

श्याम कुनमुनाए : "फिर शुरू हो गए। लगे फ़िलॉसफ़ी समझाने। सवाल कुछ और जवाब कुछ, आँय-बाँय तूमार तानने लगे।" "अरे भाई थोड़ा सबर रखो! उसी बारे में बता रहा हूँ।" कहकर मैंने बात आगे बढ़ाई :

> "और पानी मिलता है बर्फ़ पिघलने और बरसात से। वही पानी धरती में समाकर कहीं-कहीं धरती से फूटकर सोतों और चश्मों से भी फूट निकलता है। पहाड़ों पर जमी बर्फ़ के पिघलने और बरसात से नदियाँ निकलती हैं। धरती में समाया बरसाती पानी रिस-रिसकर भी नदियों में आता है और उसके भीतर समाया पानी कुओं और बावलियों को भरता है। धरती से निकलने वाले सोतों के इर्द-गिर्द रेगिस्तान में भी नख़्लिस्तान बन जाते हैं। इसी पानी के लिए आदमी नदियों, झीलों के किनारे या नख़्लिस्तान में बसता रहा है। रेगिस्तान में कम, पहाड़ों पर कुछ ज़्यादा और मैदानों में सबसे बढ़कर। अब इस नज़रिए से देखिए तो ईरान, अफ़ग़ानिस्तान और राजस्थान के रेगिस्तानों में सबसे कम, मध्य और दक्षिणी हिन्द में मूसलाधार बरसात का पानी। अफ़ग़ानिस्तान में पहाड़ों

> की बर्फ़ पिघलने से बहने वाली धाराओं का ही अकेला सहारा। जबकि ईरान के कैस्पियन से लगे पहाड़ों और उनकी तलहटी के कुछ हिस्सों और हिन्द की उत्तरी पट्टी को क़ुदरत ने बर्फ़ और बरसात से मिलने वाले पानी की भरपूर नियामतें एक साथ अता की हैं। इनमें भी अपना खित्ता मतलब सिंध और गंगा का मैदान सबसे बड़ा और इस बिना पर आप अपनी चौड़ी छाती और चौड़ी करके कह सकते हैं—'सारे जहाँ से अच्छा हिन्दोस्तां हमारा'।"

आख़िरी लाइन सुनकर उनका चेहरा खिल गया। हल्की-फुल्की रौं-चौं में रास्ता कटता रहा।

अत्र कुशलम् तत्रास्तु

देर रात काबुल पहुँचने पर नज़दीक के एक होटल में रात बिताकर सुबह होते ही असमाई मन्दिर आ गए। मन्दिर वालों से दुआ-सलाम के बाद चाय पीते समय श्याम ने फिर तेरी चर्चा छेड़ी। मगर फिर जब मैं तुम्हें लिखने बैठा तो वे भी काग़ज़-क़लम सँभालकर अपने घर चिट्ठी लिखने के मूड में आ गए। इतने दिनों में वैसे तो कभी उन्हें किसी को कोई चिट्ठी लिखते देखा नहीं था इसलिए उन्हें लिखता देखकर ऐसे ही पूछ लिया, "यार अब तुम किसे लिखने बैठ गए?" इस सवाल पर वे चिढ़ गए, "ख़ुद तो रोज़-रोज़ लिखते हो, वो कोई बात नहीं। एक दिन मैं लिखने चला तो लगे टोका-टोकी करने।" तब तक उन्होंने जितना लिखा था मेरे हाथ पर धर दिया, "लो पढ़ लो किसे क्या लिख रहा हूँ।"

अभी उन्होंने लिखने की शुरुआत ही की थी। दर्जा छह के हिन्दी-क्लास में पत्र लिखने का जो फॉर्मेट सिखाया-लिखाया जाता है, ठीक उसी अन्दाज़ में :

> परम आदरणीय माता-पिताजी!
> सादर चरण वंदन।
> अत्र कुशलम् तत्रास्तु,...

मतलब यहाँ सब ठीक-ठाक है और आशा है वहाँ भी सब ठीक-ठाक होगा। यह पढ़कर मुझे हँसते देख तिनक गए, "इसमें हँसने की क्या बात है, कुशल-क्षेम ही तो लिखा है!"

अब इस पर हँसता नहीं तो क्या करता। इतने दिन जब सब कुशल-मंगल रहा तब एक भी चिट्ठी लिखते नहीं देखा। जब पसली में चोट से इतनी तकलीफ़ हो रही है कि तुरन्त वापसी की नौबत आ गई है, तब लिखने बैठे हैं—'अत्र कुशलम्...।'

यही बात उनसे कह दी तो काग़ज़-क़लम वहीं पटककर झुँझलाते हुए एक झटके में कमरे से बाहर मन्दिर की ओर चले गए।

उनके जाने के बाद मैं फिर लिखने बैठ गया। थोड़ी देर बाद लौटकर आए तो अपनी लिस्ट के अधूरे काम पूरे करने और 'इंडियन एम्बेसी' के दोस्तों से मिलने के लिए तैयार हो गए। उन्हें जाते देख मैंने उनसे तुम्हारे ख़तों के बारे में दरियाफ़्त करने के लिए कहा, यह सुनकर वे अपने पुराने मूड में आ गए, "पिछली चिट्ठियों से पेट नहीं भरा क्या?"

जितनी देर लगी मुझे इतना लिखने में उतनी सी देर में श्याम एम्बेसी गए और लौट भी आए। मुझे लगा कुछ यहीं भूल गए होंगे जिसे लेने आए हैं। मगर असल में इस बार उन्हें देखते ही एम्बेसी वालों ने तब तक वहाँ पहुँचा तुम्हारा एक लेटर थमा दिया था। बाक़ी के लेटर कहाँ गए इसके बारे में कुछ भी पता नहीं चला। शायद दिल्ली में ही बैग में रखने में गड़बड़ हुई होगी। गए तो थे कई काम लेकर मगर तुम्हारा लेटर हाथ में आते ही श्याम सब छोड़कर तुम्हारा लेटर तुरन्त मुझ तक पहुँचाने की जल्दी में लौट आए।

'कॉफ़ी' बना के रखिए

28 अप्रैल को लिखा तुम्हारा यह प्यार भरा लेटर बड़ा ही प्यारा-प्यारा है। इस लेटर में अपनी राइटिंग की ऐसी तारीफ़—'योर राइटिंग इस जस्ट टू गुड, ऐज़ इफ इट वेयर प्रिंटेड' पढ़कर और भी प्यारा लगा। राइटिंग अच्छी होने के पीछे प्राइमरी स्कूल में खड़िया वाले बुदके में डुबाकर सेंठे और नरकुल की क़लम से तख़्ती पर लिखने का बहुत हाथ है। अच्छे और साफ़-सुथरे सुलेखन के लिए अलग से नंबर भी मिलते थे।

मेरा लेटर पहुँचने पर तेरे भाई की उसे खोलने की कोशिश पर मम्मी-पापा से पड़ी डाँट और स्ट्राइक में उसके नाले में गिरकर लाठी खाने का वाक़या एक बार फिर से पढ़कर साफ़ लग रहा है कि उसकी पिटाई होने पर तुम्हें कुछ ज़्यादा ही मज़ा आ रहा है। यहाँ की जगहों के डिस्क्रिप्शन पढ़कर यहाँ आने की तुम्हारी ललचाहट भरी लहकन, साथ घूमने के दिन का इन्तिज़ार, फिर कोल्ड-कॉफ़ी और कद्दू पढ़कर तरावट आ गई। सोचने लगा काश! यह लेटर पहले मिल गया होता तो कोई ग़लतफ़हमी हुई ही क्यों होती।

तेरे लिखे सात लेटर्स में से, पहले तो एक महीने तक एक भी नहीं मिल पाया, और सात में से दो अभी तक गुमशुदा हैं। मज़े की बात देखो मेरे सातों ख़त काबुल से

ही चले। अब जो ख़त तैयार हैं उन्हें भी आज यहीं से पोस्ट करने का इरादा है। इस तरह तेहरान के रास्ते और तेहरान में भी लिखे ख़त वहाँ से भेज पाने की नौबत नहीं आई। इस तरह मेरी ख़त-ओ-किताबत के लिए काबुल और अफ़ग़ानिस्तान ही रास आया। वैसे भी जितना और जैसे काबुल और अफ़ग़ानिस्तान घूमकर देखा उसके सामने तेहरान (ईरान) का ट्रिप एक तरह से रास्ता नापने, घूमने के मनसूबे बनाने और पाला छूकर लौट आने जैसा ही रहा। इस बार न सही अगली बार देख लेंगे, बहुत कुछ देखना बकाया है अभी, आमू दरिया के इस पार बदख़्शाँ, उस पार ताशकंद, समरकंद, बुख़ारा, ईरान के आगे बाबुल, सीरिया, लेबनान, टर्की, मिस्त्र, ग्रीस सब देखने निकलेंगे, इस बार तेरे साथ-साथ।

इतने दिन अपने घर से दूर रहने के दौरान, श्याम के पिताजी से बार-बार सुनी एक और कहावत के मायने बख़ूबी समझ में आने लगे हैं 'जो मज़ा छज्जू के चौबारे में वो न बल्ख़ न बुख़ारे में'। बस आते ही हैं तेरे चौबारे में आराम से बैठने और ख़ूब-ख़ूब सारी बातें करने।

'इतने दिनन की दूरी ने इक जे भी पाठ पढ़ायो है, दूरी प्रेम घनाती, लेकिन चाह मिलन बढ़ जाती है।' अब इन्तिज़ार के दिन ख़त्म हुए, 19 मई से तेरी छुट्टियाँ शुरू हो रही हैं और उसी दिन हम काबुल से अमृतसर की उड़ान भरने वाले हैं, वहाँ से यमुना नगर, और फिर दिल्ली दूर नहीं। जल्दी ही मिलते हैं। तब तक मेरे ख़तों को पढ़ने का मज़ा लीजिए, और, कजरा लगा के, गजरा सजा के, 'कॉफ़ी' बना के रखिए।

ढेर से प्यार के साथ...

तेरा,
रॉकी

उत्तरकथन

अप्रैल-मई 1977 में क़रीब चार हफ़्ते अफ़ग़ानिस्तान में और पाला छू लेने भर को ईरान में घूमने का मौक़ा मिला। वहाँ के अनुभवों पर अफ़ग़ानिस्तान से भेजे गए कुछ ख़तों के ढर्रे पर एक विवरण लिखा। ज़मीनी सफ़र तो कुछ हफ़्तों का रहा लेकिन लिखे हुए को सुधारने-सँवारने और समृद्ध करने और जानकारियाँ जुटाने के सिलसिले में मन-ही-मन बार-बार वहीं घूमते रहने का सफ़र अब जाकर तय हो पाया है, पूरे तैंतालीस साल बाद। जितना कुछ देखा-सुना-जाना ज़मीनी सफ़र में उससे कहीं ज़्यादा जानकारी और दिलचस्पी बढ़ती गई लिखने के दौरान, ख़ास तौर पर मध्य एशिया और पश्चिम एशिया की ओर जानेवाले रास्तों में, जिनकी बदौलत हमारी सांस्कृतिक दुनिया अपने मुल्क की सरहदों से पार बहुत-बहुत दूर तक विस्तरित होती रही। इस दरमियान कई-कई बार दिल हुड़का, वहाँ की पहले घूमी हुई और अदेखी रह गई जगहों का एक और चक्कर लगा आने का। लेकिन हालात को ऐसा होना मंजूर नहीं हुआ।

असल में घूमने वाले फ़िरंदर जिस-जिस सरज़मीं से गुज़रते हैं, जहाँ कहीं डेरा डालकर ठहरते हैं, जहाँ कहीं की आबोहवा में रहते हैं और जहाँ का दाना-पानी खा-पी लेते हैं, उनके वजूद का एक हिस्सा वहीं रह जाता है, और वहाँ का एक टुकड़ा उनके वजूद में एक चिप की तरह चस्पाँ हो जाता है। फिर वहाँ से जुड़ी कोई छोटी सी भी ख़बर अख़बारों में या ज़िक्र में आते ही वह चिप ऐक्टिव होकर तरंगें फेंकने लगती है। लगता है अपने ही घर-इलाक़े की ख़बर है और कहीं-न-कहीं हम भी उसमें शरीक हैं। ऐसा ही होता रहा मेरे साथ अफ़ग़ानिस्तान और ईरान से लौटने के बाद। 1977 के बाद दोनों ही मुल्कों में बहुत तेज़ी से उलट-पलट हुआ। लन्दन से कलकत्ता तक की बस में चलने और कभी-कभी दक्षिण एशिया तक घूमते रहने वाले सैलानियों और हिप्पियों के 'हिप्पी ट्रेल' के नाम से मशहूर ट्रेल छिन्न-भिन्न हो गए, सैलानियों के रेले ठहर गए। दोनों मुल्कों में तख़्तापलट के बाद ज़बरदस्त जंगी मार-काट का दौर चला। जिन पहाड़ों और जगहों के रास्तों पर पहले हम बेफ़िक्र घूमते रहे उन्हें 'रोड्स ऑफ़ डेथ ट्रैप' कहा जाने लगा। वहाँ के नाम ही दहशत पैदा

करने के लिए ही काफ़ी हैं। रह-रह कर वहाँ से आती ख़बरें धड़कनें बढ़ाती आती हैं।

अप्रैल 1978 में अफ़ग़ानिस्तान के तब के राष्ट्रपति दाऊद ख़ान का तख़्तापलट कर पीडीपीए (पीपल्स डेमोक्रेटिक पार्टी ऑफ़ अफ़ग़ानिस्तान) के नूर मुहम्मद तराकी राष्ट्रपति बने। अमेरिकी सरपरस्ती में पाकिस्तान ने उनके ख़िलाफ़ मुजाहिद्दीन खड़े कर दिए। पीडीपीए की तरफ़दारी में आगे आया सोवियत यूनियन। सितम्बर 1979 में 'तराकी' को मारकर उन्हीं की पार्टी के एक तबके के लीडर हाफ़िज़उल्लाह अमीन ने हुकूमत पर क़ब्ज़ा कर लिया। उनसे नाराज़ सोवियत यूनियन के फ़ौजी दख़ल के दौरान दिसंबर 1979 में 'अमीन' भी मारे गए। उनकी जगह आए 'बर्बरक कमाल' की मदद के लिए सोवियत-फ़ौजों ने छावनियाँ बनाकर वहीं डेरा डाल दिया। फिर चल पड़ा सोवियत-अफ़ग़ान/मुजाहिद्दीन में जंग का लम्बा दौर। पाकिस्तान और अमेरिका की ख़ास मदद से मुजाहिद्दीन एक तरफ़ और सोवियत यूनियन की तरफ़दारी और भागीदारी के साथ अफ़ग़ानी सरकार दूसरी तरफ़। इन कारगुज़ारियों की अख़बारों में छपी हर एक ख़बर आँखें गड़ाकर पढ़ता। जलालाबाद, पंजशीर घाटी, मज़ार-ए-शरीफ़, कुंदूज़, पग़मान या कन्दहार-ग़ज़नी-हेरात कहीं भी गोली-गोले चलने और लोगों के हलाक होने के वाक़यों की ख़बरें पढ़कर वहाँ के बाशिन्दों के चेहरे और इलाक़ों के अक्स आँखों में तैरने लगते। लगता अपने ही मुल्क की बात है। वहाँ सँजोई दिलकश तसवीरें कटने-फटने लगतीं। जज़्बाती तौर पर हिलकर रह जाता। उन हालातों पर रह-रह कर कसक होती, अभी कल तक तो सब कुछ इतना ख़ुशगवार लगता रहा, इतनी जल्दी ये क्या होने लगा?

उधर ईरान में भी 1978 में परवान चढ़ी बग़ावती लहर की मार-काट के बाद 1979 में शाह मुहम्मद रज़ा पहलवी वतन-बदर होने को मजबूर हुए और चौदह साल से ज़्यादा जलावतन काट कर ईरान लौटे अयातुल्लाह रूहुल्लाह ख़ुमैनी ने नई सरकार बनाई और ईरान को इस्लामी लोकतंत्र में तब्दील कर दिया। कुर्दिस्तान, खुज़ेस्तान, सीस्तान और बलूचिस्तान और दूसरे हिस्सों की ख़िलाफ़ती ताक़तों से चली ख़ूनी जंग में उनकी जीत हुई। सरकार ने ग़ैर-इस्लामी राजनीतिक विरोधियों, ग़ैर-कट्टरपंथी मुस्लिम-गुटों और कम्युनिस्टों के ख़िलाफ़ मुहिम चलाकर दसियों हज़ार लोगों को फाँसी पर लटका दिया। अमेरिकी सरकार द्वारा मोहम्मद शाह रज़ा पहलवी को सौंपने से इनकार करने पर नवम्बर 1979 में मुस्लिम स्टूडेंट्स ने अमेरिकी एम्बेसी को 52 लोगों को बंधक बना लिया। अमेरिकी उन्हें नहीं छुड़ा पाए लेकिन शाह के अमेरिका से चले जाने पर बंधकों को छोड़ दिया गया। इसके बाद 1980 में रवायती इन्क़िलाब के तहत तीन साल के लिए यूनिवर्सिटियों को बन्द करके तालीम और ट्रेनिंग में बुनियादी बदलाव किए गए। इसी बीच अमेरिका की

शह पर इराक ने 1980 में ईरान पर हमला बोल दिया जिसके साथ ईरान-इराक के बीच जंग छिड़ गई। हमारी नज़रें ईरान की ख़बरों पर भी लगी रहीं। इस सन्दर्भ में 'सारिका' के मई 1981 के 'ईरानी क्रान्ति कथा' अंक में प्रकाशित नासिरा शर्मा के लेख के कुछ हिस्से पढ़ लेना प्रासंगिक होगा :

> क्रान्ति के बाद ईरान कितना बदल गया है। एक सादगी, एक ठहराव, एक उदासी की परत पूरे वातावरण पर हावी नज़र आती है। जहाँ फ्रांसीसी सेंट और मेकअप से सजे-महके चेहरे नज़र आते थे, वहाँ चादरों में छिपे औरतों के सरापा और सादे कपड़ों में लोग। ...दीवारें रंग-बिरंगे नारों से भरी थीं, और मज़े की बात यह कि हर नारा पहले नारे की काट था। शहयाद की ऊँची इमारत हवाई जहाज़ से देखने पर उजाले के समुद्र में राजहंस सी गर्दन उठाए नज़र आती थी। कभी इसका रंग ही निराला था। लाखों रुपए ख़र्च करके शाह ने यह स्मारक पहलवी साम्राज्य की पचासवीं वर्षगाँठ पर बनवाया था। इस समय वहाँ न फूल थे, न पत्ते, घास सूखी हुई, फव्वारे खुश्क और संगमरमर की दीवारों पर काले रंग से जाने क्या-क्या लिखा था। पार्के फरहा, जहाँ ज़िन्दगी का मेला लगता था, वहाँ सब कुछ झाड़-झंखाड़ में बदल चुका था। लगा शाह ने ईरान छोड़ते हुए जो बात कही थी क्या वास्तव में सही थी कि..."मैं ईरान से जा रहा हूँ। मगर मेरे साथ तीन चीज़ें भी जा रही हैं...ख़ुशी, धन और शान्ति। क्या वह चहल-पहल, वह गहमा-गहमी सब कुछ शाह के ही दम से था?"
>
> "...महसूस हुआ कि भले ही शाह कुछ समय के लिए ऊपरी टीमटाम, हँसी, शान्ति व धन ले गया हो किन्तु बदले में जो मिला है, वह बहुत ठोस है। ऊपर से देखने में भले ही लोग ईरान को दस वर्ष पिछड़ा समझें, मगर सामाजिक चेतना, जागृति और विचारों में ईरानी आज बीस वर्ष आगे बढ़ गए हैं।"
>
> "इराक से चल रही जंग में शहीद एक बेटे की माँ से पूछा : "आपका कौन शहीद हुआ है?"
>
> "बेटा।"
>
> "क्या पूछती हो?" दूसरी औरत ने उबलते हुआ कहा—"किसका शहीद नहीं हुआ है। अपनी आँखों से देखो अमेरिका का तोहफ़ा...क़ब्रें ही क़ब्रें हैं, ईरान क़ब्रिस्तान बन गया है।...ईरान वीरान भी हो जाए तो भी हम थके नहीं हैं, नाउम्मीद नहीं हैं। वियतनामी तीस वर्ष लड़े थे, हम

> साठ वर्ष लड़ने का दम भरते हैं। सद्दाम हुसैन तो बड़ा नादान निकला, अमेरिका के हाथों की कठपुतली बना हुआ है।...हमें किसी चीज़ का दु:ख नहीं है। शौहर दिया, बेटा दिया, बेटी लाम पर गई हुई है। हम चैन से न रहें, न सही। नस्ल तो चैन से रहेगी।"

इतना बदल गया ईरान। कहाँ तो एकदम पगहा तुड़ाकर पश्चिमी तहज़ीब के असर में छुट्टा उछलता और कहाँ पलटकर रवायती गहराइयों और उसूलों के दूसरे छोर पर बँधता हुआ। झुँझलाए हुए अमेरिका की भड़काई 1988 तक चली 'इराक-ईरान वार' में लाखों फ़ौजी और सिविलियन मारे गए। फिर, अमेरिका ने इराक पर हमला करके सद्दाम हुसैन को भी हलाक कर दिया। उठते सँभलते आगे बढ़ने में लगे ईरान और 'सुपर पावर अमेरिका' के बीच की जद्दोजहद आज भी जारी है। इसी 3 जनवरी, 2020 को अमेरिका ने ईरान के 'रेवोल्यूश्नरी गार्ड' के जनरल कासिम सुलेमानी को निशाने पर लेकर उड़ा दिया है।

उधर अफ़ग़ान हुकूमत और सोवियत यूनियन की फ़ौजों से लड़ रहे मुजाहिद्दीन अमेरिकी 'स्टिंगर मिसाइलों' से 'सोवियत जहाज़' उड़ाने में जुटे रहे। जंग में भारी तबाही और मौतों के बाद बढ़ते दबाव में 1989 में सोवियत सेनाओं की वापसी हुई। 1992 में पीडीपीए के आख़िरी नुमाइंदे नजीबुल्ला ख़ुद ही हट गए। 1993-1995 तक मुजाहिद्दीन तबक़ों की आपसी लड़ाई में ज़बरदस्त हिंसा लूट-पाट और बर्बरता का दौर चला। 1994 में पाकिस्तान के मदरसों से निकले तालिबानियों ने देखते ही देखते 1996 तक काबुल पर क़ाबिज़ होकर मुल्ला उमर की रहनुमाई में इस्लामिक एमिरेट ऑफ़ अफ़ग़ानिस्तान बनाया। 1999 में अगवा किए गए इंडियन एयरलाइन्स के जहाज़ को कन्दहार हवाई अड्डे पर उतारने और आतंकवादियों की सौदेबाज़ी और फिर 2001 में मज़हबी कट्टरपन के जुनून में बामियान की विशाल बौद्ध-मूर्तियों और ग़ज़नी की महापरिनिर्वाण मुद्रा में लेटे हुए बुद्ध की प्रतिमा उड़ाने की धमक से दिल दहलता रहा। 1996-2001 तक ओसामा बिन लादेन और अल-जवाहरी का 'अल क़ायदा' भी अफ़ग़ानिस्तान में फला-फूला।

11 सितम्बर, 2001 को अमेरिका के ट्विन-टावर पर हमले के बाद ओसामा बिन लादेन को सौंपने की माँग न मानने पर अमेरिका ने अफ़ग़ानिस्तान पर हमला करके 'अल क़ायदा' के ट्रेनिंग-कैंप नष्ट कर डाले, तालिबान को बेदख़ल किया और हामिद करज़ई की अगुवाई में 'अफ़ग़ान इंटेरिम एडमिनिस्ट्रेशन' बना। हामिद करज़ई की हिफ़ाज़त के लिए 'यू. एन. सिक्योरिटी कौंसिल' ने 'इंटरनेशनल सिक्योरिटी असिस्टेंस फोर्स' बनाई। उधर दूसरी तरफ़ 2009 में तालिबान की हुकूमत मुल्क के कुछ हिस्सों में क़ायम हुई, उनसे समझौते की कोशिशों के बावजूद अमेरिकी और 'नाटो फ़ौजों' की मदद पा रही अफ़ग़ान सरकार और तालिबान में जंग जारी है।

कुल मिलाकर बीते बयालीस बरसों से अफ़ग़ानिस्तान में मुक़ामी और दुनिया भर की असरदार ताक़तों में खुली ज़ोर-आज़माइश का गेम खेला जा रहा है। दूसरे मुल्कों के भी उनसे सीधे नहीं तो पिछले कूटनीतिक दरवाज़ों से रास्ते-वास्ते क़ायम हैं। अफ़ग़ान हुकूमत, मुजाहिद्दीन, तालिबानी, पाकिस्तानी, रूसी, अमेरिकी, नाटो देशों के बदलते पैंतरों में अब तक लाखों फ़ौजी और आम अफ़ग़ान मौत के घाट उतरे, अपाहिज और विस्थापित हुए हैं। आज के हालात में अफ़ग़ानिस्तान को नासिरा जी के लफ़्ज़ों में 'बुज़कशी का मैदान' कहना एकदम सटीक बैठता है। फ़रक़ इतना ही है कि बुज़कशी के मैदान में पड़े सिर कटे बकरे या भेड़ को छीनकर ले जाने वाले घुड़सवार खिलाड़ियों के बाज़ू और दमख़म का इम्तिहान होता है, जबकि मौजूदा बुज़कशी में अफ़ग़ानिस्तान के जंग-ए-मैदान में भेड़ बनी पड़ी हुकूमत को किसी भी तरह से खींच ले जाने के खेल में दम आज़मा रहे हैं दुनिया के तमाम मुल्कों के हवाबाज़-कलाबाज़ सियासी खिलाड़ी।

फिर भी, समझदारी की उम्मीदें क़ायम हैं। उम्मीदों पर दुनिया टिकी है। सद्भावनाओं की जड़ें बहुत गहरी हैं। बामियान के बौद्ध-बुतों को बम से उड़वाने वाले मौलाना मुहम्मद उमर के तालिबान में भी सब उसी सोच वाले नहीं थे। उड़ाने वालों ने काम तो बड़ी बर्बरता का किया लेकिन उन बेचारों की भी बदक़िस्मती कि उन्हें अंगुलिमाल को भी गले लगाने वाले ऐसे बुद्ध नहीं मिल पाए जो उन बुतों में बोलती अज़ान और बेजान बुतों में फ़र्क़ बता पाते। तालिबान के बाद हुकूमत सँभालने वाले हामिद करज़ई साहब 2002 में, बुतों में बुत से आगे बुद्ध के पैग़ाम, गांधार और ग्रीको-रोमन कला, आस्था, शान्ति और-और भी बहुत कुछ देख-समझ और सुनकर, उनके संरक्षण के लिए आगे आए और बुतों को नष्ट करने की घटना को राष्ट्रीय त्रासदी मानकर इसके संरक्षण के लिए मुमकिन क़दम उठाए। बम से उड़ाए जाने से बहुत पहले 'भारतीय पुरातत्त्व सर्वेक्षण' के संरक्षकों ने इनके और यहाँ के गुहा-चित्रों के संरक्षण में 1969-1977 तक महत्त्वपूर्ण योगदान दिया। और बम से उड़ा दिए जाने के बाद अफ़ग़ानिस्तान की धरती और विरासत अफ़ग़ानों की ही नहीं अपनी साझा धरोहर मानने वाले दुनिया भर के बहुतायत लोग आगे आए। यूनेस्को ने 2003 में पूरा बामियान 'विश्व विरासत फ़ेहरिस्त' में शामिल कर लिया, दुनिया भर के विशेषज्ञों ने बुतों के पुनर्निर्माण के जतन शुरू किए जो अब तक चल रहे हैं।

न केवल इतना, बामियान में अब तक अजानी पचास गुफाएँ खोजी गई हैं, इनमें से बारह में ग्यारह सौ साल से भी पुराने भित्ति-चित्र मिले हैं जिनके अध्ययन में माथा खपा रहे हैं जापान, फ्रांस, अमेरिका के एक्सपर्ट्स। चीनी यात्री ह्वेनत्सांग ने आज से 1500 बरस पहले महात्मा बुद्ध की महापरिनिर्वाण मुद्रा में लेटी हुई जो प्रतिमा देखी थी उसे भी 2008 में खोज निकाला गया है। उधर हिन्दूकुश पार करके मज़ार-

ए-शरीफ़ जाने वाले रास्ते के नज़दीक रबाताक से मिले एक ताम्र-पत्र अभिलेख का अध्ययन करके हिन्द और दूसरे मुल्कों के अध्येताओं ने कुषाण-वंश और कुषाण-साम्राज्य के बारे में नई जानकारियाँ प्रकाशित की हैं। इतना ही नहीं बाग़-ए-बाबर के टीले पर जर्मन पुराविदों के साथ अफ़ग़ान सरकार की टीम की खुदाई में आज से 2300 सौ साल पहले से लगातार बसावट रहे होने के चिन्ह मिले हैं। भारत सहित दुनिया के कई मुल्क अफ़ग़ानिस्तान की बहुमुखी विकास योजनाओं में आज के हालात में जितना हो सकता है उतना हाथ बँटा रहे हैं। साझा सहकार के ये रंग भी एक न एक दिन चटकार होकर रहेंगे।

दुनिया को एकरस बनाने में सियासती और मज़हबी जुनून, कारोबारी नफ़े-नुकसान और हम बड़े कि तुम के खेल, तहज़ीबों और भाषा वाले ख़ित्तों की खींचातानी सबसे बड़ी अड़चनें हैं। इसके उलट मस्ती से घूमने वाले दुनिया भर में दोस्ताना माहौल बनाने में बड़ा अहम रोल निभाते हैं। जहाँ भी चले जाएँ अपनापे के रिश्ते जोड़ते चलते हैं। बार-बार जाएँ तो ये रिश्ते और मज़बूत होते रहते हैं। इसलिए हालात कैसे भी हैं, लोगों का आना-जाना आपसी मेलजोल चलता ही रहना चाहिए। तभी ना दोस्ती और नातों का दायरा भी बढ़ पाएगा। काश! सारे मुल्क मिलकर घुमक्कड़ों के लिए सारी सरहदों और पाबंदियों के बाड़ हटा देते तो कितना अच्छा होता। अगर ऐसा हो पाता तो ज़िन्दगी पूरी होने से पहले एक बार फिर से उन जगहों और उनसे आगे भी एक फेरा लगा ही लेता।

इस संस्मरण का मसौदा प्रकाशन के लिए भेजने के बाद से अफ़ग़ानिस्तान के सूरते-हाल बहुत तेज़ी से बदल रहे हैं। 'सुपर पावर' अमेरिकी फ़ौजों और हिन्दुस्तान सहित ज़्यादातर मुल्कों के सफारती और दूसरे लोगों में जल्द से जल्द वहाँ से निकलकर अपने वतन लौटने की आपाधापी मची हुई है। राष्ट्रपति अशरफ़ गनी हुकूमत छोड़कर भाग चुके हैं। काबुल और दीगर खित्ते तालिबानियों की बन्दूकों के साए में आ चुके हैं। अफ़ग़ानी फ़ौजों ने हथियार डाल दिए हैं। तालिबानियों की वहशत से बदहवास काबुल हवाई अड्डे पर भागते, हवाई जहाज़ के डैने पर बैठकर किसी तरह बाहर निकल जाने की कोशिश में आसमान से टपककर गिरते, छोटे-छोटे बच्चों की ज़िन्दगी बचाने के लिए उन्हें ग़ैरमुल्की फ़ौजियों को सौंपते, काँपते-कलपते अफ़ग़ान मर्द-औरतों की जैसी तसवीरें सामने आ रही हैं, वैसी पहले कभी नहीं देखी गईं। एक ख़ूनी अज़दहा हिन्दूकुश के आर-पार मुँह फैलाए पसर चुका है। पिछले चालीस बरसों में रूस, अमेरिका और पाकिस्तान की दखलंदाज़ी के बाद अब चीन भी इस मुल्क में अपने जोड़-घटाने में लगा हुआ है, बकिया के देश तेल की धार तजबीज कर आगे के पैंतरे तय करने में लगे हैं।

आम लोगों के ज़ेहन में उठ रहे हैं सबसे अहम और दहशत भरे बुरे से बुरे अंदेशे, आने वाले दिनों में वहाँ की औरतों और बच्चों के हक़-हुक़ूक़-इंसाफ को लेकर। पंजशीर घाटी, खोस्त, जलालाबाद वग़ैरह गुर्राने लगे हैं। ऐसे में मुझे कहीं ज़्यादा शिद्दत से याद आने लगे हैं—'हिन्दी-अफ़ग़ानी दूस्त बिशियार ख़ूब' 'हिन्दी-पश्तून दूस्त बिशियार ख़ूब', जमालुद्दीन और अब्दुल्ला वग़ैरह और वहाँ बिताए दिन। वहाँ के बाशिन्दे बकिया दुनिया के नेकदिल लोगों की तरह दुनिया के सच्चे 'दोस्त' बन सकते हैं, बशर्ते कि सियासती ताक़त हासिल करने के लिए कट्टर मज़हबी दाँव के दामन से पीछा छुड़ाकर उन्हें अमन और इनसानियत का तंत्र अपनाने का मौक़ा मिल सके। रवायत, तालीम और आज के बेहतरीन इल्म अपनाकर वे अपना आगे का रास्ता बख़ूबी तय कर सकते हैं। इसके लिए जितना ज़रूरी लगता है समन्वयवादी समावेशी उदार विचारों का होना, उतना ही कथित तौर पर अपने आपको और अपनी रवायत को सबसे बेहतर समझने वाले दुनिया के ताक़तवर मुल्कों का इन्हें अपने ढब की तहज़ीब और तालीम सिखाने की कोशिशों से दूर रहना।

2

यह विवरण लिखकर इस रूप में लाने का सफ़र कभी कम और कभी लम्बे अन्तराल तक रुक-रुक कर तैंतालीस साल से कुछ ज़्यादा ही वक़्त तक चलता रहा। अफ़ग़ानिस्तान से लिखे गए ख़तों को एक जगह जुटाने से इस किताब की शुरुआत हुई। बी.एच.यू. में बिड़ला हॉस्टल के साथी श्री अरविन्द चतुर्वेदी इनमें से एक ख़त अपनी पत्रिका में प्रकाशित करने की रुचि के साथ ले गए, मगर फिर पता नहीं चल पाया कि छपा या नहीं। उनकी प्रेरणा से सितम्बर 1979 तक सभी ख़तों को टाइप कराकर रख लिया। फिर इस संकलन को पढ़कर परम आदरणीय पंडित अमृत लाल नागर जी ने तीन सुझाव दिए : 1. एक संक्षिप्त किन्तु रोचक पृष्ठभूमि आवश्यक। कैसे अफ़ग़ानिस्तान का प्रोग्राम बना। श्याम कौन है कैसे साथ गया? 2. अंग्रेज़ी शब्द अंग्रेज़ी में ही टाइप किए, पाठक को उलझन। अंग्रेज़ी शब्दों का हिन्दीकरण उचित। 3. अन्तिम भाग को कुछ और रोचक बनाएँ। उनके बताए सूत्रों पर चलकर जितना बन पाया जोड़ा-सुधारा।

'बंद-ए-अमीर' वाला ख़त श्री धर्मवीर भारती ने 'धर्मयुग' में प्रकाशन के लिए पसन्द किया लेकिन 'धर्मयुग' बन्द हो जाने की वजह से छप नहीं पाया। उसके बाद ज़िन्दगी के और तक़ाज़ों में उलझकर प्रकाशन की बात भूल ही गया। फिर, नौकरी से मुक्त होने पर 'थोड़े ही दिन हैं हाथ में अब तो करेंगे मनकही' जैसे उठते गहरे

भावों के साथ एक बार फिर ख़तों को अफ़साने बनाने की हूक उठने लगी। बहुत मन लगाकर नए सिरे से थोड़ा-थोड़ा लिखकर फेसबुक पर चस्पाँ करने लगा, पढ़ने वालों की हौसला-अफ़ज़ाई से यह सीरीज़ बढ़ने लगी। इनमें रुचि ले रहे पल्लव जी ने पहला ख़त अपनी पत्रिका 'बनास जन' के अंक 24 में 2018 में प्रकाशित किया। परन्तु किताब पूरी हो पाने का संयोग फिर भी नहीं बना।

इसके बाद, कई ऐसे काम आ पड़े जिनसे आगे की लिखाई फिर लटक गई। दो साल और बीतते-बीतते कोरोना के क़हर से सारी दुनिया में 'लॉकडाउन' लागू होने के साथ, हाथ के काम छोड़कर, हम भी घर की ज़द में क़ैद हो गए। लेकिन स्वप्नजीवियों को कोई बंदिश नहीं रोक पाती। लिखने लगा 'जिस्म जेल में है, तो भी दिल-ए-कूचों में, चहल करता हूँ! उड़ता हूँ, हवाओं में।' और घर के चौबारे से डैने फैलाकर उड़ा 'मनुआ' एक बार फिर से अफ़ग़ानिस्तान-ईरान पर उड़ान भरता 2018 में छूटे सिरे से आगे लिखवाने लगा।

3

लिखने की प्रक्रिया में हासिल एक अनुभव और भी दर्ज कर देने का मन कर रहा है। इसलिए नहीं कि ऐसा मुझे ही हुआ, सबको नहीं तो भी कुछ सुजनों को ज़रूर हुआ होगा। यात्रा के दरमियान जो कुछ लिखा वो हमारे पास हिफ़ाज़त से रखा रहा लेकिन उसमें भी कुछ बारीकियाँ छूट ही गईं। उसी समय पूरा लिखकर उन्हें ठीक कर लेना बहुत आसान होता लेकिन बयालीस-तैंतालीस बरस बाद नामुमकिन-सा लगने लगा। कुछ तारीख़ों और जगहों के बारे में जो विवरण मैंने लिखे उनसे जुड़े कुछ प्रपत्र मेरे पास से गुम हो गए। सोचा श्याम जी से मिल ही जाएँगे। फिर सोचा किसी समय ले लूँगा, पहले अपने पास जो है उसे पूरा कर लूँ। ऐसे ही सोचते-सपरते वरीयता वाले दूसरे कामों में उलझते लिखने का काम टलता रहा और दुर्योग से इसी बीच श्याम जी असमय ही उस लोक सिधार गए। कई वर्षों बाद 2018 में लिखने की सुध आने पर उनकी फ़ाइलें और फ़ोटो पाने की हसरत से उनके बेटे चिरंजीव रमन वशिष्ठ को खड़खड़ाया लेकिन जब तक उनके साथ श्याम जी की अलमारियों की धूल झाड़ने का मुहूर्त निकलता उनका ट्रान्सफर चंडीगढ़ हो गया।

जितना हो पाया लिखकर पूरा कर लेने के दिन नियराने के साथ 'कोरोना जी' के प्रकोप ने घेर लिया। सोचा क्यों न ये प्रकोप कम होने तक तब तक तैयार मसौदे पर मित्रों की सलाह और फ़ारसी के लफ़्ज़ों के हिज्जे ठीक करा लें। 'इंटरनेट तकनीक' ने 'सोशल डिस्टैन्सिंग' के जंजाल को काटकर बिना किसी दिक़्क़त के तुरन्ती रास्ता दिखाया और

यह मसौदा एक ही झटके में पहुँच गया लखनऊ में भारतीय पुरातत्त्व सर्वेक्षण के श्री इंदू प्रकाश और डॉ. शमून अहमद के अलावा क्षेत्रीय पुरातत्त्व अधिकारी, वाराणसी के डॉ. सुभाषचन्द्र यादव तक, उनकी मगजमारी के लिए। 'कोरोना काल' में चल रही नज़रबन्दी की बदौलत मिले इफ़रात वक़्त और मेरे प्रति उनके प्रेम ने उनके सोचे-समझे सुझाव और सुधार भी अल्प-काल में ही पहुँचा दिए।

श्याम जी के डॉक्यूमेंट्स और तेहरान की एक लोकेशन की जानकारी कैसे मिले यह उलझन फिर भी बनी रही। रमन को फ़ोन मिलाकर जितना कुछ उन्हें मालूम था वो ज़ुबानी जान लिया लेकिन बाक़ी के लिए उनके लखनऊ आने की दरकार बनी रही। तेहरान की उस लोकेशन के बारे में जानने के लिए कुछ मित्रों से विदेश मंत्रालय से ख़बर लाने की गुज़ारिश से बात नहीं बनी। तेहरान में 'इंडियन एम्बेसी' से इंटरनेट पर फ़रियाद करना भी बेनतीज़ा रहा। तभी एम्बेसी के 'होम पेज' से नज़र टकरा गई। 'स्वामी विवेकानन्द कल्चर सेंटर' (इंडियन कल्चर सेंटर), तेहरान के पते पर और यूँ ही तुक्का मारने की ग़रज़ से उन्हें भी एक ईमेल भेज दिया। यह मेल पहुँच गई उस सेंटर के निदेशक डॉक्टर अभय कुमार सिंह के सामने और मेरा नाम पढ़ते ही उन्हें रुहेलखंड यूनिवर्सिटी में हमारी बरसों पहले हुई मुलाक़ात की सुध आ गई। उनकी बदौलत तेहरान की सूचना भी जुट गई। लेकिन रमन जी वाली जानकारी मिले बिना पूर्णाहुति कैसे होती।

उधर होनी का पहिया कुछ ऐसा घूमा कि 'कोरोना काल' से ऊबकर रमन जी ख़ुद ही 'बाई रोड' गाड़ी ड्राइव करके लखनऊ का चक्कर लगाने आ गए। फिर क्या था, श्याम जी के मतलब वाले दस्तावेज़ भी हाथ आ गए। मगर, मामला अभी भी सुलझा नहीं क्योंकि उन पर किए गए सारे इंदिराज फ़ारसी में दर्ज निकले, उन्हें पढ़ने के लिए जितने जानने वालों को भेजा सबने हाथ खड़े कर दिए। अब क्या करते, आसमान से गिरे, खजूर पर अटके। तभी एक चमत्कार सा ही हुआ, बी.एच.यू. वाली डॉ. पुष्पलता सिंह ने एक 'रिसर्च प्रोजेक्ट' के सिलसिले में 'तेहरान यूनिवर्सिटी' में सहायक प्रोफ़ेसर डॉ. फरज़नाह से व्हाट्सऐप के ज़रिए बात कराई। उनसे बातें करते-करते याद आया क्यों न इन्हीं से पढ़वा लिया जाए, और बातों-बातों में ही ये व्यूह भी पार हो गया।

सच्चे दिल से निकली ताक़तवर तरंगें क़ुदरती तौर पर हज़ारहाँ मील का फ़ासला तय करके उसी पल में कैसे जुड़ जाती हैं वैसी ही तरंगों से, लिखने के दरमियान हुआ। इसका एक ताज़ा तजुर्बा भी यहाँ साझा करना प्रासंगिक होगा। अफ़ग़ानिस्तान के बल्ख़ इलाक़े में पैदाइश वाले अज़ीम शायर रूमी की हिन्दी में तर्जुमा की गई शायरी और उस वक़्त के कुछ ख़त वग़ैरह किसी से पढ़वाने के ख़याल से शिद्दत से

सोचता रहा कि इनकी असल इबारत कहाँ और कैसे मिल पाएगी। मेरे मन से उठी ये तरंगें उसी वक़्त बज़रिए बेतार के तार कज़ाख़स्तान में रह रहे दोस्त संजय गर्ग की तरंगों से जुड़ गई। पैर में लगी चोट की वजह से ज़्यादा समय बिस्तर पर बिताने को मजबूर गर्ग साहब उस वक़्त पूरी तरह मशगूल थे नुसरत फ़तेह अली की गाई, रूमी की ही लिखी ये शायरी सुनने में :

न मन बेहूदा गिर्दे कूचा-ओ-बाज़ार मी-गर्दम,
मज़ाक़-ए आशिकी दारम, पये दीदार मी-गर्दम।
बेमशरफ़ ही नहीं, भटके मेरा मन, गली-बाज़ार में,
इश्क में डूबा हूँ मैं, भटकूँ पए-दीदार में।

सुनते-सुनते गर्ग साहब की क़लम पर तारी हुए ज़लालउद्दीन मुहम्मद रूमी ने उनसे फेसबुक पर एक नोट चस्पाँ करा दिया। इसे पढ़ते ही मैंने गर्ग साहब से अपनी ज़रूरतों का इज़हार किया और उन्होंने तुरन्त ही रज़ामन्दी जता दी। एक बार फिर दाद देनी पड़ी रूमी के ही इस कथन को—'आप जिसकी तलाश में हैं, वो आपको तलाश रहा है।'

एक और बड़ी समस्या सामने आई, दशकों पहले लिखे विवरण को अब पूरा करने में तब की भाव-भूमि मतलब 23 साल की आयु वाली तरंगें कहाँ से आएँ। कभी नहीं सोचा था कि ऐसा भी हो सकता है, न जाने कैसे इस काल और हालात ने उसी युवावस्था वाली दृष्टि, उमंगों और प्रगाढ़ नेह की रिमझिम में भिगोए रखकर पुनर्नवा जैसा हरिया दिया। अनेकानेक प्रत्यक्ष-अप्रत्यक्ष प्रभाव, प्रेरणाएँ, भाव अनायास ही आ-आकर मेरे अन्तर्मन में उतरते चले गए। उस प्रक्रिया का अलग-अलग उल्लेख कर पाना मेरी सामर्थ्य से परे है।

इतनी पुरानी जानकारियाँ और भाव जुटा पाने की उम्मीद बार-बार फिसल-फिसल कर भी आख़िर पूरी होकर ही रही। हसरतें पूरी करने के पहले परवरदिगार आपके धैर्य और तप की बड़ी कठिन परीक्षा लेता है फिर अगर उन्हें आपकी साध मंजूर हुई तो उनकी मेहरबानी होते ही जो काम अरसे से न हो रहा हो उसके पूरा होने के हालात बन जाते हैं और पता नहीं कहाँ-कहाँ से कौन-कौन आकर आपका मददगार बन जाता है। वाह रे उनकी माया!

4

ज़्यादा सफ़र अफ़ग़ानिस्तान में हुआ, वहीं रहकर कई किताबें पढ़कर लिखा और

सभी ख़त अफ़ग़ानिस्तान से भेजे गए इसलिए इस विवरण को 'अफ़ग़ानिस्तान से ख़त-ओ-किताबत' नाम देना ज़्यादा ठीक लगा। पूरी उम्मीद है कि अगली पीढ़ी इसे पढ़कर 1977 में वहाँ के माहौल के बारे में कुछ अन्दाज़ा, हमारे मुल्क से उनके बहुत पुराने रवायती रिश्तों की जानकारी और वहाँ के लोगों से मिलते-जुलते रहने की ज़रूरत महसूस कर सकेगी। इसे लिखकर मन पर धरा एक भारी बोझ उतर गया कि कहीं अधूरा ही न रह जाए। मगर कैसा बन पड़ा है यह तो पाठक ही तय करेंगे। हालाँकि दिलो-जान से साथ रहे श्याम जी कई साल पहले ज़मीनी साथ छोड़कर दूसरी दुनिया के सफ़र पर निकल गए हैं, जहाँ कहीं भी होंगे इस पड़ाव पर भी यक़ीनन मुझे दिली मुबारकबाद दे रहे होंगे। यह विवरण लिखने हुए बहुत-बहुत याद आया उनका खिला हुआ खुलकर हँसता चेहरा और अभी भी आसपास ही मँडरा रहा है। ये लाइनें लिखते-लिखते चिरंजीव रमन वशिष्ठ ने उनकी फ़ाइल से 11 मई, 1977 के 'आज' अख़बार में 'काशी और लखनऊ के दो यात्री युवक अफ़ग़ानिस्तान में' शीर्षक से प्रकाशित हमारी ख़बर की कटिंग भेजकर उनकी याद और ज़्यादा ताज़ा करा दी है। उनके साथ की वजह से ही वह यात्रा हो सकी और ये लिखना हो पाया है। ज़िन्दगी भर उनसे पाने का ही रिश्ता रहा है, उन्हें कभी कुछ दे नहीं पाया, इसलिए आभार-शुक्रिया जैसे रस्मी लफ़्ज़ उन्हें मुझसे तो किसी तरह से भी मंजूर नहीं होने वाले। उनकी बदौलत हमारी यात्रा को हर तरह से आसान बनाने में मददगार रहे उत्तर प्रदेश के तत्कालीन राज्यपाल महामहिम डॉ. एम.चेन्ना रेड्डी भी इस समय बहुत याद आ रहे हैं। इस लेखन में परम आदरणीय अमृत लाल नागर जी, और श्री धर्मवीर भारती जी का आशीर्वाद घुला-मिला है, उनके प्रति हार्दिक नमन और आभार सहित श्रद्धांजलि।

1977 में काशी हिन्दू विश्वविद्यालय के कुलपति रहे श्री एम.एल. धर और अफ़ग़ानिस्तान में भारत के तत्कालीन राजदूत श्री एस.के. सिंह के प्रति भी हार्दिक श्रद्धांजलि अर्पित करते हुए, उस समय काबुल में भारतीय दूतावास के द्वितीय सचिव श्री अम्बा प्रसाद, काबुल विश्वविद्यालय में फ़ेलो डॉ. वी. एस. श्रीवास्तव, जलालाबाद में भारतीय काउंसलेट के काउंसलर श्री एम. के. मलिक, श्री चतुर्वेदी, दूतावास के सभी अधिकारी एवं कर्मी, तेहरान में भारतीय दूतावास के द्वितीय सचिव श्री बाल आनंद और लाइब्रेरी के अधिकारी और केयरटेकर के प्रति हार्दिक आभार।

इस अवसर पर लेखन के दौरान अपने सुझावों से लाभान्वित कराने वाले दोस्तों श्री इन्दु प्रकाश, डॉक्टर शमून अहमद, डॉ. सुभाषचन्द्र यादव, डॉ. संजय गर्ग (निदेशक, स्वामी विवेकानन्द कल्चर सेंटर, कज़ाकिस्तान), डॉ. अभय कुमार सिंह और डॉ. फरज़नाह के योगदान बार-बार याद आ रहे हैं। उनके प्रति आभार व्यक्त करते हुए प्रसन्नता हो रही है। ख़तों का पहला मज़मून टाइप करने वाले श्री सज्जाद

हुसैन और भाई वहीद आग़ा को बहुत-बहुत शुक्रिया। चिरंजीव रमन वशिष्ठ को ढेर सा स्नेह और आशीर्वाद।

अफ़ग़ानिस्तान एवं ईरान के सफ़र और इतनी लम्बी लेखन प्रक्रिया में किसी भी रूप में योगदान करने वाले सभी साथियों, जिनके नाम यहाँ नहीं आ पा रहे हैं, उन सबके प्रति भी हार्दिक आभार।

✪

कुछ यादें
कुछ तस्वीरें

श्री श्याम सुन्दर शर्मा 'आइरन मैन'

शर्मा मास्टर जी, संधू जी के बीच में राकेश तिवारी, दो अफ़ग़ान नागरिकों के साथ, 1977

तोरख़म, ख़ैबर दर्रा, अफ़ग़ानिस्तान (फ़ोटो : राकेश तिवारी)

तोरख़म, ख़ैबर दर्रा, अफ़ग़ानिस्तान (दाएँ : राकेश तिवारी)

तोरख़म, ख़ैबर दर्रा, अफ़ग़ानिस्तान (दाएँ : राकेश तिवारी)

INFORMATION SERVICE OF INDIA, KABUL

NEWS BULLETIN

ننگرهار

په جلال آباد کی د هندی

لوبغاړی اکروباتی ننداره

लोकल अख़बार में पश्तो में छपी जलालाबाद प्रोग्राम की ख़बर

शाह-दो-शमशीरा मस्जिद, काबुल
(साभार : मसूद अकबरी, free : to share—to copy, distribute and transmit the work; https ://commons.wikimedia.org/wiki)

पघमान, अफ़ग़ानिस्तान 1924
(साभार : पब्लिक डोमेन; From the Norwegian National Library : Georg Morgenstierne - 1924)

प्लाज़ा होटल के बाहर का दृश्य, काबुल, 1975

ख़ानोबदोशों के डेरे, अफ़ग़ानिस्तान; साभार : http ://www.lukepowell.com

कबायली लड़की, अफ़ग़ानिस्तान (एक ग्रीटिंग कार्ड से)

अयनाक बौद्ध विहार, अफ़ग़ानिस्तान; साभार : Didlier Tais)

बल्ख़, क़िला, अफ़ग़ानिस्तान
Balkh Citadel, Mazar-i-Sharif, Afghanistan; साभार : गूगल

सिकन्दर महान एवं रुख़साना, चित्र : पिएट्रो रोटरी 1756; इंटरनेट से साभार (Alexander_The_Greate_and_Roxane_by_Rotari_1756 Alexander the Great and Roxana, in a 1756 painting by Italian Baroque artist Pietro Rotari).

ऊँटों का कारवाँ, बल्ख़, अफ़ग़ानिस्तान
साभार : http ://www.heritageinstitute.com/zoroastrianism/balkh/index.htm

सुरा पान एवं नृत्य दृश्य, हड्डा, अफ़ग़ानिस्तान,
प्रथम द्वितीय शताब्दी ई. (Musse Guimet, France)

मज़ार-ए-शरीफ़, अफ़ग़ानिस्तान

साभार : Encyclopaedia Britanica https ://www.britannica.com/place/Mazar-e-Sharif

चीन की जंगी नौकाओं का नष्ट किया जाना; साभार : ई. डंकन, 1843

लांदी कोतल, ख़ैबर दर्रा, पाकिस्तान
साभार : httpspakistani.pklandi-khana-railway-station

ख़ैबर दर्रा, पाकिस्तान
साभार : The Reader's Digest Association Limited 1967

फलों की दुकानें, काबुल
साभार : Henry S. Bradsher : Afghanistan in th 1950's and 60s

बाबर का मक़बरा, बाग़-ए-बाबर, काबुल, अफ़ग़ानिस्तान
(1842_tomb_of_Babur_by_Charles_Masson) This work is in the public domain in its country of origin and other countries and areas where the copyright term is the author's life plus 100 years or fewer.

ग़ज़नी शहर 1941, साभार : UNESCO

वली अहद, चौराहा 1977 (Tehran_Valiahd_Sq._1977)

छात्राएँ, तेहरान यूनिवर्सिटी, 1979 के पहले; साभार : Narjes Nakhli

अफ़सानेह बनी अर्दलान, मिस ईरान 1977
साभार : http ://www.parstimes.com/women/miss_iran/afsaneh_bani_ardalan.jpg

शहयाद बुर्ज, तेहरान, 1977